쉽게 배우는

어음·수표법

고평석 · 김지환

탑북스

머리말

지인(知人)에게 농담으로 "내가 이런 사업을 해 보면 어떨까" 하니, 그 지인 왈 "물품 납품하면 여러 달 동안 물품 대금을 못 받는데 그 동안 견딜 수 있는 현금이 있냐"고 한다. "도대체 몇 달 동안 못 받느냐"고 했더니, "그것은 거래처 마다 다른데 1년 후에 받을 수도 있단다." 서로 말은 하지 않아도 물품을 납품하면 어음으로 받는다는 것을 알고 그 만기에 이르기까지의 기간에 대해 이야기 한 것이다. 이와 같이 상사거래에서 어음결제는 일반화되어 있다. 2014년 8월 현재 기업 간의 결제수단 가운데 어음이 차지하는 비중은 약 20% 정도이고, 2013년도엔 3,771조원어치가 어음으로 결제되었다.

흔히 대기업과 중소기업 간은 甲・乙관계라 하는데, 대기업은 어음의 만기를 먼 후일로 적어 대금지급 기일을 늦추고 외상 효과를 높이지만, 당장 자금이 필요한 중소기업은 어음할인을 받게 되는데, 이때 중간이자 및 수수료를 떼이게 되고 결국 물품대금 값을 그 만큼 저렴하게 받는다. 이마저 어음이 부도나면 한 푼도 건지지 못하는 경우가 있다. 2013년도 부도난 어음금액은 5조 2,386억원어치에 이른다.

사업가가 어음・수표법을 알지 못하여 잘못 어음을 수수한 경우 사업이 파산 날 지경에 이르기 때문에 누구보다 어음에 대한 지식을 획득하려 노력한다. 또한 기업의 재무부서 등 어음의 대장을 관리하는 사람이나 은행 등 금융기관 창구에서 어음・수표 업무를 취급하는 사람의 경우 어음・수표법의 지식은 필수적이다. 뿐만 아니라 어음・수표법을 대학에서 공부하는 법대생, 법학전문대학원생, 경영・무역・회계학 관련 학생 그 밖의 학생의 경우 향후 실무 능력 배양 차원에서 어음・수표법을 공부하지 않으면 안된다.

그런데 어음·수표법의 학습이 간단하고 쉬우면서도 그 근본원리를 이해하지 못하면 개념 혼란에 빠져 매우 어렵다. 저자의 대학 시절 소위 어음·수표법의 어느 대가가 어음·수표법에 관한 자신의 강의를 10시간만 들으면 이해할 수 있다고 자신하였다. 저자는 그 때는 믿기 어려웠지만, 지금은 그 말에 전적으로 동의한다. 어음법은 어느 한 어음이 발행되고 결제되기까지의 연결된 과정을 논리체계적인 법률로 규정하고 있기 때문에 그 전체적인 연결과정을 개략적으로 익히고 난 후 항상 그것을 염두에 두고 구체적·세부적인 내용에 들어가야 쉽다. 어음법의 내용은 비교적 완벽하며, 학문적 이론과 판례의 정립도 매우 잘 되어 있다. 그래서 한 번 감잡아 익히면 그 후는 아주 쉽다. 그러기 위해서는 공부하는 사람이 어음·수표법의 개념 혼란이나 어음법의 전체 체계 중에 한 법률관계에 몰입되어 그 연결된 일련의 과정과의 관계를 찾지 못하는 우를 범하지 말아야 한다.

저자는 이 책을 구독하는 독자 누구나 단시간에 어음·수표법 지식을 습득할 수 있도록 저술하고자 하였다. 먼저 저술 분량을 최대한 줄였다. 어음의 일생을 모두 읽어보아야 이해하는데, 부연 설명하는 내용이 많으면 끝까지 읽기 전에 지치거나 포기할 수 있으므로, 분량을 줄여 전체적인 맥락을 파악하는데 중점을 두었다.

둘째, 어음법은 환어음 중심으로 규정하고 있다. 그러나 환어음은 약속어음 구조에 비해 이해하기 어렵다. 약속어음 법률관계부터 이해하고 난 후 환어음에 특유한 제도만 공부하는 것이 좋으므로, 이 책의 해설은 약속어음, 환어음 해설의 순서에 따랐다.

셋째, 어음은 민법상 지명채권에다 그 양도를 위하여 여러 가지 법리적 제도를 가미한 것이라 할 수 있고, 또한 민법의 기초 지식을 전제로 하는 부분이 있어, 이런 법률관계의 해설에 있어서는 양 법률의 비교를 통하여 독자가 명확히 인식할 수 있도록 해설하였다.

넷째, 어음 실무에서 발생하는 수 만 가지의 사례를 때로는 어음법 규정의 논리로 해결하기 어려운 면이 있고 이 경우 기술적 해결을 시도하는 이론과 판례가 있다. 너무 기술적인 부분은 학습단계에서 필요 없으므로 과감히 생략하고, 꼭 필요한 부분의 경우 최대한 이해를 도울 수 있게 해설하였다.

다섯째, 전체적인 해설에 있어서 특히 어려운 법률관계는 반드시 사례와 도해로써 설명하려 하였다. 사례를 이론대립과 판례에 적용해 봄으로써 독자의 이해를 도왔다.

여섯째, 최근의 어음・수표법은 쉬운 용어로 통일하려는 것이다. 이 책은 한 발 더 나아가 오류가 생기지 않는 한 되도록 쉬운 용어로 설명하려 하였다.

일곱째, 전자어음의 활용 폭이 넓어져 가고 있다. 이 점을 반영하여 전자어음에 관한 해설을 충실히 하려 하였다.

그런데 이 책은 종래 경남대학교 출판부 출간 「사례로 배우는 어음・수표법」에 기반한 것임을 밝혀 둔다.

어음・수표법의 학문적 위상이 최근 아쉽다. 그 이유는 사법고시가 축소되어 가는데 변호사 시험에서 어음・수표법 문제가 적게 나오기 때문이다. 공인회계사 시험에서도 어음・수표법의 난해성으로 인하여 포기하는 수험생이 있다고 한다. 그렇지만 법학 교수들은 이구동성으로 법학의 논리체계성 공부 훈련에 더 없이 훌륭한 과목이라 한다. 또한 향후 자금결제가 소멸되지 않는 한 어음 거래는 항상 있을 것이다. 그러함에 이왕 어음・수표법을 공부하고자 하는 사람에게 이 책이 훌륭한 학습 길라잡이가 되었으면 한다.

돌이켜 보면, 저자의 미천한 학문 실력, 문장력 등으로 구독자에게 실망을 안겨 주는 것이 아닌가 반성해 본다. 또한 게으름으로 충분한 탈고의 시간도 갖지 못했다. 그 부끄러움을 뒤로 하고 독자 여러분들의 질책을 감수하면서 이 책을 내어 놓는다. 누가된 점은 지적받아 향후 개정판에서는 또 한 걸음 내딛고 싶다.

이 책을 출간함에는 많은 분들의 정성어린 도움이 있었다. 일일이 감사의 말씀을 적어야 하나, 그 존함은 저자의 마음에 깊이 새겨 놓고 싶다. 다만 이 책 출간을 위해 애쓰 주신 「탑북스」 김 광식 대표님, 편집과 교정에 수고해 주신 이신정 주간님께 이 자리를 빌어 감사 드린다. 뿐만 아니라 이 책을 구독하는 독자 여러분의 건승과 학문적 발전 나아가 소원 성취를 기원 드린다.

2014년. 8.

합포만 월영대 연구실에서

차 례

제 1 장 유가증권 총설

Ⅰ. 유가증권 17

1. 개념 • 17
2. 유가증권의 효용성 • 19
3. 유가증권과 구별하여야 할 개념 • 20
4. 유가증권의 속성 • 21
5. 유가증권으로서의 어음과 수표 • 22
6. 유가증권의 전자화 • 25

제 2 장 어음 · 수표법 개관

Ⅰ. 어음 및 수표의 법률관계 개관 31

1. 약속어음과 환어음의 법률관계 개요 • 31
2. 수표 법률관계의 개요 • 36
3. 어음 및 수표의 기본 개념 정리 • 37

Ⅱ. 어음 · 수표의 경제적 기능 42

1. 지급수단 • 42

2. 신용수단 • 43
3. 송금수단과 추심수단 • 43
III. 어음과 수표의 경제적 분류 44
1. 상업어음 · 융통어음 • 44
2. 대부어음 · 할인어음 · 담보어음 • 45
3. 기업어음 · 중개어음 • 45
4. 화환어음(하환어음) • 47
5. 연기어음 • 47
6. 은행도어음 • 47
7. 당좌수표 • 48
8. 가계수표 • 48
9. 자기앞수표 • 48

제 3 장 어음법 총론

I. 어음법 총설 51
II. 어음행위 52
1. 어음행위 • 52
2. 어음행위의 종류 • 53
3. 어음행위의 성립요건 • 54
4. 어음행위의 형식적 요건 • 54
III. 어음행위와 법률행위의 일반원칙 70
1. 어음능력 • 70
2. 어음상의 의사표시 • 74

IV. 타인에 의한 어음행위 ······ 77
1. 어음행위의 대리 • 77
2. 어음의 위조와 변조 • 92
V. 어음의 실질관계 ······ 103
1. 어음의 실질관계 • 103
2. 원인관계와 어음관계 • 106
3. 어음의 자금관계 • 112
4. 어음예약 • 113
VI. 어음의 개서 ······ 113
1. 의의 • 113
2. 어음개서의 효력 • 114
VII. 어음 할인 ······ 116
1. 어음할인의 의의 • 116
2. 어음할인의 법적 성질 • 116
3. 환매청구권 • 117
VIII. 어음대부 ······ 119
1. 어음대부와 증서대부 • 119
2. 어음대부의 방법 • 119

제 4 장 어음법 각론

I. 어음의 발행 ······ 129
1. 어음발행의 의의 • 130
2. 기본어음의 작성 • 130

3. 유익적 기재사항 • 138
4. 무익적 기재사항 • 140
5. 유해적 기재사항 • 141
6. 제3자방출급문구 • 141

II. 백지어음 143
1. 의의 • 143
2. 불완전어음과의 구별 • 143
3. 법적 성질 • 144
4. 준백지어음 • 144
5. 백지어음의 요건 • 144
6. 백지어음의 효력 • 148
7. 백지어음의 보충권 행사 • 151

III. 배서 157
1. 총설 • 157
2. 배서의 일반이론 • 160
3. 특수한 배서 • 167
4. 최종의 배서가 백지식배서인 경우의 어음의 단순한 교부에 의한 양도 • 187
5. 배서의 말소에 의한 양도 • 187

IV. 어음의 항변 188
1. 어음항변 • 188
2. 항변의 분류 • 191
3. 물적항변과 인적항변 • 192
4. 인적항변의 제한(절단)과 그 적용범위 • 193
5. 악의의 항변 • 195
6. 제3자의 항변원용 및 이중무권의 항변 • 199

7. 융통어음의 항변 • 203
V. 어음의 선의취득 ············ 208
1. 개설 • 208
2. 선의취득의 요건 • 208
3. 효과 • 214
4. 어음의 선의취득의 적용범위 • 214
5. 제권판결과의 관계 • 215
VI. 어음보증 ············ 216
1. 개설 • 216
2. 민법상의 보증과의 차이 • 220
3. 어음보증의 성립요건 • 220
VII. 만기 이후의 법률관계 ············ 226
1. 지급 및 지급제시 • 226
2. 상환청구권(소구권) • 234
3. 어음상의 권리의 소멸 • 244
4. 이득상환청구권 • 245

제 5 장 환어음

I. 환어음과 약속어음의 비교 ············ 267
II. 환어음의 경제적 기능과 하환어음 및 상업신용장거래 ············ 268
III. 환어음의 발행 ············ 269
IV. 환어음의 인수 ············ 269
1. 의의 • 269

2. 인수제시 • 270
3. 인수의 방법 • 272
4. 인수 또는 거절의 효력 • 273
5. 인수의 말소 • 273
V. 참가제도 273
1. 서설 • 273
2. 참가인수(영예인수) • 274
3. 참가지급(영예지급) • 277
VI. 환어음의 배서 278
VII. 환어음의 지급 278
VIII. 환어음의 보증 279
IX. 복본과 등본 279
1. 복본 • 279
2. 등본 • 281

제 6 장 수표법

I. 수표법 일반 285
II. 어음과 수표의 비교 286
1. 공통점 • 287
2. 차이점 • 288
III. 수표의 발행 292
IV. 지급위탁의 취소 295

1. 지급위탁취소의 의의 • 295
2. 지급위탁취소의 방법 • 295
3. 지급위탁취소의 제한 • 295
Ⅴ. 지급보증 ······ 296
1. 지급보증의 의의 • 296
2. 지급보증의 방식 • 298
3. 지급보증의 효력 • 298
Ⅵ. 수표의 유통 ······ 299
Ⅶ. 수표의 지급 ······ 299
Ⅷ. 횡선수표 ······ 300
1. 횡선수표의 의의 • 300
2. 횡선수표의 필요성 • 300
3. 횡선의 종류 및 기재 • 300
4. 횡선의 효력 • 301
5. 횡선효력의 배제 • 302
Ⅸ. 선일자수표 ······ 303
1. 의의 • 303
2. 효력 • 303
3. 선일자수표의 법률관계 • 303
4. 선일자의 제도적 의의 • 304
Ⅹ. 자기앞수표 ······ 304
1. 의의 및 효용 • 304
2. 자기앞수표의 법률관계 • 304
3. 자기앞수표의 이득상환청구권 • 305
Ⅺ. 부정수표단속법상의 벌칙 ······ 308

제 7 장 전자 어음법

Ⅰ. 전자어음법 ········· 313
1. 전자어음법의 제정과 개정 • 313
2. 전자어음법의 개관 • 314
Ⅱ. 국제 어음 · 수표법 ········· 319

참고문헌 ········· 325
1. 국내서적 • 325
2. 외국서적 • 326

찾아보기 ········· 327

제 1 장
유가증권 총설

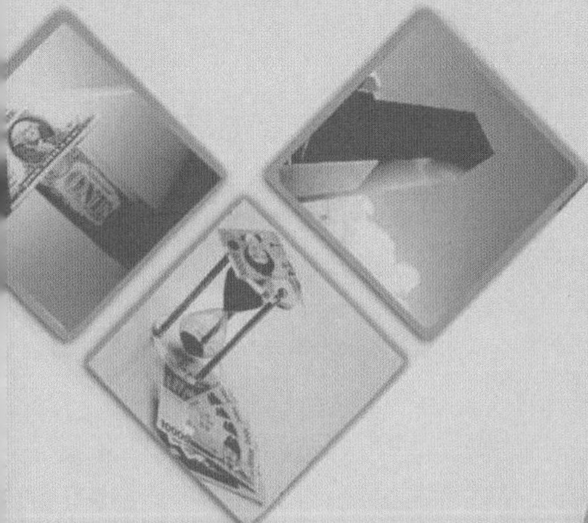

Ⅰ. 유가증권
- 연습문제
- 해설

제1장 유가증권 총설

I. 유가증권

1. 개념

유가증권의 종류에는 주권, 화물상환증, 선하증권, 창고증권, 사채권 등과 어음 및 수표가 있는데, 그 중에서 어음법과 수표법은 별도의 법률로 정해져 있고 대표적인 유가증권이다. 그러나 어음・수표법을 공부하기 이전에 유가증권의 개념 및 속성을 채권이나 물권의 그것과 비교하여 간단히 이해할 필요성이 있다.

유가증권(die Wertpapiere; Commercial Papers)의 개념정의에 학설이 갈리고 있다.[1] 본래 민법상의 권리에는 물권과 채권이 있다. 물권에는 토지나 건물과 같은 부동산과 상품 등과 같은 동산으로, 물권의 대상물은 사람의 눈으로 직접 확인할 수가 있다. 그런데 어느 개인이 다른 개인에게 갖는 청구권과 같은 채권은 그 자체를 사람의 눈으로 볼 수 있는 유형의 것은 아니다. 그래서 채권은 부동산이나 동산 등과 같이 타인에게 양도할 수 있는 거래의 대상물로 쉽게 이용하기 힘든 면이 있다. 그럼에도 불구하고 경제생활의 발달은 채권을 타인에게 양도할 수 있도록 하는 요구가 생겼다. 예컨대, A가 B에게 일금 10,000,000원을 빌려 주었고(A는 금전소비대차계약의 채권자이고 B는 금전소비

1) 최준선, 3~6면

대차계약의 채무자가 됨), 돈을 돌려받기로 한 날짜(만기)가 6개월 남았다고 하자(이자율은 년 5%임). 그런데 A가 B에 대하여 갖고 있는 채권을 만기일까지 갖고 있을 수도 있지만, A의 입장에서는 도중에 금전이 필요할 수도 있고, 또는 채권이자율 년 5%를 훨씬 초과하여 수익을 창출하는 다른 투자처에 투자할 기회가 생길 수도 있다. 그렇다면 A의 B에 대한 채권을 채무자 B의 승낙이나 통지에 상관없이 제3자에게 양도할 수 있게 하고, 이를 취득한 제3자는 상품거래와 같이 채권의 존재, 채권의 내용, 채권의 행사 등을 눈으로 확인하고 또한 안심하고 행사할 수 있게 해 주는 제도가 있으면 매우 유익하다.

이에 적합하도록 만든 법기술적 제도가 바로 유가증권이다. 사례에서 A의 B에 대한 채권, 즉 눈으로 볼 수 없는 무형의 채권을 눈에 보이는 증권에다 갖다 붙여 일체화(化體化, embody; verkörpern)라고 부른다)하고, 이런 일체화된 증권을 보면 채권의 존재와 가치가 나타나서 누구라도 그 채권을 알 수 있게 된다. 이렇게 화체된 권리가 증권으로 나타나는 무형의 채권을 증권이 표창(表彰)한다는 용어를 사용한다.

정리하면 유가증권이란 재산적 가치가 있는 눈으로 볼 수 없는 채권(私權, 채권이나 社員權을 말한다. 사원권이란 주권(株券)과 같이 주식회사에 대한 주주로서의 법적지위로서의 권리를 말한다)을 눈에 보이는 증권에 화체시켜 그것이 표창된 증권을 말한다.

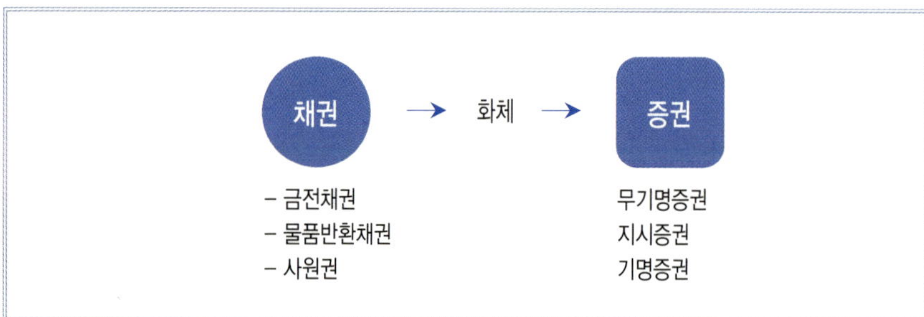

하지만 무형의 채권을 유형의 증권으로 만든 취지가 채권을 안전하고 확실하게 유통하기 위함인데, 위와 같은 표현만으로는 유가증권 개념정의에 부족하다. 그것은 채권과 증권의 일체화 및 그 채권의 표창(表彰) 모습에 따라 달라지기 때문이다. 여기서 쟁점사

항은 유가증권 권리의 발생・행사・이전에 증권의 점유를 필요로 하는가, 아니면 이 중 일부에만 증권의 점유를 필요로 하는가이다. 학설은 유가증권이란 재산적 가치가 있는 사권을 표창하는 증권으로서, ① 그 권리의 발생・이전・행사의 전부 또는 일부에 증권의 점유를 필요로 하는 것이라는 견해(다수설),[2] ② 그 권리의 이전에 증권을 필요로 하는 것이라는 견해,[3] ③ 그 권리의 행사 및 이전에 증권을 필요로 하는 것이라는 견해,[4] ④ 그 권리의 행사를 위하여 증권의 점유를 필요로 하는 것이라는 견해로[5] 나뉜다. 생각건대 개별증권 마다 그 특성에 따라 권리의 발생, 행사, 이전에 증권의 점유나 소지가 필요한지가 다르기 때문에 유가증권을 통일적으로 아우르는 개념 포섭은 어렵다. 그럼에도 불구하고 다수설과 같이 유가증권이란 권리의 발생, 행사, 이전의 전부 또는 일부를 위하여 증권의 소지를 필요로 하는 것이라 파악하는 것이 가장 무난한 견해로 보인다. 일본은 권리의 이전 또는 행사에 증권의 점유를 필요로 하는 것으로 정의하는 견해가 통설이다.[6] 영미법은 유통증권(negotiable instrument)으로 파악하여 권리의 이전에 증권의 교부를 필요로 하는 것으로 정의한다.

2. 유가증권의 효용성

유가증권을 창설한 법제도적 목적은 다음과 같다. 첫째, 민법의 지명채권양도와 비교하여 권리양도 절차가 매우 간편하다는 것이다. 민법상 지명채권을 제3자에게 양도하기 위해서는 채무자에 대하여 통지나 승낙을 얻어야 하고, 채무자 이외의 자에 대해서는 확정일자 있는 증서로써 위 통지나 승낙을 받아야 함(민 450조)에 비하여 유가증권의 양도는 이러한 대항요건의 구비가 필요 없고 고유한 방법인 배서로 양도한다. 둘째, 민

2) 손주찬(下), 8면
3) 최기원, 16면
4) 강위두・임재호(下), 7면
5) 정찬형, 5면; 정동윤, 16면
6) 宮島 司, 12면

법 등의 채권양도와 달리 권리양도의 효력이 강화된다. 민법상의 일반 채권은 선행행위로부터 발생한 항변사유는 원칙적으로 승계되어 후행행위에도 영향을 미쳐 일반 채권이 유통되면 될수록 하자가 불어남에 비하여 유가증권은 원인관계와의 무인성 및 선행행위와의 인적항변의 절단 등의 효력이 주어져, 유가증권 문언에 표시되지 않은 사항은 당사자 이외의 유통 취득자에게 승계되지 않는다. 셋째, 민법상의 채권은 채권자 자신이 권리자임을 증명하여야 하지만, 유가증권의 소지인은 적법한 권리자로 추정되므로 입증책임의 전환 효과가 있다. 넷째, 민법상 채무자는 정당한 채권자가 아닌 자에게 변제하지 않으면 정당한 채권자에게 변제하여야 하지만, 유가증권의 채무자는 사기 또는 중과실이 없는 한 증권의 소지인에게 지급하면(어 40조 3항 1문, 77조 1항 3호) 정당한 채권자에 대한 지급책임도 면하게 된다. 다섯째 민법상 채권을 양수한 제3자가 무권리자로부터 양수한 경우 선의취득이 인정되지 않지만, 유가증권의 경우 선의취득 요건을 갖추면 선의취득이 인정된다(어 16조 2항, 77조 1항 1호, 수 21조).

3. 유가증권과 구별하여야 할 개념

1) 증거증권

증거증권이란 어느 법률관계의 존부 또는 내용에 관하여 다툼이 생긴 경우에 그 사실을 증명하는 효력이 있는 것을 말한다. 예컨대 금전차용증, 영수증 등을 들 수 있다.

2) 면책증권

면책증권이란 채무자가 증권의 소지인에 대하여 채무이행을 하면 악의나 중과실이 없는 한 증권소지인이 비록 진정한 권리자가 아니었다 하더라도 채무자는 면책되는 효력이 있는 증권을 말한다. 예컨대 신발표, 철도의 수하물상환증 등을 들 수 있다.

3) 금(액)권

금권(金券)이란 법률에 의하여 특정한 목적을 위하여 금전에 갈음하여 사용되는 증권을 말한다. 이것은 증권자체가 특정한 금전적 가치를 가지며, 발행자에 대한 청구권을 표창하는 것이 아니므로 유가증권은 아니다. 예컨대 우표, 수입인지 등을 들 수 있다.[7)]

4. 유가증권의 속성

유가증권의 정의 및 권리의 거래로 인한 유통성 보장을 위해 유가증권은 다음과 같은 성질을 갖는다. 증권의 기재와 권리의 내용이 같도록 취급하고 전전유통하기 위해서는 미리 증권의 기재사항을 법에 정형화 해 놓음으로써 일반인이 법정기재사항을 인식할 수 있도록 해 놓아야 한다. 이것을 요식증권성이라 한다. 화물상환증의 기재사항에 관해서는 상법 제132조, 주권의 기재사항에 관해서는 상법 제356조, 어음에 관해서는 어음법 제1조 및 75조, 수표에 관해서는 수표법 제1조에서 이를 정해 놓고 있다.

또 증권의 기재와 진실한 권리의 내용이 일치하지 않는다면 증권의 기재 내용이 진실한 권리라고 믿고 취득한 선의의 제3자에게 손해를 입히게 된다. 그런 까닭에 증권의 기재를 신뢰하고 증권을 취득한 자에 대하여는 적혀진 그대로의 효과를 인정할 필요가 있다. 이것이 문언증권성이다. 화물상환증에 관하여는 상법 제131조, 창고증권에 관하여 상법 제157조가 이를 명문화하고 있지만, 어음 및 수표나 주권에 있어서는 명문규정이 없다. 그러나 어음 및 수표는 당연히 문언증권성의 속성을 갖는다. 왜냐하면 어음 및 수표는 어음행위에 의하여 비로소 어음상의 권리가 창출되는 것(設權證券)이므로, 기재된 대로 권리가 발생하기 때문에 문언증권이라고 밝힐 필요가 없다.

또한 증권이 있는 곳에 권리가 존재하도록 하기 위해서는 권리의 이전에 따라 증권의 이전(교부)이 있어야 한다. 증권의 이전은 背書로 하는데, 배서를 하기 위해서는 증권의

---

7) 이범찬 · 최준선(下), 49면

교부가 필요하다. 증권의 배서로 권리의 이전이 이루어지며 새로운 증권의 권리자를 지시하게 되는데, 이를 지시증권성이라 한다. 뿐만 아니라 증권이 존재하는 곳에 권리가 있기 때문에, 증권상의 권리자가 권리를 행사함에는 증권의 제시가 있어야 권리자로 확인된다. 이를 제시증권성이라 한다. 증권상의 권리자가 증권을 제시하여 권리를 행사하는 경우 채무자는 제시된 증권과 맞교환으로만 채무이행을 할 수 있다는 의미에서 상환증권성이라 한다.

유가증권의 속성으로 유인증권성과 무인증권성이 있다. 유가증권 발행의 원인이 된 거래관계를 원인관계라고 하는데, 원인관계상의 권리의 효력과 증권의 효력과의 연계성을 인정하는 것을 유인증권성이라 하고(원인관계가 무효이면 증권도 무효로 된다), 반대로 양자의 효력의 연계성을 부인하여 단절하는 것을 무인증권성(원인관계가 무효라도 증권은 영향을 받지 않는다)이라 한다. 그리고 기존에 존재하고 있는 권리를 증권발행행위에 의하여 증권상에 표창하는 것을 비설권증권성이라 하고(대부분의 유가증권으로 화물상환증은 운송인에 대하여 가지고 있는 운송물인도청구권이라는 이미 존재하는 권리를 증권으로 표창한 것이므로 비설권증권이다), 반대로 증권발행행위에 의하여 기존의 권리와 다른 증권상의 권리가 비로소 창조되는 것을 설권증권성이라 한다(어음발행에 의하여 비로소 어음상의 권리가 처음으로 창출된다).[8] 비설권증권은 유인증권성의 성질과 밀접하고 설권증권은 논리적으로 무인증권성과 어울린다.

5. 유가증권으로서의 어음과 수표

1) 유가증권의 개념과의 관계

어음과 수표는 완전한 유가증권이라고 한다. 완전유가증권이란 권리의 발생·행사·이전 모두가 증권에 의하여 이루어지는 것을 말한다.

---

8) 최준선, 15면

2) 유가증권의 속성과의 관계

(1) 요식증권성

어음과 수표는 요식증권이다. 화물상환증이나 주권 등은 법정기재사항을 모두 적지 않고 기재사항의 흠결이 있더라도 유가증권으로 당연히 무효가 되는 것은 아니나, 어음 및 수표는 법정의 기재사항의 구비가 되지 않으면 증권은 무효가 된다. 어음과 수표의 이런 성질을 엄격한 요식증권이라 한다.

(2) 문언증권성

어음과 수표법은 어음과 수표의 문언증권성을 명문으로 규정하고 있지는 않으나, 문언증권이란 점은 당연하다. 왜냐하면, 어음 및 수표는 설권증권이기 때문에 어음행위에 의하여 비로소 적혀진 대로의 권리가 발생한다. 그렇다면 어음채무의 내용 및 태양은 기재사항에 의하여만 정해지고, 증권을 취득하려는 자는 문언증권성에 의해 실질적인 법률관계를 조사하지 않고도 증권의 기재를 믿고 그 기재대로의 권리를 안심하고 취득할 수 있게 된다.

(3) 설권증권성

어음 및 수표상의 권리가 증권의 작성에 의하여 비로소 발생하는 것을 말한다. 이에 반해 비설권증권이란 이미 존재하는 권리를 증권면에 결합하여 나타내어지는(표창) 것에 불과한 것을 말한다.

(4) 무인증권성(추상증권성)

증권상의 권리가 원인관계로부터 분리되고 단절되어 그 원인관계에 영향을 받지 않는 무인증권에 해당하는 것이 어음과 수표이다. 그래서 어음 및 수표의 경우 어음 및 수표행위의 원인관계의 부존재, 무효, 취소는 어음 및 수표관계 중 어음 및 수표상의 권리의 유효성에 영향을 미치지 않는다. 이렇게 어음 및 수표를 무인증권성으로 한 이유는 유통성 보호를 위한 법정책적 측면으로 설명할 수 있다. 어음 및 수표의 무인증권성의 기능은 어음법 제17조의 인정항변의 절단으로 명문화되어 있다.

(5) 지시증권성

민법상 채권양도를 하기 위하여는 채무자의 승낙이나 통지가 필요하다. 채권은 특정인과 특정인간의 법률관계이고 이를 유통시키는 것은 예외이기 때문이다. 그러나 유가증권은 전전유통되는 것을 예정하고 있다. 특히 어음과 수표는 전전유통을 원칙으로 한다. 그렇기에 유통될 때 권리가 누구에게서 누구에게로 이전되는가는 밝혀야 한다. 즉, 어음 및 수표상의 권리자가 권리를 이전하면서 권리자를 지정하게 된다. 이런 지시는 배서에 의하게 된다.

(6) 처분증권성

어음 및 수표상의 권리를 처분하려면 반드시 증권으로써 하여야 한다. 즉 어음 및 수표는 처분증권의 성질을 갖고 있다.

(7) 제시증권성

어음과 수표는 제시증권이다. 그런 까닭에 어음 및 수표상의 권리자가 채무자에게 제시하지 않으면 권리행사를 한 것이 아니므로 채무자의 이행지체가 되거나 소멸시효가 진행되지도 않는다.

(8) 상환증권성

어음증권과 상환하지 않고는 채무의 변제를 할 필요가 없다는 것을 상환증권성이라 한다. 어음채무자가 증권과 상환하지 않고 어음상의 채무이행을 하고, 어음채권자가 증권소지를 기회로 선의의 제3자에게 증권상의 권리를 재차 이전한 경우, 어음이 지급제시기간내에 지급제시되면 어음채무자는 지급의무가 발생한다. 왜냐하면 상환증권에 반하는 지급을 했기 때문이다.

〈표 1-1〉 어음 및 수표와 기타 유가증권과의 비교표[9)]

<table>
<tr><th>속성
종류</th><th>문언증권</th><th>무인증권</th><th>설권증권</th><th>요식증권</th><th>제시증권</th><th>상환증권</th><th>기명식</th><th>지시식</th><th>무기명식/지참인지급</th><th>처분증권/인도증권</th></tr>
<tr><td>어 음</td><td rowspan="5">○</td><td rowspan="2">○</td><td rowspan="2">○</td><td rowspan="2">엄격</td><td rowspan="6">○</td><td rowspan="4">○</td><td rowspan="5">배서
금지에
의하여
기명
증권화</td><td rowspan="5">○</td><td>×</td><td rowspan="2"></td></tr>
<tr><td>수 표</td><td>○</td></tr>
<tr><td>화 물
상 환 증</td><td rowspan="5">×</td><td rowspan="5">×</td><td rowspan="5">완화
되어
있음</td><td rowspan="3">해석상
가능</td><td rowspan="3">○</td></tr>
<tr><td>선하증권</td></tr>
<tr><td>창고증권</td><td>일부 출하의
경우 △</td></tr>
<tr><td>사 채 권*</td><td rowspan="2">×</td><td>△</td><td>○</td><td rowspan="2">×</td><td>○</td><td rowspan="2"></td></tr>
<tr><td>주 권</td><td>○
완화</td><td>×</td><td>* *</td><td>×</td></tr>
</table>

* 문언증권성, 무인증권성, 설권증권성을 인정하는 소수설도 있다.

**기명식이지만, 증권의 교부만에 의하여 이전할 수 있는 무기명증권이다.

6. 유가증권의 전자화

20세기 후반 이후 정보통신기술의 발달과 인터넷의 확산 등 우리 생활의 모든 분야에 전자화 시대를 맞게 되었다. 유가증권의 경우에도 종래와 같이 실물증권을 발행하지 않고 전자적 방법으로 전자 등록부에 기재하는 형태로 발행하고 이전할 수 있게 되었는데, 이것이 유가증권의 전자화라 할 수 있다. 우리나라에서 법률은 「전자어음의 발행 및 유통에 관한 법률」이 제정되어 시행되고 있다. 전자어음은 환어음을 발행하지 못하고 약속어음으로만 발행가능하다. 나아가 일정한 주식회사의 약속어음 발행은 전자약속어음을 발행하도록 강제하고 있다.

9) 弥永眞生, 8면

연습문제

1. 어음과 선하증권과의 이동을 설명하라(1967년(8회) 사법시험).
2. 상법(어음, 수표법 포함)상의 유가증권의 의의와 그 특색을 설명하라(1970년(11회) 사법시험).
3. 어음과 주권의 특성을 논하고 그 차이점을 설명하라(1976년(18회) 사법시험).
4. 화물상환증과 약속어음의 공통점과 상이점에 대하여 설명하시오(1977년 일본 사법시험).

답안해설 (연습문제 4)

1. 서설

화물상환증이란 운송인이 운송물의 수령을 증명하고 도착지에서 이를 증권소지인에게 인도할 의무를 표창하는 유가증권이고, 약속어음이란 발행인 자신이 일정일에 일정한 금액을 어음상의 권리자에게 지급할 것을 약속하는 유가증권이다. 양자가 유가증권이란 점에서 동일하나, 그 구체적 속성에서는 상이점도 있다.

2. 공통점

- 제시증권성
  화물상환증과 약속어음 양자 모두 증권상의 권리를 행사하기 위하여는 증권을 제시하여야 한다.
- 상환증권성
  양자 모두 증권과 상환하지 않고는 채무의 변제를 할 필요가 없다. 다만 화물상환증의 경우에 증권과 상환하지 않고서도 화물을 인도하는 보증도 · 공도의 상관습이 있다.
- 문언증권성
  증권상의 권리의 내용이 증권의 문언에 따라 정하여지는 것을 말하며 양자 모두 문언증권성을 가지고 있다.

- 요식증권성
  증권의 형식이 법정되어 일정한 증권기재사항이 요구되는 것을 말하는데, 약속어음은 엄격한 요식증권이다.
- 지시증권성
  화물상환증과 약속어음은 배서에 의하여 양도할 수 있는 지시증권이다.

3. 상이점

- 비설권증권성
  화물상환증은 기존의 운송물반환청구권을 표창하는 비설권증권인데 반하여 약속어음은 증권상의 권리가 증권의 작성에 의하여 비로소 발생하는 설권증권이다.
- 유인증권성
  화물상환증은 원인관계인 운송계약상의 권리를 표창하는데 비하여, 약속어음은 증권상의 권리가 원인관계로부터 분리되어 증권취득자의 권리가 확보되는 무인증권이다.
- 처분증권성
  화물상환증을 작성한 경우에는 운송물에 관한 처분은 화물상환증으로써 하여야 하는 처분증권이다(132조).
- 인도증권성
  화물상환증은 운송물의 인도를 내용으로 하는 인도증권이다(133조).

제 2 장
어음 · 수표법 개관

Ⅰ. 어음 및 수표의 법률관계 개관
Ⅱ. 어음 · 수표의 경제적 기능
Ⅲ. 어음과 수표의 경제적 분류

제2장 어음·수표법 개관

I. 어음 및 수표의 법률관계 개관

1. 약속어음과 환어음의 법률관계 개요

어음법 및 수표법은 기업거래에 있어서 결제수단으로 발행되고 유통되며 결제되기까지의 일련의 법률관계를 규율하기 위한 법률이다. 예를 들면, ① 甲과 乙간에 매매계약이 체결된다. 이 계약에 의해 乙은 甲에 대하여 상품을 인도할 의무를 부담하고, 반대로 甲은 乙에 대하여 상품의 대금을 지급하여야 한다. ② 甲은 乙에게 상품대금을 현금으로 지급하는 대신에, 乙을 수취인으로 하는 약속어음을 발행한다(어음은 요식증권성이기 때문에 이를 발행하기 위해서는 어음법에서 반드시 기재하도록 법정된 사항은 모두 기재하여야 유효한 발행이 된다). ③ 乙은 A와 매매계약을 체결한다. 이 계약에 의해 A는 乙에 대하여 상품을 인도하여야 하고, 乙은 A에 대하여 대금지급의무를 부담한다. ④ 乙은 대금지급을 위하여 甲으로부터 수취한 약속어음을 배서 양도한다. ⑤ A는 어음의 만기가 돌아와서 발행인인 甲에게 어음을 제시하고 어음금청구를 한다. ⑥ 甲은 A에 대하여 어음금을 지급하고 어음증권을 회수한다. 이 경우 甲과 乙, 乙과 A, A와 甲의 법률관계가 모두 종료된다. 즉, 약속어음의 법률관계의 흐름은 어음의 발행, 배서 양도, 어음의 만기(정확히는 지급제시기간) 때 어음금 지급제시, 어음금의 지급 순이 된다. 이것을 도식화하면 다음과 같다.

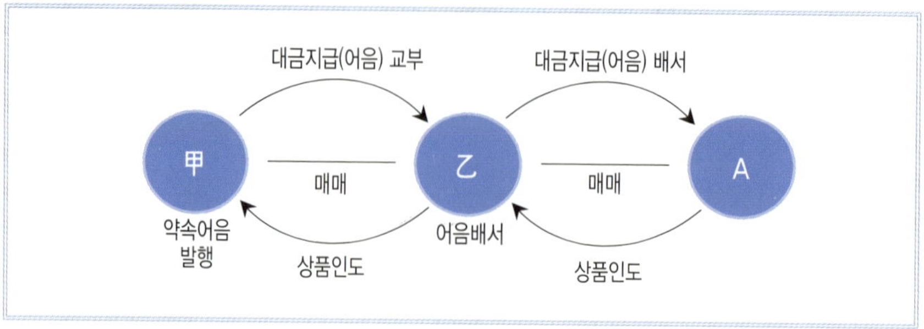

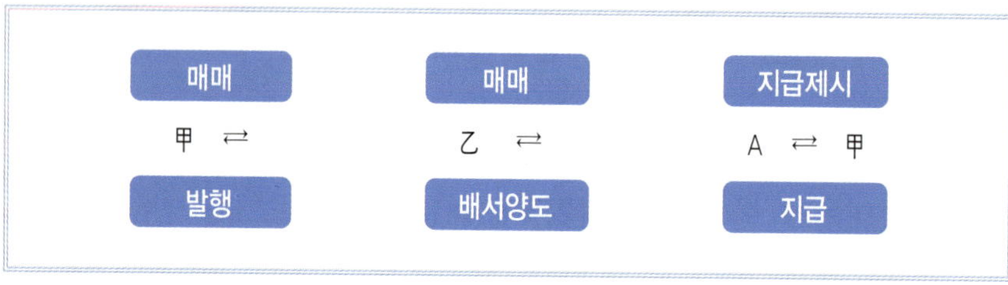

그런데 어음금 지급을 청구할 수 있는 만기(지급제시기간 내)에 지급청구를 A가 甲에게 하였는데, 甲이 지급을 거절하면 A는 어떠한 구제를 받을 수 있을지가 문제된다. 甲이 지급 거절하는 경우, A는 자기에게 약속어음을 배서 양도한 乙에 대하여 지급거절되었다는 것을 증명하여 어음금액등을 상환청구할 수 있다. 이것을 예전에는 소구권이라 하였는데, 2010년 어음법을 개정하고 용어를 한글화, 간편화하면서 상환청구권으로 변경하였다.

A가 甲에 대하여 어음금 지급제시기간 내에 지급제시하지 못하고, 지급제시기간이 지나가 버린 경우에는 어떠한 구제를 받을 수 있을까. 이 경우 A는 乙에게 상환청구권을 행사할 수는 없다. 그런데 소멸시효기간이 경과하지 않았다면 어음금의 채무자에게는 어음금지급청구를 할 수 있다. 甲은 약속어음을 발행하면서 약속어음금을 지급하겠다고 말 그대로 약속(의사표시)하였다. 그렇기 때문에 약속어음 발행인인 甲이 약속어음의 주된 채무자이고, 주채무자에 대한 어음금의 소멸시효기간은 만기로부터 3년이므로, 3년이 경과하지 않았다면 A는 주채무자인 甲에 대하여 어음금 지급청구를 할 수 있다.

만약 3년의 소멸시효기간도 경과된 경우에는 A가 구제받을 수 있는 길이 있을까. 어음법상의 권리로서 이득상환청구권이 있다. 이득상환청구권이란 어음・수표의 소지인이 상환청구권보전절차의 흠결 또는 시효기간의 경과로 말미암아 어음・수표상의 권리를 상실한 경우, 그 소지인이 증권상의 채무자가 지급을 면함으로써 받는 이득의 반환을 청구할 수 있는 어음법・수표법상의 특수한 청구권(어 79조, 수 63조)이다.

사례에서 甲은 상품을 매수하고 그 대금지급을 위하여 어음을 발행하였고, 乙은 상품을 매도하고 그 대금회수를 위하여 약속어음을 취득하였다. 또한 乙은 A에게 상품을 매수하고 그 대금지급을 위하여 甲으로부터 받은 어음을 배서 양도하였다. 여기서 乙은 甲으로부터 회수할 대금을 A로부터 회수하였다고 볼 수 있다. 하지만 A는 상품을 乙에게 인도하고 어음을 배서 양수받았는데, 지급제시기간이 경과하고 또 소멸시효기간도 경과하여 어음상의 채권을 상실하여 버렸으니, 어음금을 지급받을 수가 없다.

반면에 甲은 어음금을 지급해야 할 채무가 있음에도 불구하고, 이미 A의 어음상의 권리가 상실되었으니, 어음상의 채무는 소멸하되, 乙로부터 매수한 상품만큼의 이득만 취득한 결과가 된다. 이런 경우에 어음상의 권리를 상실한 A가 이득을 보고 있는 甲에 대하여 행사할 수 있는 권리가 이득상환청구권이다. 이득상환청구권은 어음법에서 인정된 청구권이라 하여 어음법상의 권리라 한다.

이와 같은 일련의 과정을 표시하면 다음과 같다.[1)]

❶ 발행 → 수취 → 배서 → 지급제시기간 → 지급제시 → 지급 → 어음채권소멸
❷ … 지급제시기간내 → 지급제시 → 지급거절 → 상환청구 → 재상환청구 → 어음채무자 채무이행 → 어음채권소멸
❸ … 지급제시기간경과후 지급청구 → 상환청구권 없음 → 어음채무자 채무이행 → 어음채권소멸
❹ … 지급제시기간경과 → 어음채무자의 소멸시효완성 → 이득상환청구권

1) 弥永眞生, 14면

한편, 위 사례에서 甲과 乙간의 매매계약으로 甲이 현금지급대신 乙에게 약속어음을 발행했지만, 실제 만기때 甲이 지급한다는 보장은 없다. 그렇기에 乙은 지급의 확실 보장을 위하여 甲에게 어음상의 보증을 요구할 수 있다. 이때 B가 甲의 어음상의 보증을 할 수 있고, 이것을 어음보증이라 한다.

또한 위 사례에서 甲과 乙간의 매매계약이 무효나 취소가 되더라도 甲의 어음의 발행에는 영향을 미치지 않는다. 이것은 무인증권의 성질을 갖기 때문이다. 그런데 乙이 약속어음을 수취하고 만기 때까지 소지하고 있다가 지급제시기간 내에 지급 제시한 경우 甲은 매매계약의 무효를 원인으로 어음금지급청구를 거절할 수 있을까. 무인증권성에 의하여 비록 甲의 어음의 발행행위는 유효한 법률행위이지만, 그렇다고 乙이 甲으로부터 상품의 매매계약이 무효임에도 불구하고 어음금을 지급받는다면 이는 불합리한 결과가 된다. 이에 甲은 乙의 어음금지급청구에 대해 거절할 수 있다. 이것을 인적항변이라고 한다.

그러나 A가 甲과 乙간의 인적항변사유를 모르고, 위 사례처럼 상품매매계약에 기하여 어음을 배서 양수받은 후 만기때 지급 청구한다면 甲은 乙에 대한 인적항변을 가지고 대항하여 지급거절을 할 수 있을까. 어음은 배서 양수받는 자(피배서인)가 누구이든 상관없이 전전 유통될 것을 예정한 제도이다. 따라서 A가 甲과 乙간의 인적항변사유가 있음을 모르고 어음을 배서양수 받았는데, 인적항변사유로 지급받지 못하게 된다면, 유통성이 저해된다. 즉 A의 甲에 대한 어음금 지급청구는 유효하도록 규정해야 한다. 이것을 명문화한 것이 인적항변의 절단이다(어 17조).

그리고 위 사례에서 甲이 미성년자라고 한다면 甲은 법정대리인의 동의를 받고 약속어음을 발행하여야 한다. 여기서 甲이 법정대리인의 동의 없이 약속어음을 발행하였다고 하자. 사례와 같이 A가 어음을 소지하고 있는데, 甲이 법정대리인의 동의 없이 발행한 것을 이유로 약속어음발행의 법률행위를 취소하였다. 그 경우 甲의 발행행위(선행행위)가 소급적 무효가 되므로, 이렇게 무효가 된 어음을 乙이 A에게 배서 양도한 행위(후속행위)에 영향을 미쳐, 乙의 A에 대한 배서행위도 원인무효가 되어 A는 어음상의 권리를 상실하게 될까.

법정책적으로 무효로 한다면 결코 A는 어음을 양수받지 않으려 하거나, 양수받으려 할 때도 甲과 乙간의 법률관계를 면밀히 조사하려 할 것이다. 이것은 역시 유통성을 저해하게 된다. 그렇기 때문에 어음법은 甲의 乙에 대한 어음발행행위를 취소하더라도 이것은 후속행위인 乙의 A에 대한 배서행위에는 영향을 미치지 않게 하고 독립적으로 유효한 배서행위로 취급하고 있다. 이것을 어음행위독립의 원칙이라 한다.

어음은 진정한 권리자가 발행・배서 또는 보증하는 것이 원칙이지만, 현실은 권리가 없는 자가 어음을 발행하거나 배서 등을 하는 경우가 있다. 이것을 어음의 위조라 한다. 뿐만 아니라 어음에 기재된 사항을 변경하거나 말소하는 경우가 있을 수 있는데, 이것을 변조라 한다. 어음의 위조와 변조의 경우 각각의 법률관계가 문제된다.

여기까지는 약속어음 중심으로 설명한 것이다. 그런데 환어음의 발행인은 어음의 수취인이나 수취인이 지시하는 자에게 지급제시기간 내에 어음금을 지급해 줄 것을 제3자에게 무조건적으로 지급 위탁하는 증권이다. 약속어음과 비교하면 약속어음은 발행인 자신이 지급하겠다는 약속을 하는 것인데 반해, 환어음 발행인은 제3자에게 무조건 지급위탁을 하는 점에 차이가 있다. 그래서 환어음 발행인은 자신이 수취인이나 수취인이 지시하는 자에게 환어음 금액을 지급하겠다는 의사표시를 한 바 없으므로, 환어음상의 주채무자가 아니다. 그렇다고 발행인으로부터 무조건 지급 위탁받은 제3자가 자신이 그것을 수용하는 의사표시를 한 것도 아닌데, 환어음상의 주채무자가 되는 것도 아니다. 그렇다면 환어음을 수취하는 자는 도대체 누구를 주채무자로 하여 대금지급을 받아야 하는지가 문제된다. 어음법은 인수제도를 규정하고 있다.

사례를 들어 보자. ① 甲과 乙간에 상품매매계약이 체결된다. ② 乙은 甲에게 상품을 인도하고 甲은 현금지급대신에, 甲을 발행인, A를 지급인으로 하는 환어음을 발행하여 乙에게 교부하였다. ③ 甲은 A에게 지급위탁하면서 미리 A의 승낙을 받은 것은 아니고, A 자신도 甲이 그러한 환어음을 발행한 것을 알지 못하였다. 이때 수취인 乙은 아직 어음상의 채무자가 아무도 확정되지 않았기 때문에, 먼저 환어음상의 주채무자를 확정하여 둘 필요성이 있다. 그래서 수취한 날로부터 만기일에 이르기까지 그 사이의 적당한 날에 乙은 지급인으로 기재된 A에게 환어음 금액을 만기에 지급할 것인지 여부를 물어볼 수 있다. 이것을 인수제시라고 한다. 이런 乙의 A에 대한 인수제시에 대하여 A는 받아들일 수도 있고, 거절할 수도 있다. A가 지급하겠다고 받아들이는 의사표시를 하면 그 때부터 지급인 A가 주채무자가 된다. 왜냐하면 자기가 어음금액 지급하겠다는 의사표시를 하였기 때문이다.

반대로 A가 지급하지 않겠다고 거절하면 환어음상의 주채무자는 없게 된다. 이 경우는 乙은 환어음을 발행한 甲에 대하여 주채무자는 아니지만 환어음 발행인으로 책임을 물을 수 있다. 이것을 약속어음에서 설명한 바와 같이 상환청구권이라 한다.

요컨대, 환어음은 약속어음과 달리 지급인이 존재하며, 인수제도가 있으며, 발행인의 지위가 다르다. 그러한 몇 가지 점을 제외하면, 기타 어음의 배서, 보증, 상환청구권 행사 등은 약속어음 법률관계와 동일하다.

2. 수표 법률관계의 개요

수표의 기본적 법률관계는 환어음과 유사하다. 즉, 수표의 발행인이 지급인에게 수취인 또는 그가 지시하는 자에게 수표금액의 지급위탁을 하는 것이다. 그러나 그 이전에 어음과 수표에 관한 기본적 법리의 명확한 이해가 필요하다. 어음은 신용수단(외상채권으로 생각하면 쉬움)으로 사용하나, 수표는 신용수단으로 사용하지 못하고 결제수단으로만 사용하여야 한다. 수표의 경우 현금으로 지급하는데, 현금의 소지와 지급이 불편하고 분실 등의 우려가 있으므로 간단한 수표로 결제하는 것이다.

신용수단이란 발행인이나 채무자의 신용으로 급부이행기간을 부여한다는 뜻이다. 그리하여 어음의 경우 4종류의 만기의 사용이 모두 가능하나, 수표 만기는 일람출급만으로 한정되어 있다. 일람출급이란 수표를 소지한 자가 언제든 지급제시하는 때가 만기가 된다는 뜻이고 즉시 결제하여야 한다.

수표발행인이 수취인에게 발행하여 준 즉시 수취인이 지급인에게 지급제시하면 만기가 되고, 지급인은 즉시 지급하여야 한다. 이 경우 지급인이 지급거절하거나 지급하지 못하게 되면, 신용수단으로 사용한 것이 되고 따라서 부정수표단속법상의 형사처벌 대상이 될 수도 있다. 또 환어음의 지급인의 자격에는 신용 있는 자 누구든지 될 수 있지만, 수표는 지급의 확실화를 위해서 지급인은 금융기관에 한한다.

3. 어음 및 수표의 기본 개념 정리

1) 의의

(1) 환어음

어음의 발행인이 증권에 기재한 특정인(수취인) 또는 그가 지시하는 자에게 일정한 날에 일정한 금액을 지급해 줄 것을 제3자(지급인)에게 무조건적으로 위탁하는 증권을 말한다. 이를 금전지급위탁증권이라 한다.[2)]

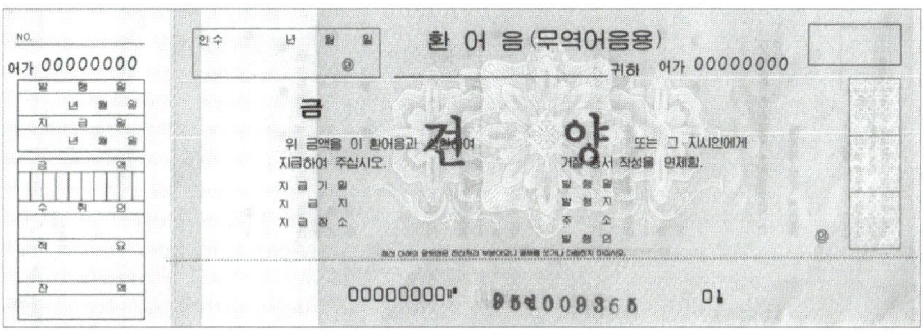

2) David A. L. Smout, Bills of Exchange, p.11.

(2) 약속어음

발행인 자신이 증권에 기재한 특정인 또는 그가 지시하는 자에게 일정한 날에 일정한 금액을 지급할 것을 약속하는 증권을 말한다. 이를 금전지급약속증권이라 한다.[3)]

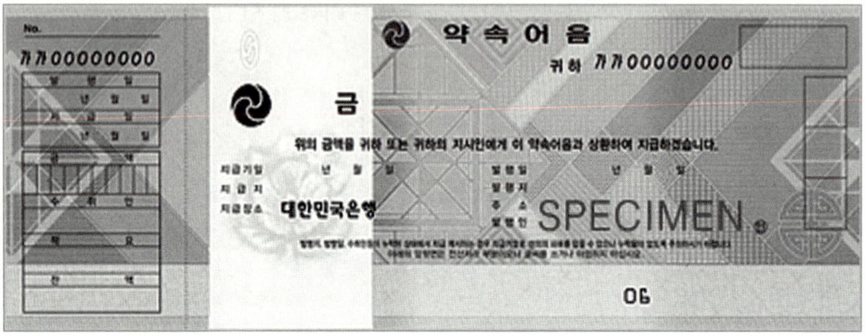

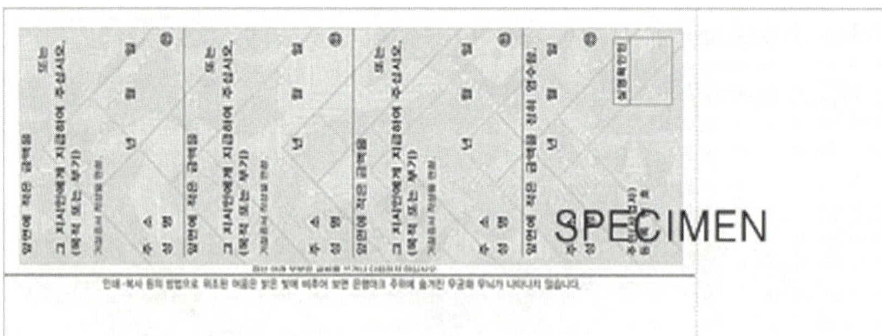

(3) 수표

발행인이 증권에 기재한 수취인 또는 그 이후의 정당한 소지인에 대하여 일정한 금액을 지급해 줄 것을 위탁하는 증권을 말한다. 이를 금전지급위탁증권이라 한다.

---

3) David A. L. Smout, Bills of Exchange. p.271.

2) 어음과 수표의 발행

(1) 기본어음의 작성

어음과 수표는 요식증권이므로 법정기재사항을 기재하여야 한다. 어음에는 반드시 기재하여야 하는 필요적 기재사항, 반드시 기재하지 않아도 되나 어음에 기재하면 어음상의 효력이 발생하는 유익적 기재사항, 기재해도 효력이 발생하지 않는 무익적 기재사항, 기재하면 어음자체가 무효가 되는 유해적 기재사항으로 나뉜다.

어음의 앞면(표면)에는 어음의 필요적 기재사항을 기재하며, 필요적 기재사항이 기재된 상태를 어음의 형식적 유효요건이 갖추어진 어음이라 한다. 또한 어음의 뒷면(이면)에는 어음의 유통방법인 배서가 기재되는 배서란이 있다.

(2) 어음 · 수표의 실질관계

어음 · 수표의 실질관계는 발행인과 수취인간에 어음을 주고 받는(授受) 원인이 되는 법률관계인 원인관계, 지급인은 발행인이 작성 · 교부한 어음에 대해 인식하고 지급을 하는 원인이 되는 자금관계, 어음관계가 발생하도록 준비하는 어음예약이 있다.

(3) 어음의 인수

환어음의 발행인은 사전에 지급인의 승낙을 얻어 지급인에게 지급위탁을 하는 것은 아니고, 지급인의 의사와 상관없이 발행인이 일방적으로 지급인으로 기재할 수 있다. 이 경우 지급인은 지급의 의사표시를 한 적이 없으므로 만기에 지급해야 할 의무를 부담하지 않는다. 이것은 환어음의 수취인 또는 소지인의 지위를 불안하게 만든다. 그리하여 만기에 이르기까지 소지인이 지급인에게 만기 때 지급할 것인지를 물어 볼 수 있고, 이에 대해 지급인이 지급약속을 하는 것을 환어음의 인수라 한다.

한편, 약속어음은 지급인이 없으므로 인수제도가 필요 없으며, 수표는 만기가 일람출급성(지급제시 또는 수표를 보여주고 결제청구 즉시 지급해야 하는 일자라는 뜻)이므로 인수제도가 없다.

(4) 어음 · 수표의 배서양도

수취인은 배서에 의하여 어음 · 수표를 양도할 수 있다. 이것은 어음의 유통성을 제고하기 위하여 민법상의 지명채권의 양도와 다른 방법을 인정하고 있는 셈이다. 그리고 이러한 배서에는 특별한 법률상의 효력을 인정하고 있다.

(5) 어음행위독립의 원칙

동일한 어음위에 한 각개의 행위는 선행행위의 형식적 무효의 경우 후속행위에 영향을 미치나, 선행행위의 실질적 무효의 경우 후속행위에 영향을 미치지 아니하고 각 어음행위는 독립하여 효력이 발생한다는 원칙을 어음행위독립의 원칙이라 한다.

(6) 어음의 선의취득

어음양도인의 행위가 실질적으로 무효라 하더라도 형식적 자격자로부터 배서받은 어음의 양수인이 악의 또는 중대한 과실이 없이 취득하는 한 어음상의 권리를 취득하게 되는 것을 어음의 선의취득이라 한다.

(7) 어음의 위조 · 변조

어음의 위조란 권한 없이 타인의 기명날인 또는 서명을 위작하여 어음 · 수표행위를 하는 것을 말하고, 어음의 변조란 권한없이 기명날인 또는 서명이외의 기재사항을 변경하는 것을 말한다.

(8) 어음보증

특정의 어음채무자의 채무이행을 담보하는 어음행위를 말한다.

(9) 어음항변

어음상의 청구를 받은 자가 그 청구를 거부할 수 있는 모든 사유를 말한다. 항변에는 일반적으로 특정한 청구자에 대해서만 대항할 수 있는 인적항변과 청구자 누구에 대해서도 대항할 수 있는 물적항변으로 나눈다.

(10) 어음의 지급

어음은 만기에, 수표는 발행후 지급제시와 동시에 지급됨으로써 그 사명을 다한다.

(11) 상환청구권(소구권)

어음 · 수표금의 지급이 거절되었거나 환어음의 인수가 거절되는 경우에 어음 · 수표의 주채무자 이외의 자에게 어음 · 수표금의 지급을 청구하는 것을 상환청구라 한다. 종래는 소구권이라 하였으나 2010년 어음법 개정으로 상환청구권이라는 용어를 사용하고 있다.

(12) 참가

어음의 상환권 행사를 저지하기 위하여 어음채무자가 아닌 자가 어음채무를 인수하거나(참가인수) 지급하는 것(참가지급)을 말한다. 그렇지만 실제 사용되는 경우가 거의 없다.

(13) 어음의 시효기간

주채무자에 대한 청구권은 만기일로부터 3년 내에, 상환청구권은 거절증서작성일 또는 그 작성이 면제된 때에는 만기일로부터 1년의 시효에 걸린다. 또한 재상환청구권은 어음을 환수한 날부터 6월의 시효에 걸린다.

(14) 이득상환청구권

어음 · 수표의 소지인이 상환청구권보전절차의 흠결 또는 시효기간의 경과로 말미암아 어음 · 수표상의 권리를 상실한 경우, 그 소지인이 증권 상의 채무자가 지급을 면함으로써 받는 이득의 반환을 청구할 수 있는 어음법 · 수표법상의 특유한 청구권(어 79조, 수 63조)을 이득상환청구권이라 한다.

Ⅱ. 어음 · 수표의 경제적 기능

1. 지급수단

기업의 상거래는 대량으로 빈번하게 반복적으로 행하여지는데, 그 대금 결제를 현금으로 한다면, 결제기업은 항상 현금을 준비하지 않으면 안 된다. 그 경우 현금 마련, 보관 및 소지, 운송의 위험 등 여러 위험한 사건이 발생할 수 있다. 그래서 실제로는 현금 대신에 어음이나 수표로 편리하게 지급한다. 더욱이 어음으로 지급하면 어음의 만기일까지 지급을 연기할 수도 있다.

2. 신용수단

기업간의 상거래에 있어서 매도 기업은 매수 기업에게 상품을 공급하고, 매수 기업은 매도 기업에게 만기를 후일로 하는 어음을 발행하고 교부하여 대금을 결제하는 것이 빈번하다. 즉, 매도 기업은 상품을 먼저 공급하고 매수 기업이 장래 어음의 만기일에 대금을 지급할 것이라고 신용한다. 이때 매도 기업은 어음을 만기일까지 보유하고 있다가 어음채무자에게 지급청구해도 되지만, 은행 등의 금융기관에 어음을 양도하여 현금화할 수도 있다. 금융기관이 어음금액으로부터 만기일까지의 이자 등을 차감한 금액을 어음과 상환하고 교부하는 것을 어음할인이라 한다. 어음할인의 법적 성격을 어음의 매매로 보는 것이 다수설이다.[4)]

현실에서는 대기업이 중소기업과 거래를 하고 어음의 만기를 6개월 내외로 하는 어음을 발행하곤 한다. 그 경우 중소기업은 당장 자금이 필요할 경우 은행에다 어음을 맡기고 이자와 수수료를 제외한 자금을 융통받는다(어음할인). 특히 받을 어음이 부도나는 경우 어음 금액을 한 푼도 못 받는 경우가 있다.[5)] 이러한 폐해를 시정하기 위하여 정부는 어음 법령을 개정하고 대기업의 중소기업에 대한 어음 만기를 3개월로 제한하려고 한다.

3. 송금수단과 추심수단

채무를 변제할 때 격지자간에 현금을 수송함으로써 발생하는 불편을 없애기 위해 환어음과 수표를 이용할 수 있다. 예컨대, 서울의 甲이 뉴욕에 있는 乙로부터 상품을 수입하고, 그 대금을 환어음을 이용하여 송금하는 경우를 보자. 甲은 서울의 A은행에 현금을 납입하고 뉴욕에서 지급될 환어음을 발행받는다. 이 환어음은 甲을 발행인, 乙을 수취인, A은행과 외국환거래에 관한 계약을 체결하고 있는 뉴욕의 B은행을 지급인으로

4) 최준선, 30면
5) 2013년도 부도난 어음금액은 5조 2386억원 어치에 이른다(조선일보, 2014. 8. 9. A10면).

하고 있다. 이 어음은 뉴욕의 乙에게 송부되고, 乙은 B은행으로부터 미국 달러에 의한 지급을 받게 된다. 이것이 송금수단으로 이용하는 방법이다.

그러나 국제대금결제에는 송금수단 보다 추심수단을 더 많이 이용한다. 송금수단은 채무자가 지급을 위하여 채권자에게 송금함에 비하여 추심은 채권자가 수출대금을 추심하기 위하여 어음을 이용하는 경우이다. 서울의 甲회사가 뉴욕의 乙회사에 상품을 수출하고 그 대금을 환어음을 이용하여 추심하는 경우를 보자. 甲은 자신을 발행인, 乙을 지급인으로 하는 환어음을 발행한다. 이것을 서울의 A은행에 매수청구하고, 대금상당액의 지급을 받는다. A은행은 외국환거래에 관한 계약을 체결하고 있는 뉴욕 B은행에 환어음을 송부하고, 어음금의 추심을 의뢰하고, B은행은 乙로부터 어음금의 지급을 받는다. 일반적으로는 운송 중의 물품에 대하여 발행된 선하증권이나 화물상환증을 담보로 하여 환어음을 할인하는 방법이 이용된다.[6] 뿐만 아니라 선하증권 외에도 매수인이 자기의 거래은행으로부터 발급받은 신용장을 첨부하여 환어음, 선하증권, 신용장과 상환으로 매도 회사가 어음금을 지급받고, 매수 회사는 회수한 선하증권과 상환으로 해상운송회사로부터 상품을 수취하는 방법이 일반적으로 이용되고 있다.

Ⅲ. 어음과 수표의 경제적 분류

1. 상업어음·융통어음

상업어음이란 상거래를 원인으로 하여 발행한 어음을 말한다(이를 진성어음 또는 실어음이라고도 한다). 어음은 기계나 물품 등의 구입에 따른 대금결제를 위해서 발행되기 때문에, 상업어음이 일반적이라 할 수 있다. 그럼에도 불구하고 당사자간에 매매·도급

---

6) 정동윤, 52면

등과 같이 현실적인 상거래를 하지 않고 오직 자금융통의 목적으로 발행하는 어음이 있는데, 이를 일컬어 융통어음이라 한다. 즉 대법원에 의하면 융통어음(호의어음)이란 융통자가 타인(피융통자)으로 하여금 어음에 의하여 제3자로부터 금융을 얻게 할 목적으로 수수되는 어음을 말한다고 정의한다(대판 1996. 5. 14. 96다3449 판결). 융통어음을 발행한 자는 피융통자에 대하여 어음상의 책임을 부담하지 않지만, 그 어음을 양수한 제3자에 대하여는 달리 특별한 사정이 없는 한 선의, 악의를 묻지 아니하고 대가 없이 발행한 융통어음이었다는 항변으로 대항할 수가 없다(대판 1995. 9. 15. 94다54856 판결).

최근에는 융통어음이란 것이 단기사채를 조달하는 것과 동일하다 하여 단기사채로 법률구성하기도 한다.

2. 대부어음 · 할인어음 · 담보어음

대부어음이란 금전소비대차에 있어서 그 지급을 확보하고 또 차용증서로 대용하기 위하여 차주가 대주에게 교부하는 어음을 말한다.

할인어음이란 어음의 만기 전에 어음 금액의 현금화를 위하여 은행 또는 사채업자로부터 어음 금액 중에서 만기까지의 이자를 공제하고 난 후의 금액을 지급하는 것을 말한다. 예컨대, 어금 금액이 1억원이고 만기까지의 중간 이자나 비용이 5백만원이라면 이를 공제하고 남은 9천 5백만원을 지급하는 것을 어음할인한다고 한다.

담보어음이란 현재의 채무 또는 장래 발생할지도 모르는 채무의 이행을 담보하기 위하여 발행되는 어음을 말한다.

3. 기업어음 · 중개어음

기업어음(Commercial Paper; CP)이라 함은 종합금융회사 등에 의하여 선정된 우량적격업체가 자금융통의 목적으로 만기를 1년 이내로 하여 발행한 어음을 종합금융회사가 매입하여 다시 일반 투자가에게 매출하는 어음을 말한다. 기업어음은 상거래 없이 발행되기 때문에 융통어음의 일종이다.[7)]

기업어음(CP)은 약속어음으로 발행하는데(전자어음으로 발행하지 않아도 무방함), 기업은 자금융통 측면에서, 종합금융사나 증권회사는 중개수수료 등의 수익 측면에서, 일반 투자자는 투자 측면에서 매력적으로 사용되고 있다. 또한 기업어음은 어음이면서도 「자본시장과 금융투자업에 관한 법률(이하 자본시장법이라 함)」상 증권에 해당하는 이중의 성격을 갖고 있다. 기업어음은 종합금융사 등의 담보배서 없이 매출되는 것이 일반적이고 증권의 성격을 갖고 있으므로 일반 투자자 보호를 위하여 투자에 중요한 정보사항에 대하여 이를 제공하고 설명할 의무를 판매자가 지게 된다.

■ **대판 2006.06.29. 2005다49799 판결 [손해배상]**

[1] 증권회사의 임직원이 고객에게 유가증권에 대한 투자를 권유할 경우에 부담하는 고객보호의무의 내용

[2] 기업어음(CP)의 거래에 있어서 신용등급이 그 기업어음의 가치에 중대한 영향을 미치는 중요정보에 해당하므로, 증권회사가 고객에게 거래의 대상인 기업어음의 신용등급을 제대로 고지하지 않았다면, 달리 고객이 이미 그 신용등급을 알고 있었다거나 신용등급을 제대로 고지하였더라도 그 기업어음을 매수하였으리라는 등의 특별한 사정이 없는 한, 이로써 고객보호의무 위반으로 인한 손해배상책임이 성립한다.

그런데 2011년 7월 14일 「전자단기사채 등의 발행 및 유통에 관한 법률(이하 전자단기사채법이라 함)」이 제정 · 공포되었다. 이 전자단기사채법은 실질상 기업어음을 대체 사용하도록 유도하기 위한 법률이다. 왜냐하면 전자단기사채를 발행하면 전자적 등록이나 유통이 가능해져 기업어음이라는 실물 발행에 비하여 비용이 적게 들고, 나아가 1억원 단위로 분할유통이 가능하며(기업어음은 어음금액의 분할배서가 인정되지 않음), 기업어음의 위조나 변조와 같은 위험이 사라지기 때문이다.

---

7) 김문재, 36면

4. 화환어음(하환어음)

어음금의 지급이 운송중의 물건에 관한 인도청구권과 대가관계에 있거나 이에 의해 담보되어 있는 환어음을 말한다. 다시 말해 화환어음은 환어음에 운송중인 물건(화물상환증, 선하증권)에 의하여 담보되는 담보부어음이다. 이러한 화환어음은 국제물품거래에 있어서 주로 사용된다. 나아가 국제물품거래에서 대금 지급의 확실성을 높이기 위하여 수입업자의 거래은행이 화환어음의 인수와 지급을 책임진다고 확약하는 문서를 발행하게 되는데, 이 문서를 상업신용장(Commercial Letter of Credit; L/C)이라 한다. 따라서 수출업자의 경우 화환어음과 상업신용장을 받으면 물건을 외국에 수출한다 하더라도 대금을 못 받을 확률은 크게 감소한다.

5. 연기어음

이미 발행한 어음의 만기가 도래하였을 때 당사자가 합의하여 그 지급을 연기하기 위하여 발행한 어음을 말한다. 환어음의 참가인수나 참가지급 등을 사용하지 않고서, 또는 만기에 지급하지 못하여 부도 처리 되는 것을 막기 위하여 실무에서 활용되고 있다. 그리고 어음의 만기를 연기하여 어음을 발행하는 행위를 어음의 개서라고 한다.

6. 은행도어음

약속어음의 경우에 발행인이 특정은행과 약속하에 그 특정은행이 지급사무를 처리해 줄 것으로 하고 은행이 정한 약관에 따라 특정 은행이 교부하는 어음용지를 사용하게 되는 경우가 있는데, 이를 은행도어음이라 한다.

7. 당좌수표

수표발행인이 은행과 당좌거래약정을 하고 수표계약을 체결하여 이 계약에 의하여 발행하는 수표를 당좌수표라 한다. 그러나 실무에서는 은행 아닌 개인이나 기업이 발행한 수표를 흔히 당좌수표라 한다.

8. 가계수표

기본적으로 당좌수표이지만 가계소비생활에서 소액으로 사용할 수 있도록 양식화한 수표이다.

9. 자기앞수표

수표의 발행인이 지급인의 지위를 겸하여 발행한 수표를 자기앞수표라 한다.

제 3 장

어음법 총론

Ⅰ. 어음법 총설
Ⅱ. 어음 행위
Ⅲ. 어음행위와 법률행위의 일반원칙
Ⅳ. 타인에 의한 어음행위
Ⅴ. 어음의 실질관계
Ⅵ. 어음의 개서
Ⅶ. 어음할인
Ⅷ. 어음대부
• 연습문제
• 해설

제3장 어음법 총론

I. 어음법 총설

어음법규정은 환어음 중심으로 되어 있다. 또한 판덱텐 체계에 따라 총론규정 다음에 각론 규정이 나온다. 종래 어음법 해설은 법규정 순서에 따른 것이 일반적이었으나, 이것은 학습자가 이해하기 힘든 면이 있다. 반면에 어음의 발행에서부터 지급에 이르기까지를 순서대로 설명하는 편이 이해하기 쉽다. 더욱이 이를 환어음 보다는 약속어음 중심으로 설명하는 것이 훨씬 용이하고 이해하기 쉽다.

본서는 어음법 총론의 어음행위, 제3자에 의한 어음행위, 어음행위독립의 원칙, 어음의 실질관계, 어음의 위조 및 변조, 이득상환청구권 등을 먼저 설명하기로 한다. 이것은 민법의 기본 법리를 바탕으로 어음법 총론을 이해하는 것이 쉽고, 또한 민법의 기본 법리와는 다른 어음법만의 독특한 법리를 민법의 법리와 비교하면서 익혀야 하기 때문이다. 그러면서도 이론을 쉽게 익히기 위해 설명의 사례는 약속어음 중심으로 하기로 한다.

어음법 각론의 해설도 약속어음 중심으로 설명하고자 한다. 어음의 발행, 배서, 보증, 상환청구권 등도 약속어음법리로 이해함이 편리하기 때문이다. 그런 다음 환어음은 약속어음과 비교하여 특유한 제도 중심으로 설명한다.

한편 수표법의 경우에도 어음법과 비교하여 공통적인 법리는 어음법의 해설로 대체하고, 수표법 특유의 제도만 수표법 부분에서 설명하기로 한다.

Ⅱ. 어음행위

1. 어음행위

1) 의의

어음은 발행인에 의하여 발행되고 어음의 채무자에 해당하는, 약속어음의 경우 발행인이, 환어음의 경우 지급인(인수인)이 어음금의 지급(의무의 이행)을 할 때까지 하나의 어음 증권상에 다수인이 중첩적으로 어음행위를 한다. 이런 어음행위는 어음상의 권리나 의무를 변동시키는 법률행위이다. 그러나 민법상의 법률행위와는 다른 것이고,[1] 이를 특히 어음행위라고 한다.

어음법 규정에서는 법률행위로서 어음행위를 하는 것을 「기명날인 또는 서명한다(이하 기명날인 또는 서명으로 단순하게 표기한다)」(어 8, 29조, 89조)라고 표현한다. 이것은 서명이라는 사실행위를 뜻하는 것이 아니라, 서명을 요소로 하는 방식에 의한 법률행위를 하는 것을 말한다. 즉, 어음의 발행은 발행의 방식을 갖추어 발행인이 서명을 한다. 또 어음배서는 배서의 방식을 갖추어 배서인이 서명을 한다. 그리고 어음보증은 보증의 방식을 갖추고 보증인이 서명을 한다. 그리고 이런 서명을 요소로 하는 방식에 의한 법률행위는 의사표시를 요소로 한다. 요컨대, 어음행위는 의사표시를 요소로 하는 법률행위인 점은 공통적이나, 의사표시의 내용이 발행, 배서, 보증과 같이 각각 다르고 발행, 배서, 보증에 따라 그 방식도 각각 다르며, 또한 발행의 효과, 배서의 효과, 보증의 효과가

1) 宮島 司, 18면; 단순히 어음상의 권리의 행사, 보존 또는 소멸을 목적으로 하는 행위, 예컨대 지급을 위한 제시, 지급, 거절증서의 작성, 상환 등은 어음행위는 아니다. 또한 어음상의 법률관계의 발생, 변동을 목적으로 한다면 법률행위에 해당하지만, 예컨대 기명식 어음의 지명채권양도의 방식에 의한 양도(배서에 의한 것이 아닌 것)나, 백지식 배서인 어음의 단순한 교부에 의한 양도(서명이 없음) 등도 어음행위는 아니다.

각각 달라, 어음행위의 개념을 획일적으로 개념 정의하는 것이 쉽지 않다. 이런 까닭에 어음행위를 설명하는데 학설의 대립이 있다. ① 형식설은 어음행위를 형식적인 특색에 착안하고, 기명날인 또는 서명을 요건으로 하는 요식의 증권적 법률행위를 말한다고 한다.[2] ② 실질설은 어음행위의 결과 어음상의 채무를 부담하는 행위라 한다.[3] ③ 절충설은 기명날인 또는 서명을 요건으로 하는 요식의 법률행위이고 실질적으로는 어음상의 법률관계를 발생, 변동케 하는 법률행위라고 정의한다.[4] ④ 어음행위를 형식적 의의와 실질적 의의를 구분하고 어음상의 권리 의무를 변동케 하려는 의사표시를 요소로 하는 행위로써, 기명날인 또는 서명을 불가결의 요소로 하는 법정의 방식에 따라 행하는 법률행위라고 하는 견해가 있다.[5]

형식설은 기명날인 또는 서명은 모든 유가증권에 공통되는 요건이므로 어음행위와 다른 증권적 법률행위와의 구별이 어렵다는 비판이 있다.[6] 또한 실질설은 배서의 경우 배서인의 상환의무에 따른 채무부담은 의사표시에 의한 것이 아니라 법률의 규정에 의해서 채무를 부담하고, 특히 무담보배서나 추심위임배서의 경우에는 채무가 발생하지 않는다는 비판을 받는다.

생각건대, 어음행위는 형식적 특징으로 파악할 수도 있고, 실질적 특징으로 파악할 수도 있다. 따라서 절충적으로 어음행위란 기명날인 또는 서명을 요건으로 하는 요식의 서면행위로써 어음상의 권리・의무를 변동시키는 행위를 말한다고 함이 타당하다.

2. 어음행위의 종류

어음행위는 발행, 배서, 보증이 공통적 어음행위에 해당한다. 기타 환어음에는 인수

---

2) 강위두, 49면; 정찬형, 107면; 최정식, 60면
3) 정동윤, 128면
4) 정동윤, 128면; 이기수, 32면
5) 이철송, 55면
6) 이철송, 54면

가, 수표에는 지급보증이 있다. 그러나 지급은 변제하는 사실행위이기 때문에 어음행위가 아니다.

어음이나 수표의 발행은 어음상의 권리관계를 창설하고 발행된 후에야 배서나 보증 등의 어음행위가 유효하게 되므로 이를 기본적 어음행위라고 한다. 기타의 어음행위는 발행에 의해 창설된 어음행위를 변동시키는 행위이고, 이를 부수적 어음행위라 한다.[7)]

3. 어음행위의 성립요건

민법상의 법률행위는 목적이 가능하고 적법하고 타당하며, 법률행위자가 행위능력자이어야 하며 의사와 표시의 일치 등을 요건으로 하지만, 법률행위의 방식은 자유이다. 그러나 어음행위의 성립요건은 적법한 방식을 갖추어야 한다. 또한 상대방에게 교부하여야 한다. 이를 종합한다면, 어음행위의 성립요건은, ① 적법한 방식을 갖출 것(형식적 요건), ② 행위능력 등 법률행위의 유효요건을 갖출 것, ③ 어음이 상대방에게 교부될 것 3가지를 요한다.

4. 어음행위의 형식적 요건

1) 법정사항의 기재

어음행위는 적법한 방식을 갖추어야 하므로 각각의 어음행위의 기재사항을 모두 기재하여야 한다. 즉, 발행(어 1조, 75조, 수 1조), 배서(어 13조, 77조 1항, 수 16조), 보증(어 31조, 77조 3항, 수 26조), 인수(어 25조), 참가인수(어 57조), 지급보증(수 53조 2항)의 경우 법정기재사항을 기재해야 한다. 이와 같은 법정기재사항의 세세한 부분은 해당 부분에서 설명한다. 여기서는 모든 어음행위방식에 공통적인 사항에 관해서만 설명한다. 이것이

---

7) 최준선, 76면; 정동윤, 86면

기명날인 또는 서명이다. 구체적으로 설명하면 어음의 발행을 위해 법정기재사항을 기재하고 발행인이 기명날인 또는 서명해야 한다. 또 배서인은 법정기재사항을 기재하고 기명날인 또는 서명한다. 보증 역시 보증문구를 기재하고 기명날인 또는 서명한다. 즉, 기명날인 또는 서명은 어음행위를 하는 자의 의사표시이고, 따라서 모든 어음행위의 공통적인 요건이다.

2) 기명날인 또는 서명

(1) 기명날인

① 자연인의 기명날인

종래 어음행위자의 표시방법으로 기명날인만을 인정하였으나, 1995년 개정법은 국제적으로 서명이 일반화된 것을 감안하여 서명도 허용하였다.

어음의 기재사항 중에서 다른 기재사항은 생략되어도 유효할 수도 있지만, 기명날인(또는 서명)이 없는 어음행위는 절대적으로 무효가 된다. 이렇게 기명날인 또는 서명을 어음행위의 필수요건으로 하는 이유는, 첫째 어음행위자에게 문서내용을 확인시켜, 엄격한 어음채무를 부담해야 한다는 것을 인식시켜(주관적 의의) 신중히 어음행위를 하라는 뜻이 있고, 둘째 어음행위의 동일성을 공시하고 그 증명방법을 정형화시키기 위함(객관적 의의)이다.[8)]

기명날인이란 어음행위자의 명칭을 표시하고 그 곳에 인장을 찍는(압날) 것을 말한다. 예컨대, 자연인 홍길동이 어음을 발행할 경우, 「홍길동」이란 성명을 기재하고, 그 옆에 인장(印章)을 찍는 것이다. 기명(타이프라이터, 인쇄, 고무인으로 기재해도 무방)이나 날인 중 어느 하나라도 없으면 무효이다.[9)]

통설과 판례는 기명은 가족관계등록부상의 실명과 어음상의 명의가 반드시 일치할

---

8) 弥永眞生, 47면

9) 최정식, 62면

필요는 없다고 한다.[10] 그 이유는 만약 이를 무효라 하면 형식적 하자가 있게 되고, 이 경우 어음소지인이 적법한 방식으로 어음행위를 한 자의 책임조차 추궁할 수 없게 되기 때문이다. 따라서 아호, 통칭 기타 별칭이라도 어음행위자를 특정할 수 있는 한 유효하다.

기명과 날인은 일치하여야 유효한가? 예컨대, 「박소정 박하나 인(印)」이라든가 「박소정 하나 인(印)」으로 기명날인 되어 있어도 통설과 판례는 유효한 기명날인으로 본다.[11] 이것은 어음이 전전 유통된다는 것을 감안하여 위에서 밝힌 것처럼 어음소지인이 어음행위자에게 책임추궁을 할 수 있게 하기 위함이다.

■ 대판 1978.2.28, 77다2489

어음의 법정요건의 구비여부는 그 어음면의 문면자체에 의하여 외관적으로 이를 판단하면 족하고, 어음면의 기재가 어떤 객관적인 사실과 일치하지 않더라도 어음으로서의 효력에는 아무런 지장이 없다고 하는 것이 본원의 판례이고(1961.8.10. 선고 4293민상714호 판결 참조), 또 어음법상의 기명날인이라는 것은 기명된 자와 여기에 압날된 인영이 반드시 합치됨을 요구한다고 볼 근거는 없는 것이므로 본건에서 원심이 인정한 바와 같이 위 약속어음에 피고 황택임의 기명이 되고 거기에 어떤 인장이 압날되어 있는 이상 그 인영이 서상길로 되어있어 비록 그 기명과 일치되지 않는다 할지라도 이 약속어음의 문면상으로는 기명과 날인이 있는 것이 되어 외관상 날인이 전연 없는 경우와는 구별이 되어야 할 것이다.

기명만 있고 날인이 없는 경우에는 서명으로 인정되지 않는 한, 그 어음행위가 무효이고, 날인만 있고 기명이 없는 경우에도 무효이다. 다만 기명이 흠결된 날인의 경우 어음소지인이 이를 보충할 수 있다고 보는 것이 판례의 태도이다.[12]

어음행위에서 무인(拇印; 손도장 또는 지장 찍는다고 말한다)은 무효라는 것이 통설과 판례의 입장이다.[13] 어음행위에서 무인을 무효라고 하는 이유는 신속하게 전전 유통되어 권리변동 되는 것을 전제로 한 어음행위에서 무인(拇印)은 육안으로 식별이 어렵기 때

10) 이철송, 78면; 대판 1968. 7.22, 69다742
11) 최준선, 79면
12) 대판 1980. 3. 11, 79다1999
13) 최준선, 80면

문에 어음행위자의 진정성을 알기 어렵기 때문이다. 그렇지만 어음이외의 문서에서 무인은 유효한 것으로 보는 것이 일반적이다.

기명날인의 대행은 인정된다. 대행에는 사실적 대행과 대리적 대행이 있다. 사실적 대행은 기명날인자의 수족이 되어 사실적 동작을 대신함에 불과하다. 예컨대, 온달이 팔을 쓸 수 없는데 약속어음을 발행할 경우 약속어음 발행에 관한 의사결정을 본인 스스로가 모두 하고, 기명날인만 온달 지시대로 낙랑공주가 온달명의로 하는 것을 말한다. 이런 사실적 대행은 어음행위자의 의사대로 성립되므로, 법률적 문제가 발생하기 어렵다. 대리적 대행은 대리와 형식적으로 구별되지만, 대리행위와 같이 본인의 수권에 의하여 본인을 대신하여 어음행위를 위한 의사결정을 하는 것을 말한다. 예컨대, 온달이 낙랑공주에게 약속어음발행에 있어서 어음금액을 1천만원 한도내에서 상황에 따라 결정하여 발행할 권한을 수여하면서, 발행인의 기명날인은 낙랑공주가 대행하여 「온달」로 하도록 하는 경우이다. 낙랑공주가 온달의 대리적 대행이 없음에도 불구하고 어음발행을 하면 어음위조가 되거나 표현대리가 성립하고, 수권을 벗어나거나 수권사항과 다른 행위를 한 경우에는 표현대리 또는 무권대리 등이 성립할 수 있다.

② 법인의 기명날인

법인이 어음을 발행할 경우, 「자인주식회사 대표이사 홍길동」이란 법인명과 대표관계(대표이사)를 표시한 다음 성명을 기재한 후 인장을 압날(押捺)한다. 즉, 기명날인은 ① 법인(회사)명, ② 대표관계, ③ 대표자 성명, ④ 인장 찍는(압날) 순으로 행하여져야 한다. 그렇지 않으면 법인의 어음행위로 인정되지 않아서 법인이 책임을 부담하지는 않는다. 그리하여 「자인주식회사 홍길동 홍길동 印」은 대표관계가 표시되어 있지 않기 때문에 자인주식회사의 어음행위가 되는 것이 아니라, 홍길동 개인의 어음행위가 된다.

그렇다고 위의 4가지 요건을 엄격하게 갖출 필요는 없다는 것이 판례의 입장이다. 즉, 대표관계는 대표자격을 인식할 수 있는 인감이 압날되어 있다든가, 「대표이사」 대신에 대표를 표시하는 기관 명칭이 아니고, 단순히 「이사」로만 쓴 경우에도 법인의 유효한 어음행위라고 한다.[14)]

■ **대판 1969. 9.23, 69다930**

「화성건설 주식회사 전명형」이라고 표시하고 「대표이사 전명형印」이라고 된 회사 대표이사 직인을 날인하여 이 사건 어음을 발행하였다는 것이고.... 화성건설 주식회사는 어음상의 의무가 있다.

■ **대판 1994.10.11, 94다24626**

피고 회사의 대표이사로 재직하는 동안에 이 사건 각 수표에 배서함에 있어서 피고 회사의 대표이사의 자격으로 "삼양제지공업주식회사, 이석기"라고만 기재하고, 그 기명 옆에는 "삼양제지공업주식회사 대표이사"라고 조각된 인장을 날인하였다는 것인바, 위와 같은 사실 인정의 토대 위에서 결국 이 사건 각 수표의 피고 회사 명의의 배서는 소외 이석기가 피고 회사를 대표한다는 뜻이 표시되어 있다고 판단한 원심판결은 정당하고(당원 1969. 9. 23. 선고 69다930 판결 참조), 여기에 회사대표의 법률행위에 대한 법리오해가 있다고 할 수 없다.

그렇지만 회사印만 날인되어 있고 대표기관의 기명날인 또는 서명이 없는 경우는 법인의 어음행위로서 무효이다.[15)]

(2) 서명

서명(署名)이란 자필로 자신의 성명을 기재하는 것을 말한다. 다시 말해 어음행위자 본인이 자기의 명칭을 손으로 직접 쓰는 것이다. 이 때 서명은 외관으로 봐서 성명의 식별이 가능하도록 하여야 한다. 그렇기에 일반적으로 사용하고 있는 명칭인 서명(영어의 sine 또는 signature와는 구별된다. 옛 조상들의 수결(手決)이 이에 해당함)은 어음행위의 서명과 구별하여야 한다. 그 서명은 위조를 방지하기 위하거나 자기 고유의 특징을 나타내면서 멋을 내기 위해 독특한 기호나 그림을 그리는 형태인데,[16)] 그 경우 제3자가 봤을 때 어음행위자를 알 수 없다.

서명은 자필로 직접 성명을 기재하기 때문에 이론상 대행이란 있을 수 없다. 그러나

---

14) 이범찬 · 최준선(下), 93면

15) 이범찬 · 최준선(下), 93면; 대판 1964. 10. 30, 63다1168

16) 최정식, 63면; 양명조, 82면

제3자와의 관계에서는 서명의 대행도 적법한 서명이라 보고 서명의 대행에 의한 어음행위자에게 어음상의 책임을 귀속시켜야 한다. 그래야 거래안전을 도모할 수 있다. 따라서 서명의 대행을 인정하는 것이 다수설이다.[17]

(3) 대리인의 기명날인 또는 서명

대리인에 의한 기명날인은 현명주의에 의한다. 현명주의란 본인과 대리인이 표시되고 본인과 대리인간의 대리관계가 표시되어져 있어야 한다는 뜻이다. 예컨대, 홍길동의 대리인 성춘향과 같은 형태이다.

(4) 조합의 기명날인 또는 서명

조합은 법인격이 없기 때문에 이론상으로는 조합원 전원이 기명날인 또는 서명하여야 하나, 판례는 조합원 대표가 조합 명칭과 그 대표자격을 표시하고 기명날인한 경우에도 전체 조합원의 어음행위로서 유효하다고 한다.[18] 그 이유는 조합원 전원이 어음용지에 기명날인 하는 것은 무용하게 어음용지를 너무 요구하여 불가능하고 바람직하지도 않기 때문이다.

3) 어음행위독립의 원칙(어음채무독립의 원칙)

(1) 의의

어음은 1매의 증권상에 발행, 인수, 배서, 보증 등 다수의 어음행위가 행하여지는 것이 일반적이다. 이와 같이 1매의 어음증권상에 행하여진 여러 개의 어음행위가 있을 경우, 앞의 어음행위가 의사무능력자의 어음행위로서 무효인 경우 후의 어음행위도 무효가 될 것인가. 일반적인 법률행위는 선행행위가 무효라면 후행행위도 당연히 무효이다. 즉 A토지의 갑・을(甲・乙)간에 매매계약(선행행위)이 무효가 된다면, 을(乙)의 병(丙)

---

17) 최기원, 118면; 최정식, 67면
18) 대판 1970. 8. 31, 70다1360

에 대한 매매계약(후행행위)도 앞의 무효에 영향을 받아(乙이 무권리자로서 매도한 것이므로) 무효가 된다. 그런데 이런 이치를 어음행위에는 그대로 적용할 수가 없다. 왜냐하면 어음상에 존재하는 모든 선행의 어음행위가 유효한지를 어음취득자가 일일이 조사하는 것은 불가능하거나, 거래비용을 증가시키고 어음의 유통성을 저해하기 때문이다. 그래서 어음법은 1매의 어음증권 상에 제1의 어음행위의 실질적 효력은 제2의 어음행위에 영향을 미치지 않고, 선행행위가 무효라 하더라도 후행행위는 유효하다는 어음행위독립의 원칙을 규정하고 있다(어 7, 77조 2항, 수 10조). 다만, 형식적 하자가 있다면 후속행위에 영향을 주어 무효나 취소가 된다. 왜냐하면 형식적 하자는 어음을 취득하는 자가 어음증권을 확인함으로써 그 하자를 인식할 수 있기 때문이다.

어음행위독립의 원칙은 어음채무부담의 원칙이라고도 한다. 어음행위독립의 원칙에 의해 결국 어음채무를 부담하게 되기 때문이다.

(2) 취지

어음행위독립의 원칙이란 어음행위의 형식적 요건이 구비되어 있음에도 불구하고 실질적 요건을 일일이 조사하게 하는 것은 어음의 유통성을 해치게 된다. 그리하여 어음행위독립의 원칙을 인정한다.

(3) 근거

① 실정법적 근거

어음법 제7조는 「환어음에 어음채무를 부담할 능력이 없는 자의 기명날인 또는 서명, 위조의 기명날인 또는 서명, 가설인의 기명날인 또는 서명, 또는 기타의 사유로 인하여 환어음의 기명날인 또는 서명자나 그 본인에게 의무를 부담하게 할 수 없는 기명날인 또는 서명이 있는 경우에도 다른 기명날인 또는 서명자의 채무는 그 효력에 영향을 받지 아니한」다고 규정하고 약속어음과 수표의 경우에도 같은 취지의 조항(77조 2항, 수 10조)을 두고 있다. 또한 어음법 제32조 제2항에서 주채무자의 어음행위가 무효이더라도 어음보증인의 책임에 영향이 없다는 뜻을 밝히고 있고, 어음법 제69조에서 어음이 변조된 경우 어음행위자는 어음행위 당시의 문언에 따라 책임을 진다는 뜻을 규정하고 있다.

② 이론적 근거

㉮ 특칙설(정책설)

선행행위가 무효이면 후행행위도 무효인 일반원칙에 대한 예외로서 어음거래의 유통성을 강화하기 위하여 법이 인정하는 특례규정이라고 한다. 이 견해가 다수설이다.[19] 특칙설 중에서는 악의취득자에게 독립성의 원칙을 적용할 수 있는가에 따라 이를 긍정하는 견해와[20] 이를 부정하는 견해로[21] 나뉜다. 특칙설은 어음의 신용을 높이고 유통성을 확보함으로써 어음거래의 안전성을 보장하려는 것이다.

㉯ 당연규정설(문언성설)

이 학설은 어음행위독립의 원칙이란 어음행위의 문언성과 서면성에서 오는 당연한 결과라고 한다. 즉 한 개의 어음에 여러 개의 어음행위가 행하여진다 할지라도 각 어음행위는 어음상의 기재문언을 그 의사표시의 내용으로 한 별개의 채무부담행위이며, 그 중 한 개가 무효・취소된다면 그 행위만 어음관계에서 탈락될 뿐 다른 어음행위에 영향을 주지 않는다고 한다. 따라서 어음행위독립의 원칙에 관한 규정은 단지 주의를 촉구하기 위해 마련된 규정이라는 것이다.

㉰ 절충설

어음행위독립의 원칙 가운데 다른 어음행위를 전제로 하지 않는 발행이나 인수의 경우는 문언성에 따른 당연한 결과이고(당연규정설에 의함), 배서・보증과 같이 다른 행위를 전제로 하는 어음행위의 경우에는 법이 인정한 특례(특칙설에 의함)이라 한다.

㉱ 검토

당연규정설은 선행행위의 형식상의 흠결을 이유로 후행행위도 무효로 된다는 것을

19) 이범찬・최준선(下), 113면; 정찬형, 157면
20) 최준선, 111면; 정경영, 1093면; 김문재, 87면; 최정식, 86면
21) 최기원, 105면

설명할 수 없다. 또한 동일 부동산에 대하여 매매, 저당권설정 등 수개의 법률행위가 독립적으로 행하여지는 경우에 왜 이들 법률행위의 독립성이 인정되지 않는지 설명할 수가 없다. 절충설은 발행은 다른 어음행위를 문제로 삼을 필요조차 없어 무의미하다. 따라서 어음행위독립의 원칙은 전전 유통되는 어음의 거래안전을 보호하기 위해 인정된 특칙으로 보는 특칙설이 타당하다.

(4) 적용범위

① 적용되지 않는 경우

어음행위독립의 원칙은 어음의 발행(선행행위가 없다)이나, 형식적 하자가 있는 경우(문언증권성에 의하기 때문에 형식적 하자는 어음 취득시에 누구든지 알 수 있기 때문이다)에는 적용되지 아니한다.

② 적용되는 경우

어음행위독립의 원칙은 어음보증, 수표의 지급보증 등에 적용된다. 그러나 다음의 어음행위에 관하여 적용여부에 논란이 있다.

㉮ 환어음의 인수

환어음의 인수는 선행행위가 없다는 근거로 어음행위독립의 원칙 적용을 부인하는 견해도 있다.[22] 즉, 현실에서 발행이 되고 난 후 인수가 되지만, 인수가 발행이전에 먼저 행하여지는 경우가 있기 때문이다. 그러나 통설은 인수는 발행을 전제로 한다고 하여 적용긍정설을 취하고 있다.[23]

생각건대, 법률적으로 인수는 발행을 전제로 이루어지는 행위이다. 즉, 인수가 먼저 행하여지더라도 발행에 의하여 어음을 인수한 채무가 특정된다. 따라서 적용긍정설이 타당하다.

---

22) 손주찬(下), 76면; 최기원, 105면

23) 정찬형, 78면; 정동윤, 110면

㈏ 배서

배서는 채권의 양도수단이고 뒤의 배서는 앞의 배서의 유효를 전제로 하는 강한 연쇄성을 가지므로(이 견해는 자전거의 체인을 배서에 비유하는데, 체인은 서로 연결되어 있고, 끊어진 부분(하자)이 있다면 단절되어져 체인으로서의 기능을 하지 못한다) 각 배서는 독립하여 효력을 지닐 수 없다는 근거로 배서에 어음행위독립의 원칙 적용을 부정하는 견해도 있다.[24]

그러나 통설은 어음행위독립의 원칙이야말로 배서에 의하여 적용되는 점에 실익이 있고, 어음은 배서에 의해 유통되는데, 동 원칙은 유통의 보호를 위한 특칙으로 배서에도 긍정하여야 한다는 것이다.[25] 판례도 배서에 어음행위독립의 원칙 적용을 긍정하고 있고,[26] 이는 타당하다고 본다.

■ 대판 1977. 12.13, 77다1752

원판결 및 원심이 인용한 제1심 판결이유에 의하면 원심은 피고가 원고를 상대로 그가 추심의뢰한 약속어음을 원고조합에서 분실하여 어음상의 권리를 행사하지 못하게 된 손해의 배상을 구하는 별건소(앞으로 소송은 이를 말한다)에서 받은 승소판결이 확정된 사실과 집행하여 그 내용대로 이뤄진 사실은 당사자사이에 다툼이 없다고 인정하고 그 확정판결은 재심의 소 등으로 취소되지 않는 한 위 소송의 당사자인 원, 피고를 기속하므로 설사 확정된 뒤에 기초가 된 약속어음이 위조된 것으로 밝혀졌다 하더라도 그 사유만으로서는 피고가 위 판결의 강제집행으로서 교부받은 돈이 바로 법률상 원인 없이 지급된 것이라고 단정할 수 없고 또한 피고가 소송을 제기함에 있어서 약속어음의 위조사실을 알았거나 몰랐음에 과실이 있었다고 인정할만한 증거가 없을 뿐더러 유통된 어음의 최후소지인이 된 피고는 비록 최초의 발행행위가 위조되었다 하더라도 어음행위독립의 원칙상 그 뒤에 유효하게 배서한 배서인에 대하여는 상환청구권을 행사할 수 있다 할 것이니 피고가 제기한 소송이 청구권 없이 일으킨 바라고 할 수 없다는 취지로 판단하므로서 원고의 청구를 모두 배척하였는바, 이를 검토하여 보아도 원심의 조치는 정당히 시인되고 거기에 소론 채증법칙위배나 법리오해와 위법사유가 있다고 말할 수 없다.

24) 田中耕太郎, 123면
25) 정찬형, 79면
26) 대판 1977. 12. 13, 77다1752

■ Case

A는 B에게 약속어음을 발행·교부하였다. B로부터 이 어음을 절취한 C는 B·C간의 배서를 위조한 후에, 이 어음을 D에게 배서 양도하였다. D는 이 어음을 수취한 시점에서, C가 B로부터 이 어음을 도취한 것에 신경이 쓰였다. D는 만기에 이 어음을 A에게 지급제시하였으나, 지급이 거절되고 이에 C에게 배서인으로서 상환책임을 추궁하고 있다. 이와 같이 D의 C에 대한 권리행사는 인정될 수 있겠는가?[27)]

(5) 악의의 어음취득자에 대한 적용여부

위 사례와 같이 어음취득자가 악의인 경우에도 어음행위독립의 원칙이 적용되겠는가에 관하여 논란이 있다. 긍정설 중 특칙설은 어음행위독립의 원칙이 선의취득자 보호뿐만 아니라 어음행위의 확실성을 보장하여 어음의 신용을 높이기 위한 제도라 보기 때문에, 선행행위의 무효원인과 관계없이 또한 어음취득자의 선악에 관계없이 어음행위의 효력을 인정한다고 한다.[28)] 그러나 부정설은 어음의 반환의무를 지는 악의의 취득자에 대해서는 적용되지 않는다고 한다.[29)]

생각건대, 어음행위독립의 원칙은 어음의 유통성을 보호하는데 그치지 않고 더 나아가 어음의 신용을 증진시키기 위한 것이기 때문에 어음상의 권리를 취득하는 자의 선의·악의에 의하여 그 적용이 좌우될 것은 아니다. 따라서 긍정설이 타당하다.

위 사례의 경우 B·C간의 배서는 절취자인 C에 의하여 위조되었기 때문에, A에 대한 어음상의 권리는 B로부터 C에게 이전되지 않아 C는 무권리자가 되게 된다. 또한 D는 C로부터 이 어음을 수취한 시점에서 C가 B로부터 이 어음을 절취한 것에 신경이 쓰였으므로 A에 대한 어음상의 권리를 선의취득할 수가 없다. 그러나 어음행위독립의 원칙에 의하면 D는 A에 대한 권리를 취득하지 않고서도 위 긍절설에 의한 경우 배서인인 C에 대한 권리를 가진 것이 되게 된다. 즉, B·C간의 무효인 배서행위에 연속된 C·D간의 배서행위는 별개 독립한 것이고, C는 배서인으로서의 담보책임을 부담하게 된다.

---

27) 丸山秀平, 29면

28) 정동윤(下), 79면; 정찬형(下), 88면

29) 최기원(下), 82~85면

한편, 악의취득자에 대하여 어음행위독립의 원칙을 인정할 때 악의취득자가 전자에 대하여 어음상 책임을 물을 수 있을 것 같으나 어음상실자의 어음반환청구권(16조 2항)과의 관계가 문제된다. 다시 말해 실제 어음상의 권리를 행사할 수 있을지 의문이다. 위 사례에서 D는 본래 진정한 권리자인 B에게 어음을 반환하여야 하기 때문에 권리를 행사할 수 없게 되고 만다. 그러나 발행무효의 경우, 예컨대 A가 B명의로 어음을 위조 발행하여 C에게 교부하고, C가 이를 악의의 D에게 배서 양도한 경우에 C는 피위조자인 B에게 반환할 의무가 없기 때문에(발행인으로 기재된 B는 아무런 권리를 취득하지 못한다) D가 C에게 어음행위독립의 원칙에 의하여 권리를 행사할 수 있다. 따라서 발행무효의 경우에는 악의의 어음취득자도 전자에 대하여 어음상의 책임을 물을 수 있다고 해석함이 타당하다. 이에 대하여 위조로 인한 발행무효는 물적항변사유이고, 악의의 소지인은 어음관계에 의하여 지급받을 합리적 기대를 가지고 있지 않는다는 이유로 이를 부정하는 견해도 있다.[30] 이 견해에 의하면 원인관계상의 채권을 행사한다면 족하다고 한다.[31]

(6) 합동책임

어음・수표의 행위자는 소지인에 대하여 합동하여 어음・수표금 지급책임을 부담한다(어 47조 1항, 77조 1항 4호, 수 43조). 이를 합동책임이라 하는데, 민법상의 연대책임과 유사하나, 연대책임은 발생원인이 동일하지만 어음행위독립의 원칙상 발행인, 배서인, 보증인 별로 다르게 발생한다. 또한 연대책임의 경우 채무자 1인의 변제는 모든 채무자의 채무를 소멸시키지만, 합동책임에서 상환의무자 1인의 변제는 그 자 자신 및 그 후자의 채무를 소멸시키고 어음상 그 전자의 채무는 그대로 남아 있다.

30) 弥永眞生, 131면
31) 이철송, 69면

4) 어음이론

(1) 논쟁사항

어음은 발행인이 어음상 필요적 기재사항을 모두 기재하고 기명날인 또는 서명을 하여 어음증권을 작성 발행한 후, 수취인에게 교부함으로써 유통에 놓이게 된다. 그리하여 외관적으로는 어음발행인의 발행, 이를 수취인에 대한 교부라는 단계에 이르러서야 비로소 완성되는 것으로 이해할 수 있다. 문제는 어음증권이 발행인의 수중에서 절취된 경우나 분실한 경우, 이 어음이 유통에 놓여지면 발행인은 선의의 제3자에 대하여 어음상의 책임을 부담하여야 하는 것이다. 이것은 언제 어느 시기에 어음상의 채권·채무관계가 성립하느냐 하는 것이다. 이것에 관한 논의를 「어음이론」이라 부른다.[32]

어음이론은 어음발행이 성립하기 위하여 어음증권의 작성 및 기명날인 또는 서명후에 발행인의 의사에 기한 증권의 교부가 필요한가, 필요하지 않은가에 따라 여러 학설의 대립이 날카롭다. 어음이론에 관한 학설은 크게 다음과 같이 분류할 수 있다.

■ **어음상의 권리를 발생시키는 행위**

계약구성–교부계약설(작성 + 교부)

단독행위구성(작성만, 교부는 제외) – 상대방 있는 단독행위 –발행설

상대방 없는 단독행위 – 창조설/수정창조설

권리외관이론 – 교부계약설 +권리외관이론대로 책임/발행설 + 권리외관이론

(2) 학설

① 창조설

어음채무는 발행인이 어음을 일방적으로 작성함으로써 발생하는 단독행위라 한다. 이 학설은 법률행위에 의한 권리는 계약에 의해서만 발생한다는 민법의 대원칙에 어긋

32) 이범찬·최준선(下), 100면

난다는 비판을 받는다.

② **수정창조설**(2단계설)

창조설의 비판을 수용한 이론으로 어음의 작성인 채무부담행위는 단독행위로 성립하고, 어음의 교부인 권리이전행위는 계약이라 한다. 따라서 교부행위가 없이 유통되더라도 유효하게 성립하고 발행인은 어음에 기재된 바에 따라 책임을 지게 된다고 주장한다.

③ **발행설**

어음채무는 어음의 작성과 특정의 상대방에게 교부되면 어음채무가 발생하고 상대방의 어음수령의사를 요하지 않는다고 한다고 한다. 이 견해도 어음의 발행은 단독행위라 한다.[33]

한편, 전자어음의 경우에는 발행설을 취하고 있다고 해석하는 견해도 있다.[34]

④ **교부계약설**

어음채무도 일반 채무와 같이 당사자간의 계약에 의하여 발생하지만, 이 계약은 어음의 수수가 따르는 요식행위라 한다. 이 학설은 어음수령자에게 무능력이나 의사의 흠결이 있는 때에는 어음이 발행되지 않은 것으로 되고, 선의취득 등이 인정되지 않으므로 어음거래의 안전을 해친다는 비판을 받는다.

⑤ **권리외관설**

교부계약설의 문제점을 보완하기 위한 견해로서 어음채무는 원칙적으로 어음의 작성과 어음의 교부계약에 의하여 발생하지만 교부계약이 흠결된 경우라도 어음을 작성한 자는 어음상의 권리가 존재하는 듯한 외관을 창출하였고 그에 대해 귀책사유가 있는 때에는 교부계약이 있는 경우와 동일하게 책임져야 한다고 설명한다.

한편, 발행설을 취하되 절취나 분실된 어음을 취득한 선의의 제3자를 보호하고 어음

---

33) 이철송, 91면
34) 정경영, "전자어음제도의 법률적 문제점", 인터넷법률 제24호, 2004. 7, 60면

의 유통성을 증진시킨다는 의미에서 권리외관설에 의해 보충된 발행설을 취하는 견해도 있다.[35)]

(3) 판례

판례는 발행설을 취하고 있다고 해석하는 견해와(대판 1989.10.24, 88다카24776)[36)] 교부계약설을 취하고 있다고 해석하는 견해로 나뉘고 있다.[37)] 그러나 발행인의 교부가 없더라도 어음소지인이 선의취득의 요건을 갖춘 경우에는 발행인의 책임을 인정하는 판례(권리외관설)도 있다.[38)]

■ **대판 1999.11.26, 99다34307**

1. 어음의 교부흠결의 점에 대하여

어음을 유통시킬 의사로 어음상에 발행인으로 기명날인하여 외관을 갖춘 어음을 작성한 자는 그 어음이 도난·분실 등으로 인하여 그의 의사에 의하지 아니하고 유통되었다고 하더라도, 배서가 연속되어 있는 그 어음을 외관을 신뢰하고 취득한 소지인에 대하여는 그 소지인이 악의 내지 중과실에 의하여 그 어음을 취득하였음을 주장·입증하지 아니하는 한 발행인으로서의 어음상의 채무를 부담한다고 할 것이다.

그런데 원심판결 이유와 기록에 의하면, 피고는 물품대금의 지급에 사용할 목적으로 이 사건 약속어음에 금액은 백지로 하여 발행인으로서 서명 날인하여 두었음을 인정하고 있고, 한편 원고는 그 후 백지가 보충되어 완성된 이 사건 약속어음을 소외 ○○○로부터 할인취득하였음을 알 수 있으므로, 원고가 이 사건 약속어음을 취득함에 있어서 악의 또는 중과실이 있음을 피고가 주장·입증하지 아니하는 한, 이 사건 약속어음을 유통시킬 목적으로 작성하여 발행인으로 기명날인한 피고는 이 사건 어음의 적법한 소지인인 원고에 대하여 발행인으로서의 어음상의 채무를 부담한다고 보아야 할 것이다.

35) 정찬형(下), 79면
36) 이철송, 102면
37) 최준선, 99면
38) 대판 1999. 11. 26, 99다34307

(4) 검토

■ Case

A는 약속어음용지에 B를 수취인으로 기재하고, 기타 어음요건도 기재하고, 발행인으로서 기명날인하였다. 이 어음증권은 현재 C가 소지하고 있다.

① B에게 교부하기 전에 절취된 경우
② B에게 교부하였지만, 그 당시 B는 의사무능력자이었던 경우
③ 어음을 B에게 우송 중에 분실한 경우

위 사례를 학설에 따라 대입해 보면, 위 ①의 경우 교부계약설, 발행설은 어음채무가 발생하지 않는다고 하고, 2단계창조설이나 교부계약설에다 권리외관이론을 고려하는 견해는 어음채무의 발생을 인정한다. 또한 위 ②의 경우 교부계약설은 어음채무를 부정하나, 발행설, 2단계창조설 그리고 교부계약설에다 권리외관이론을 고려하는 견해는 어음채무가 발생한다고 한다. 위 ③의 경우는 교부계약설이나 발행설은 어음채무의 발생을 부정하지만, 2단계창조설 그리고 교부계약설에 권리외관이론을 고려하는 입장은 어음채무의 발생을 긍정한다.[39)]

위의 사례에서 보는 바와 같이 어음채무가 언제 발생하는 것인가의 문제는 이익형량에 근거하여 어음거래의 안전을 도모하는 것과 함께 고려할 필요성이 있다고 생각된다. 물론 어음거래의 안전도모에 있어 정적안전을 중시할 것인가 동적안전을 중시할 것인지가 문제된다. 그런데 이는 어음 보관에 귀책성이 있는지에 따라 정적 안전을 중시할 것인지 아니면 동적 안전을 중시할 것인지를 판단하면 된다고 생각된다. 요컨대, 어음채무의 발생은 상대방 있는 단독행위로 보되, 어음작성자의 보관행위에 귀책성이 있다면 어음거래의 동적안전을 보호하고 그 보관자에게 책임을 지우는 것으로 해석해야 할 것이다. 즉, 발행설에 보관의 귀책성에 따른 권리외관이론을 고려하는 입장이 타당하다.

---

39) 弥永眞生, 58면

Ⅲ. 어음행위와 법률행위의 일반원칙

1. 어음능력

1) 어음상의 권리능력

(1) 자연인 및 법인

어음권리능력에 관하여는 어음법상 특별한 규정은 없다. 이것은 민법상의 권리능력자는 모두 어음상의 권리능력자이고, 그래서 민법에 의해 해결된다는 뜻이다. 그러나 민법의 내용이 어음의 특징으로 다소 수정 해석되기도 한다.

자연인은 모두 권리능력자이다(민 3조). 문제는 법인의 권리능력이다. 민법상 법인의 권리능력은 정관 기타 법률이 정하는 목적의 범위내에서 권리능력이 있다(민 34조).

그렇다면 회사의 권리능력도 정관의 목적범위 내에 한정될까. 통설은 어음행위는 항상 회사의 목적 범위내의 행위라고 한다.[40] 이것은 현대 사회에 있어서 회사의 거래활동과 어음의 이용과는 밀접 불가분의 관계에 있기 때문이다. 따라서 회사를 포함한 법인은 모두 어음권리능력을 가진다고 해석함에 이견이 없다.

(2) 권리능력 없는 사단

권리능력 없는 사단의 경우 어음상의 권리능력의 인정에 관하여 견해가 대립된다. 부정설은 권리능력 없는 사단의 경우 부동산등기능력이나 소송능력 등 제한적인 권리에 한해 능력이 인정된다고 하고,[41] 긍정설은 대표자 명의로 하는 어음행위를 통해 총사원이 총유적으로 어음채무자가 되고 또 권리능력 없는 사단의 재산에 대해 강제집행을 할

40) 최준선, 85면

41) 정찬형(下), 70면; 정동윤, 135면

수 있으므로 권리능력 없는 사단도 어음행위를 할 수 있다고 한다. 판례는 긍정설을 취하고 있는 것으로 보인다.42)

생각건대, 권리능력 없는 사단도 대표자의 명의로 어음행위를 할 수 있고, 총사원이 총유적으로 어음채무를 부담하며 그 사단의 재산에 대해 강제집행을 할 수 있다고 해석한다면, 권리능력 없는 사단도 어음의 권리능력을 갖는다고 본다.43)

(3) 민법상의 조합

민법상 조합이란 채권계약관계로 이루어져 그 구성원과 별개의 권리능력을 갖는 법인은 아니다. 그리하여 조합의 권리능력은 일반적으로 부정된다. 따라서 조합이 어음행위를 할 경우 조합원 전원이 기명날인 또는 서명하여야 하는 것이 원칙이다. 그럼에도 불구하고 조합원 수가 많은 경우 이런 방식을 요구하는 것은 어음행위를 곤란하게 하거나 불가능하게 한다. 실무에서도 대표 조합원이 조합의 이름과 대표자의 자격을 표시하고 대표조합원의 기명날인 또는 서명으로 어음행위를 하는 것이 관례가 되어 있고(예컨대, 갑조합 대표조합원 을, 을印), 판례도 이것을 인정하고 있다.44)

■ 대판 1970. 8. 31, 70다1360

가. 법인격 없는 조합이 어음행위를 하였을 경우에는 조합자체가 아닌 그 조합원이 위 어음행위로 권리를 취득하거나 의무를 부담한다.

나. 조합의 어음행위는 전조합원의 어음상의 서명에 의한 것은 물론 대표조합원이 그 대표자격을 밝히고 조합원 전원을 대리하여 서명하였을 경우에도 유효하다.

그런데 위와 같이 대표조합원이 조합을 대표하여 어음행위를 한 경우 조합은 어음행위능력이 인정되지 않음으로 누가 책임을 어떻게 부담할 것인지가 문제된다. ① 대표자

42) 대판 1992. 7. 10, 92다2431
43) 최준선, 85면; 양승규, 96면; 이기수, 137면; 채이식(下), 34면
44) 대판 1970. 8. 31, 70다1360

책임설은, 대표조합원이 어음행위자로서 또는 무권대리인으로서 개인 책임을 부담한다고 하고, ② 조합 및 조합원책임설은 제1차적으로 조합재산으로 책임을 지고 부족할 때 각 조합원이 분담부분의 범위내에서 개인재산으로 책임을 분담한다고 하며, ③ 조합원합동책임설은 조합원들이 공동으로 어음행위를 한 것으로 보아 전조합원이 합동책임을 진다고 한다.[45] 판례는 조합원합동책임설을 취하고 있었으나,[46] 최근에는 조합책임설을 취하고 있다.[47]

■ 대판 1992. 7. 10, 92다2431

가. 민법상의 조합과 법인격은 없으나 사단성이 인정되는 비법인사단을 구별함에 있어서는 일반적으로 그 단체성의 강약을 기준으로 판단하여야 하는바, 조합은 2인 이상이 상호간에 금전 기타 재산 또는 노무를 출자하여 공동사업을 경영할 것을 약정하는 계약관계에 의하여 성립하므로(민법 제703조) 어느 정도 단체성에서 오는 제약을 받게 되는 것이지만 구성원의 개인성이 강하게 드러나는 인적 결합체인 데 비하여 비법인사단은 구성원의 개인성과는 별개로 권리의무의 주체가 될 수 있는 독자적 존재로서의 단체적 조직을 가지는 특성이 있다 하겠는데 민법상 조합의 명칭을 가지고 있는 단체라 하더라도 고유의 목적을 가지고 사단적 성격을 가지는 규약을 만들어 이에 근거하여 의사결정기관 및 집행기관인 대표자를 두는 등의 조직을 갖추고 있고, 기관의 의결이나 업무집행방법이 다수결의 원칙에 의하여 행해지며, 구성원의 가입, 탈퇴 등으로 인한 변경에 관계없이 단체 그 자체가 존속되고, 그 조직에 의하여 대표의 방법, 총회나 이사회 등의 운영, 자본의 구성, 재산의 관리 기타 단체로서의 주요사항이 확정되어 있는 경우에는 비법인사단으로서의 실체를 가진다고 할 것이다.

나. 비법인사단인 선어중매조합의 대표자의 위임에 따른 어음행위로 인한 어음금의 지급책임이 독립한 권리의무의 주체인 위 조합에게 귀속되는 것이지 그 구성원들이 이를 부담하는 것은 아니라고 한 사례.

---

45) 정동윤, 136면
46) 대판 1970. 8. 31, 70다1360
47) 대판 1992. 7. 10, 92다2431

2) 어음행위능력

법인의 어음행위능력에 관해 문제될 것은 없다. 문제는 자연인의 어음행위능력에 관한 것이다. 이것에 관해서 어음법에 특별한 규정은 없다. 민법의 행위능력에 따르는 것으로 족하다.

의사무능력자의 어음행위는 항상 무효이다. 미성년자나 피한정후견인의 법정대리인의 동의 없이 한 어음행위는 취소할 수 있다. 취소한다면 그 어음행위는 최초로 소급하여 무효가 된다. 상대가 선의이고 무과실이든 특별한 이유(미성년자의 사술)가 없는 한 미성년자는 어떠한 어음상의 책임도 부담하지 않는다.[48] 이것은 거래의 안전을 희생시키면서도 미성년자를 보호하기 위하여 둔 제도이다.

법정대리인으로부터 영업을 허락받은 미성년자가 영업에 관해서 어음행위를 행한 경우 영업에 관해서는 성년자와 동일한 행위능력을 가지므로 미성년자라도 완전히 유효한 어음행위를 할 수 있다. 하지만 영업을 허락받은 미성년자가 영업의 범위를 벗어난 어음행위를 한 경우에는 취소할 수 있다. 행위능력제도는 약자보호가 정책목적이고, 어음법은 유통성 보장이 정책목적이기 때문에, 이 두 정책목표가 충돌하는 경우 어느 것을 우선 보호해야 할 것인가의 문제에서 보다 고차원의 정책목표를 우선시 보호해야 한다. 어음법의 유통성 보호는 경제활동의 지급수단을 보호하기 위한 것에 불과하고, 이는 사회적 약자 보호 보다는 후순의 정책목표이므로 미성년자 보호가 우선이다. 그렇다면 영업을 허락받은 미성년자라도 영업 범위외의 어음행위를 한 경우 취소할 수 있다고 해석하는 것이 합리적일 것이다.

---

48) 宮島 司, 42면

2. 어음상의 의사표시

1) 민법상의 법률행위와 어음행위의 비교

어음행위는 법률행위이므로 법률행위의 유효요건에 관한 민법의 일반원칙이 어음행위에도 그대로 적용된다. 그러나 어음행위의 특수성 때문에 그 중 일부는 수정되어 적용되는데 구체적으로 살펴본다.

2) 의사표시의 하자

의사표시의 흠결이나 의사표시의 하자에 관한 민법의 규정이 그대로 어음행위에도 적용할 수 있는지 살펴본다.

(1) 진의 아닌 의사표시

민법상 진의 아닌 의사표시는 원칙적으로는 유효하지만, 상대방이 표의자의 진의를 알았거나 알 수 있었을 때에는 무효이다(민 107조 1항). 하지만 이런 무효는 선의의 제3자에게는 대항하지 못한다(민 107조 2항). 어음행위에도 민법상 진의 아닌 의사표시에 관한 규정을 그대로 적용하여도 어음의 유통성 보호에 문제가 생기지 않는다.

A (약속어음발행은 진의 아닌 의사표시) → B(악의) → C(선의)

위의 경우 B가 선의라면 약속어음의 발행은 유효하다. 그러나 B가 악의라서 A는 수취인 B에 대한 발행무효를 주장할 수 있고 더 이상 어음채무를 부담하지 않는다. 그러나 선의취득자인 C에 대해서는 무효를 주장할 수 없으므로 C가 A에 대해 약속어음금 지급청구를 하면 거절하지 못한다. 그렇다면 민법의 규정을 어음행위에 그대로 적용하더라도 선의의 제3자 보호에 문제가 없다.

(2) 허위의 의사표시

통정허위의 의사표시는 무효이다(민 108조 1항). 그러나 선의의 제3자에 대해서는 이 무효를 가지고서 대항할 수 없다(민 108조 2항). 이런 허위의 의사표시에 관한 민법 규정은 어음행위에 그대로 적용하여도 선의의 제3자 보호와 유통성에 문제가 없다.

A(통정 허위의 의사표시로 약속어음 발행) → B → C(선의)

위의 경우 A와 B간에 통정 허위의 의사표시로 약속어음을 발행하였으므로, 발행인 A는 수취인 B에 대하여는 무효를 주장할 수 있지만, 선의의 제3자인 C에 대해서는 무효를 주장할 수 없고, 따라서 C의 A에 대한 약속어음금 청구는 유효하다.

(3) 착오의 의사표시

민법상의 착오에 의한 의사표시는 중요한 부분의 착오라면 취소할 수 있지만 선의의 제3자에 대해서는 대항할 수 없다(민 109조). 어음행위에 관해서도 민법의 착오규정은 그대로 적용되어도 좋다.

A (중요부분 착오로 어음발행) → B → C(선의)

위의 경우 A의 수취인 B에 대한 어음행위는 취소할 수 있다. 그러나 선의의 제3자인 C에 대해서는 대항할 수 없고, 따라서 C의 A에 대한 약속어음금 청구는 유효하다.

(4) 사기 · 강박의 의사표시

사기나 강박에 의한 의사표시는 민법상 취소할 수 있다(민 110조 1항). 하지만 취소하여도 선의의 제3자에 대해서는 대항할 수 없다. 이것은 어음행위에도 그대로 적용된다.

A (B의 사기에 의한 약속어음발행) → B → C(선의)

위의 경우 A는 B의 사기를 이유로 약속어음발행을 취소할 수 있지만, 선의의 제3자인 C에 대해서는 대항할 수 없고, C의 A에 대한 약속어음금 지급청구는 유효하여 A는 C에게 어음금을 지급하여야 한다. 그러나 C가 악의라면 A는 약속어음발행을 취소할 수 있고, 취소의 상대방은 B뿐만 아니라 C에 대해서도 할 수 있다. 이것은 민법에서 사기에 의한 의사표시의 취소는 거래의 상대방에 한하는 것이 원칙이라는 것에 대해 구별된다. 왜냐하면 어음이 전전 유통되도록 만들어진 제도이기 때문에 전득자(C)에 대해서도 취소할 수 있다고 해석함이 옳다(통설).[49] 판례도 「사기와 같은 의사표시의 하자를 이유로 어음발행행위를 취소하는 경우에 그 취소의 의사표시는 어음행위의 직접 상대방뿐만 아니라 그 어음금의 지급을 청구하고 있는 소지인에 대하여도 할 수 있다고 봄이 상당하다」고 판시하고 있다.[50]

3) 반사회질서의 법률행위 · 불공정한 법률행위

민법 제103조의 선량한 풍속 기타 사회질서에 반하는 어음행위나 제104조의 현저하게 불공정한 법률행위의 경우에는 민법상의 규정을 그대로 어음행위에 적용할 수는 없다. 왜냐하면 이 규정들은 선의의 제3자를 보호하는 규정이 없어 어음의 유통성을 해치기 때문이다. 그렇다면 반사회질서의 어음행위나 불공정한 어음행위라서 무효라 하더라도 선의의 제3자에 대해서는 대항할 수 없는 것으로 민법의 규정을 수정하고 해석하여야 할 것이다.

A(B와의 도박의 대가로 약속어음발행) → B → C(선의)

위의 경우 민법 제103조에 의하면 A와 B간의 도박에 의해 약속어음금을 지급하기로 하고 발행하였으므로, 이는 반사회질서의 어음행위로서 무효가 된다. 이 경우 민법상

---

49) 최준선, 91면

50) 대판 1997. 5. 16, 96다49513

선의의 제3자를 보호하는 규정이 없어 민법상은 위의 무효를 가지고 누구에게도 대항할 수 있다. 그러나 어음행위의 경우에도 민법 규정을 그대로 적용하면 선의의 제3자를 보호할 수 없고, 이것은 어음의 유통성을 크게 해쳐 거래의 동적안전에 큰 위협이 된다. 그런 까닭에 어음행위에서는 민법 규정을 수정해석하고 선의의 제3자에 대해서는 무효를 주장할 수 없다고 보아야 할 것이다. 이론적으로도 위의 A와 B간의 도박은 어음발행에 무인성으로 말미암아 어음발행에는 영향을 미치지 않고(설혹 어음발행에 영향을 미친다고 하더라도), 이것은 인적항변사유로써 A와 B 두 당사자간에만 무효를 주장할 수 있고, 선의의 제3자인 C에 대해서는 무효로써 주장하지 못한다.

Ⅳ. 타인에 의한 어음행위

1. 어음행위의 대리

1) 총설

민법상의 법률행위는 대리에 의할 수 있다. 어음행위도 본인 자신이 아닌 타인, 즉 대리인에 의하여 할 수도 있다. 그 경우 대리인이 대리권을 가지고, 대리인이 본인을 위하여 어음행위를 한다는 것을 어음상에 기재하고 대리인이 기명날인 또는 서명할 것을 요한다. 어음행위의 대리에 이와 같이 현명주의를 요하는 것은 민법 제115조의 대리의 현명주의(顯名主義)에 의한 것이 아니라, 어음행위의 서면성과 문언성에 기인하여 요구하는 것이다. 이래서 민법 제115조의 단서규정은 적용되지 않는다.

결국 본인의 표시를 흠결한 때는 대리로서는 무효이고, 대리인이 자기를 위한 어음행위를 한 것으로 되어, 본인은 책임을 지지 않게 된다. 그렇지만 이것에 관해 어음법 규정은 없다. 어음법상 대리에 관한 것은 무권대리에 관한 하나의 규정(어 8조, 77조 2항, 수 11

조) 뿐이다. 그 외에는 민법의 대리에 관한 일반원칙에 맡기고 있다. 그러나 위에서 살펴 본 바와 같이 어음의 특수성(문언성) 때문에 민법의 대리규정에 대한 수정이 불가피하다. 이하에서 문제되는 부분을 중심으로 살펴본다.

2) 어음행위대리의 방식

(1) 형식적 요건

① 본인의 표시

어음행위의 대리방식은 현명주의(顯名主義)이기 때문에 대리관계가 증권면에 명시되어야 한다.[51] 어음행위의 효과를 본인에게 귀속시키려면 그 본인을 어음위에 밝혀야 한다. 즉, 대리방식은 ① 본인의 명칭, ② 대리관계의 표시, ③ 대리인의 기명날인 또는 서명이 어음 용지에 기재되어야 한다. 예컨대, 「A의 대리인 갑 갑印」의 경우 A가 본인이고 갑이 대리인이며, 갑印이 날인(압날한 것)에 해당한다. 실제로는 「갑주식회사 영업부장 A A印」과 같이 직명이나 지위 등에 의하여 대리관계를 표시하는 경우가 많다.

어음행위 대리의 현명주의는 민법의 일반원칙(민 115조)과 같고, 상행위법상의 비현명주의(48조)의 예외가 된다. 그런데 어음행위의 대리는 문언증권성의 성질 때문에 민법의 그것보다 더 엄격하게 적용된다. 즉, 민법 제115조 단서 규정은 어음행위 대리에는 적용되지 않는다. 그래서 「비현명이라도 상대방이 대리인으로서 한 것임을 알았거나 알 수 있었을 경우에 그 행위의 효력이 본인에게 있다」고 한 민법 제115조 단서 규정은 어음행위에는 적용되지 않고 무효가 된다. 다만 이것은 인적항변사유에 불과할 뿐이다(어 17조, 수 22조).

51) 최준선, 116면

■ Case

갑은 A에게 어음행위를 할 대리권을 수여하였다. A는 B를 수취인으로 한 약속어음을 발행하였고, 그 어음은 B가 다시 C에게 배서양도 하였다. 그런데 어음상에는 대리관계의 기재는 없고 「A A印」이라고 기재되어 있다. 이 경우 C가 甲에게 본인으로 어음금 청구가 가능한가?

어음행위의 대리는 문언성 때문에 본인으로 표시되지 않은 甲은 책임을 부담하지 않는다(이 경우 B와의 관계에서는 원인관계상의 책임을 부담할 수 있다). 그래서 원칙적으로 C는 A에게 어음금청구를 할 수 있다. 왜냐하면 C는 A가 어음행위를 한 것으로 인식하고 취득한 것이고, A는 자기의 명칭만 표시한 이상 책임을 부담한다는 각오를 했다고 볼 수 있기 때문이다.[52] 또 A가 갑을 위하여 어음행위를 한 것을 B, C는 알고 있었던 경우에는 C는 A에 대하여 청구할 수 없다. 즉, C의 청구에 대하여 A가 인적항변으로 대항할 수 있다. 그 경우 C는 B에 대하여 상환청구권 또는 원인관계상의 채권을 행사할 수 있다.

② 본인의 표시방법

본인의 표시방법은 본인의 동일성을 인식할 수 있는 정도의 기재가 되어 있으면 족하다.

③ 대리인의 기명날인 또는 서명

대리인의 기명날인 또는 서명이 있어야 한다.

3) 실질적 요건

(1) 대리권의 존재

대리권의 존재여부는 대리권 일반에 관한 민법 및 상법의 법리에 따른다. 대리권이 없으면 무권대리가 된다. 그런데 다음과 같은 경우에 민법이나 상법의 규정이 어음의 대리행위에도 그대로 적용할 것인지에 관한 논란이 있다. 구체적으로 검토해 보면 다음

52) A라는 명칭이 甲을 표시한 명칭으로 생각할 수 있고, 갑이 A에게 그런 권한을 수여하였다면 이른바 기관방식의 어음행위로 생각할 수 있고, 따라서 A가 아니라 갑이 책임지게 된다(弥永眞生, 80면).

과 같다.

(2) 대리권의 제한과 어음행위(자기계약 또는 쌍방대리의 금지규정(민 124조)의 적용여부)

민법상 동일한 법률행위에 관하여는 상대방의 대리인이 되거나 당사자 쌍방의 대리인으로 될 수 없다. 이것이 민법상의 자기계약, 쌍방대리의 금지 규정이다. 그런데 이것을 어음행위의 대리에도 그대로 적용할 수 있을지에 관하여 학설의 대립이 있다.

■ Case

A의 대리인 B B印(발행) ⟶ B(수취인) ⟶ C(피배서인)

A의 대리인 B는 A를 대리하고 자기를 수취인으로 하는 약속어음을 발행하고 수취한 다음, 이를 C에게 배서 양도하였다. C가 A에게 어음금지급청구를 하자, A는 본인의 허락을 받지 않은 자기계약이라고 하며 지급을 거절하였다. A의 지급거절은 정당한가?

(3) 학설

① 부정설

어음·수표행위는 이익충돌의 염려가 없는 지급수단에 불과하기 때문에 대리인이 본인의 허락 없이 어음행위를 하더라도 민법 제124조 단서가 규정하는 「채무이행행위로」 보아 민법 제124조 본문의 규정적용을 부정한다. 따라서 본인의 허락을 받지 않아도 된다고 한다.

부정설을 위 Case에 대입해 보면, 어음행위 대리의 자기계약은 본인 A와 대리인 B간의 예컨대, 매매 등의 원인된 행위의 지급수단에 불과하므로, A의 B에 대한 「채무이행행위」로 볼 수 있고, 따라서 민법 제124조 본문이 적용되지 않아, 이 발행행위는 유효하게 된다. 이 때 유효한 어음을 배서양수 받은 C는 정당한 권한 있는 어음소지인이므로 A에 대하여 어음금지급을 청구할 수 있게 된다.

② 긍정설(다수설)

어음행위는 원인관계상의 채무보다 더욱 엄격한 채무부담의 원인이므로 오히려 제한의 필요성이 더욱 크다. 따라서 무효라 한다. 긍정설을 취하면서도 선의의 제3자를 보호하기 위하여 상대적 무효로 설명하는 견해가 일반적이다.[53] 그러나 창조설에 따를 경우 제3자의 선의취득으로 설명하기도 한다.

위 Case에서 긍정설은, 본인의 허락을 받지 않은 대리인 B가 본인 A를 위해 한 어음발행은 민법 제124조 본문에 의해 무효라 한다. 이 경우 무효인 어음을 취득한 제3자, 즉 C가 보호받지 못한다는 문제가 발생한다. 이에 대하여 창조설은 무효인 어음을 B가 취득한 것은 무권리를 취득한 것이 되고, 이런 무권리에 의해 선의의 제3자인 C가 취득한 것은 선의취득으로 볼 수 있고, 결국 C는 A에 대하여 어음금지급청구를 할 수 있다고 본다. 이에 반해 상대적 무효설은 A와 B간은 자기계약위반으로 무효를 주장할 수 있으나, 어음은 본래 불특정 다수인간에 전전 유통되고 이를 보호할 필요성이 있으므로, 자기계약, 쌍방대리의 무효를 가지고 선의의 제3자에게 대항할 수 없고, 결국 C의 A에 대한 어음금지급청구는 A가 C의 악의를 입증하지 못한다면, 무효를 주장할 수 없다고 한다.

(4) 판례

판례는 상대적 무효설을 취하고 있다.[54]

■ **대판 1984. 12.11, 84다카1591**
별개 두 회사의 대표이사를 겸하고 있는 자가 어느 일방 회사의 채무에 관하여 타회사를 대표하여 연대보증을 한 경우, 회사가 위 거래가 이사회의 승인을 얻지 못하여 무효라는 것을 거래의 상대방인 제3자에게 주장하기 위해서는 거래의 안전과 선의의 제3자를 보호할 필요상 이사회의 승인을 얻지 못하였다는 것외에 거래의 상대방인 제3자가 이사회의 승인 없음을 알았다는 사실을 주장 입증하여야만 한다.

53) 최준선, 121면
54) 대판 1984. 12.11, 84다카1591

(5) 검토

어음행위 대리의 경우에도 본인과 대리인간의 이익충돌은 발생할 수 있다. 그 경우 원칙적으로 민법 제124조가 적용되고 이를 위반한 자기계약, 쌍방대리는 무효가 된다. 그렇지만 전전 유통하는 어음의 특수성을 감안하면 선의의 제3자에 대해서는 민법 제124조 본문을 수정 해석하여야 할 것이다. 즉 상대적 무효설을 취하여 선의의 제3자를 보호하는 것이 타당하다고 생각한다.[55)]

① 정형적 대리권의 제한

상법상 지배인이나 대표이사는 상법 규정에 의하여 그 영업에 관한 재판상 또는 재판외의 모든 행위를 할 권한을 부여받고 있다. 즉, 지배권이나 대표권은 영업에 관한 정형적이고 포괄적인 대리권을 상법 규정에 의하여 부여받고 있고, 이를 제한하더라도 선의의 제3자에게는 대항할 수 없다(상 11조 3항, 389조 3항, 209조 2항).

지배인이나 대표이사의 위와 같은 영업상의 재판외의 권한에는 어음행위도 포함되고, 따라서 지배인이나 대표이사는 어음의 발행, 배서, 보증 등의 행위를 할 수 있는 대리권을 갖고 있다. 그런데 영업주나 회사가 어음행위를 못하도록 제한한 경우가 있을 수 있다. 그렇다 하더라도 설명한 바와 같이 이를 선의의 제3자에게는 대항할 수 없으므로, 어음을 취득한 선의의 제3자는 영업주나 회사에 대하여 어음상의 채무이행을 요구할 수 있다. 여기서 선의의 제3자란 개념은 지배인 또는 대표이사로부터 직접 어음을 취득한 상대방뿐만 아니라, 그로부터 어음을 다시 배서받은 제3취득자도 포함된다.[56)]

(6) 이사 및 사원의 자기거래(상 199조, 398조)의 적용여부

회사의 이사가 회사의 제품 기타 재산을 양수하든지, 회사에 대한 자기의 제품 기타 재산을 양도하거나, 회사로부터 금전의 대부를 받는 등, 자기 또는 제3자를 위하여 회사

55) 최준선, 121면

56) 대판 1997. 8. 26, 96다36753

와 거래를 하는 경우에는 이사회의 승인을 요하도록 되어 있다(상 199조, 398조). 그럼에도 불구하고 이사회의 승인 없이 회사의 이사에게 회사가 약속어음을 발행하는 경우 이익충돌행위에 해당하는가에 관하여 논란이 있다.

이 점에 관하여 다수설과 판례는 어음행위에 의하여 원인관계와는 별개의 법률관계가 생기고, 그것은 거증책임의 가중, 항변의 제한, 거래정지처분 등 원인관계상의 채무보다도 더욱 엄격한 채무를 동반하기 때문에 회사가 그 이사에 대하여 어음을 발행하는 행위도 이익충돌행위에 해당하고 따라서 이사회의 승인을 요한다고 한다.[57)]

이에 대하여 부정설은 어음행위는 원인관계와는 구별되는 거래의 수단적 행위에 불과하므로 이익충돌이 있을 수 없고, 따라서 자기거래제한에 관한 규정이 어음행위에는 적용되지 않아 어음관계자체는 전적으로 유효하다고 한다. 다만 원인관계가 승인을 얻지 못해 무효가 된다면 그것은 인적항변사유가 될 뿐이라고 한다.[58)]

생각건대, 자기거래를 제한하는 이유가 회사의 이익을 보호하려는 것이고, 어음행위로 인하여 발생하는 어음채무가 엄격하여 실질적으로 불이익을 가져 올 수 있다면, 어음행위도 자기거래에 포함시켜 이사회의 승인을 받도록 하는 것이 타당하다.[59)]

한편 이사회의 승인 없이 한 어음행위의 효력이 문제된다.

이에 관하여 상법 제398조는 명령규정이고 무효로 한다는 뜻이 없어 유효하다고 한다. 무효설은 회사의 이익을 희생시키면서 법을 위반한 이사나 그를 이용한 제3자를 보호할 필요성이 없기 때문에 무효라고 한다. 상대적 무효설은 이사회의 승인 없는 어음행위는 대내적으로는 무효이지만, 대외적으로 이 무효를 가지고 선의의 제3자에게 대항할 수 없다고 한다. 상대적 무효설이 다수설이다.[60)]

판례도 상대적 무효설을 취하고 있다.[61)]

---

57) 이범찬 · 임충희 · 이영종 · 김지환, 회사법, 삼영사, 2012, 294면; 손주찬(下), 87면; 대판 1978. 3. 28, 78다 4

58) 서돈각 · 정완용, 상법강의(상), 법문사, 1999, 393면

59) 이범찬 · 임충희 · 이영종 · 김지환, 회사법, 삼영사, 2012, 294면

60) 이범찬 · 임충희 · 이영종 · 김지환, 회사법, 삼영사, 2012, 295면; 정찬형, 92면

■ 대판 1981. 9. 8, 80다2511

가. 주식회사의 이사 및 대표이사 전원이 결원인 경우에 법원이 선임하는 일시이사 및 일시대표이사의 자격에는 아무런 제한이 없으므로 동 회사와 무슨 이해관계가 있는 자만이 일시이사 등으로 선임될 자격이 있는 것이 아니다.

나. 주식회사가 해산(상법시행법 제15조 제3항에 의하여 해산간주 된 경우를 포함)한 경우(합병 또는 파산의 경우 제외)에 정관에 다른 규정이 있거나 주주총회에서 타인을 선임한 때를 제외하고는 해산 당시의 일시이사 및 일시대표이사는 청산인 및 대표청산인이 된다.

다. 주식회사의 해산등기 및 청산인등기는 제3자에 대한 대항요건에 불과하므로 상법시행법 제15조 제3항에 의한 해산간주에 따른 해산등기 및 상법 제531조 제1항에 의한 당연청산인 취임등기가 없다 하여도 동 해산 및 대표청산인의 자격에 아무런 소장이 없다.

라. 주식회사의 이사 또는 청산인이 이사회 또는 청산인회의 승인없이 회사를 대표하여 자기를 위하여 회사 이외의 제3자와의 사이에 회사와 이해상반하는 거래를 한 경우 및 회사와 직접 거래하여 취득한 목적물을 제3자에게 매도한 경우에 회사는 당해 이사 또는 청산인에 대하여는 이사회 또는 청산인회의 승인이 없었다는 이유로 그 행위의 무효를 주장할 수 있지만, 위 제3자에 대하여는 그 거래에 대하여 이사회 또는 청산인회의 승인이 없었다는 것 외에 상대방인 제3자가 악의라는 사실을 주장 입증하여야만 비로소 그 무효를 제3자에게 주장할 수 있다.

생각건대, 유효설은 회사의 이익을 보호할 수가 없고, 무효설은 거래안전의 보호가 소홀하므로, 상대적 무효설이 타당하다.

4) 어음행위의 무권대리

(1) 본인의 책임

어음행위의 대리가 대리로서 유효하기 위해서는 본인의 명칭, 대리관계의 표시, 대리인의 기명날인 또는 서명이 있어야 하고, 나아가 실질적으로는 본인이 대리인에 대하여 어음행위에 관한 대리권의 수여가 있어야 한다. 만약 대리권의 수여없이 어음행위를 하였다면 무권대리가 된다. 무권대리가 되는 경우 본인의 추인이 없으면 무효가 되는 등 민법의 무권대리에 관한 규정이 적용된다. 따라서 무권대리의 경우 본인은 책임을 부담

61) 대판 1984. 12. 11, 84다카1591; 대판 1981. 9. 8, 80다2511

하지 않는다. 다만 추인하면 처음에 소급하여 유효한 대리행위가 된다. 또한 표현대리가 성립하면 본인에게 책임이 발생한다(민 125조, 126조, 129조).

(2) 무권대리인의 책임

어음법에서 무권대리에 관한 특칙 규정을 두고 있다. 따라서 이 한도에서는 어음법의 규정이 우선 적용된다. 즉, 민법 제135조에서는「무권대리인이 본인의 추인이 없는 경우 상대방의 선택에 따라 계약의 이행책임이나 손해배상책임을 지게」되나, 어음법과 수표법 특칙 규정은 민법과 달리 손해배상책임은 제외하고 무권대리인에게 단지 계약의 이행책임만을 부담하도록 하고 있다(어 8조, 수11조). 이것은 어차피 상대방은 어음상의 채무이행만 받으면 족하기 때문이라고 추정 해석할 수 있다. 이 때 무권대리인이 어음상의 책임을 부담한 경우에는 본인과 동일한 권리를 갖는다(어 8조 단서, 수 11조 단서). 이 경우 무권대리인이 발행인을 대리하여 약속어음을 발행한 경우와 같이 본인이 어음상의 권리를 갖지 않는 경우에는 본인과 무권대리인간에는 아무런 문제가 없고 어음법 제8조와 같이 무권대리인이 본인과 동일한 권리를 갖는다.[62]

그러나 배서와 같이 본인과 무권대리인의 권리가 충돌하게 된다면 누구의 권리를 우선시할 것인지가 문제된다. 이에 대해 다수설은 본인이 무권대리인에 대하여 어음의 반환청구권을 갖는다는 견해를 견지하고 있지만,[63] 소수설은 본인의 권리는 어음소지인의 선의취득에 의하여 상실되므로 무권대리인에 대하여 불법행위로 인한 손해배상청구권만을 가진다는 주장을 한다.[64] 무권대리인이 본인의 권리 보다 우선시되는 것은 법리적으로 맞지 않으므로 다수설이 타당하다고 생각한다.

(3) 월권대리

어음법 제8조 후단은「권한을 초과한 대리인에 관하여도 같다」고 하여 월권대리의

62) 정찬형, 101면
63) 최준선, 125면
64) 정찬형, 101면

경우도 무권대리와 동일하게 규정하고 있다. 즉 예컨대 본인이 500만원의 약속어음 발행 대리권을 수여하였는데, 대리인이 2,000만원의 약속어음을 발행한 경우이다. 이 점에 관해 학설은, ① 대리인이 어음금 전액(2,000만원)에 대하여 책임을 지고 이를 이행한 후 대리권을 수여받은 범위(500만원) 안에서 본인에게 구상할 수 있다는 견해(本人 無責任說), ② 대리인이 전액 책임을 지고(2,000만원) 본인은 수권한 범위(500만원) 내에서 책임을 부담한다는 견해(책임병존설),[65] ③ 본인은 수권의 범위(500만원) 안에서 책임을 부담하고, 대리인은 월권의 범위(1500만원)에서 책임을 부담한다는 설(책임분담설)이 있다.

현재 통설과 판례는 책임병존설을 취하고 있다.[66]

■ 대판 2001. 2. 23, 2000다45303

어음행위의 대리 또는 대행권한을 수여받은 자가 그 수권의 범위를 넘어 어음행위를 한 경우에 본인은 그 수권의 범위 내에서는 대리 또는 대행자와 함께 어음상의 채무를 부담한다고 할 것인바, 원심이 인정한 사실관계에 의하더라도, 소외 1과 2는 원고로부터 금 10,000,000원의 범위 내에서는 원고를 대리하여 연대보증계약을 체결할 권한을 수여받았다는 것이므로, 소외 1과 2가 그 수권의 범위를 벗어나 그들의 피고에 대한 금 60,000,000원의 손해배상채무를 원고가 연대보증한다는 의미에서 이 사건 약속어음에 발행인으로 원고의 날인을 대행한 것이므로, 수권의 범위를 넘은 부분에 대하여는 원고에게 그 어음행위의 효력이 미치지 않는 것이지만, 수권의 범위 내인 금 10,000,000원 부분에 대하여는 원고가 어음상의 채무를 부담한다고 할 것이다.

생각건대, 월권대리인은 어음법 제8조에 의해 무권대리인으로서 어음금 전액에 관하여 책임을 부담한다고 보아도 부당함이 없다. 또한 본인의 경우에도 일정한 대리권을 수여한 이상 모든 책임을 면한다고 보는 것은 알맞지 않다. 어음법 제8조는 단지 월권대리인에게 무권대리인으로서 모든 책임을 부담하게 한다는 취지이다, 본인의 어음책임을 배제하는 뜻은 아니라고 본다. 그렇다면 본인은 대리권을 수여한 범위내에서 책임을 부담한다. 결국 책임병존설이 옳다.

---

65) 최기원, 174면; 정동윤, 129면; 이철송, 109면; 정찬형, 159면

66) 이철송, 122면; 최준선, 132면

5) 표현대리

(1) 무권대리와 표현대리

본인의 대리인에 대한 수권행위는 내부적인 문제로서 외부에서 수권행위가 있었는지를 정확히 판단하기는 어렵다. 이에 무권대리 중에서 외관적으로 수권행위가 있었다고 보이고, 그 외관창출에 본인의 책임이 있으며, 대리권이 있다는 그러한 외관을 믿고 어음거래를 한 상대방을 보호할 필요가 있다. 이러한 요건을 충족하는 것을 무권대리 중에서도 표현대리라 한다. 표현대리에 해당하는 경우에는 본인에게 책임을 지울 수 있다. 표현대리는 민법의 표현대리에 관한 규정이 적용되나, 표현대리 성립상의 제3자의 범위에 관하여 민법과 마찬가지로 해석상 논란이 있다.

(2) 표현대리 성립의 제3자의 범위

■ Case

B는 A로부터 A가 병원 요양 중에 한하여 "A대리인 B" 명의로 어음행위를 하는 대리권을 수여받았다. 그 후 A는 완쾌되고, B의 대리권은 소멸되었다. 그러나 B는 계속하여 A의 대리인이라고 사칭하고, C에 대하여 A 대리인 B명의로 약속어음을 발행하고, 이것을 C에게 양도하였다. C는 B가 A의 대리인이 아니라는 것을 알았음에도 불구하고 그것을 은폐하고 이 어음을 다시 사정을 알지 못하는 D에게 배서 양도하였다. D는 A에 대하여 어음금을 청구하였다. D의 청구에 A가 어음금 지급을 하여야 하는가?

위 Case에서 문제되는 점은 어음행위에 관하여 표현대리의 성립은 무권대리인으로부터 어음을 취득한 직접 상대방과의 관계에서만 인정되는가 그렇지 않으면 직접 상대방으로부터 재차 어음을 취득한 어음소지인에 대한 관계에서도 인정되는가 하는 것이다.[67] 학설과 판례는 갈리어 있다.

직접상대방한정설은 직접 상대방에 대해 표현대리가 성립하지 않으면 제3취득자가

67) 丸山秀平, 43면

선의라도 책임지지 않지만, 반대로 직접 상대방에 표현대리가 성립하면 그 뒤의 자도 그 지위를 승계취득하므로 악의라도 본인이 책임을 진다고 한다. 민법에서 말하는 정당한 이유란 어음수수시의 구체적 사정을 말하는 것이므로 이러한 사정은 원칙적으로 직접의 상대방 이외의 제3취득자에게는 인정되지 않는다는 이유 때문이다.

제3취득자포함설(통설)은 직접 상대방이 악의라도 그 후의 소지인이 선의이면 본인은 그러한 소지인에 대하여 어음상의 책임을 부담하게 된다고 한다.[68] 이 학설은 어음의 유통성 보호에 중점을 두고 있다.

그런데 판례는 일관하여 직접상대방한정설을 취하고 있다.[69]

생각건대, 일반적으로 민법에서 직접 상대방이 아닌 자와의 관계에서 무권대리인의 표현적 지위를 창출하는 예는 그리 많지 않다. 그렇지만 어음은 전전 유통된다는 특징을 갖고 있기 때문에 민법과 같이 해석할 수는 없고 선의의 제3자를 보호하기 위해서 제3취득자포함설이 타당하다고 본다.

위 Case의 경우 D가 B의 대리권 소멸전부터 거래관계가 계속 있어 왔고, 대리권소멸 후도 B에게 대리권이 있다고 믿고 거래관계를 지속해 왔다는 사정이 있다면, 제3취득자인 D를 보호할 필요가 있을 것이다. 따라서 A는 D로부터의 청구에 응하여야 할 것이다.

■ 대판 1994. 5. 27, 93다21521

가. 권한을 넘은 표현대리에 관한 민법 제126조의 규정에서 제3자라 함은 당해 표현대리행위의 직접 상대방이 된 자만을 지칭하는 것이고, 이는 위 규정을 배서와 같은 어음행위에 적용 또는 유추적용할 경우에 있어서도 마찬가지로 보아야 할 것이며, 약속어음의 배서행위의 직접 상대방은 그 배서에 의하여 어음을 양도받은 피배서인만을 가리키고 그 피배서인으로부터 다시 어음을 취득한 자는 민법 제126조 소정의 제3자에는 해당하지 아니한다.

---

68) 손주찬(下), 80면; 이철송, 101면; 정찬형, 149면

69) 대판 1986. 9. 9, 84다카2310; 대판 1991. 6. 11, 91다3994; 대판 1994. 5. 27, 93다21521; 대판 1999. 1. 29, 98다27470; 대판 2002. 12. 10, 2001다58443. 한편 일본 판례의 태도도 직접 상대방한정설이다(日最判 1961. 12. 12, 民集 15. 11, 2756).

나. 민법 제418조 제2항을 적용하기 위하여는 채권자에 대하여 채권을 가지고 있는 연대채무자가 이를 가지고 자신의 채권자에 대한 채무와 상계할 수 있음이 전제가 되어야 하고, 또 위 조항에 의하여 다른 연대채무자가 상계권을 행사하는 경우에도 그 상계의 수동채권은 여전히 원래의 상계권자인 연대채무자의 채무이며(다만 위 채무가 소멸하면 그 효과로서 상계권을 행사하는 다른 연대채무자의 채무도 같이 소멸하는 것일 뿐이다) 실제로 상계권을 행사하는 다른 연대채무자의 채권자에 대한 채무가 직접 상계의 수동채권이 되는 것은 아니다.

다. 부진정연대채무에 있어서 부진정연대채무자 1인이 한 상계가 다른 부진정연대채무자에 대한 관계에 있어서도 공동면책의 효력 내지 절대적 효력이 있는 것인지는 별론으로 하더라도, 부진정연대채무자 사이에는 고유의 의미에 있어서의 부담부분이 존재하지 아니하므로 위와 같은 고유의 의미의 부담부분의 존재를 전제로 하는 민법 제418조 제2항은 부진정연대채무에는 적용되지 아니하는 것으로 봄이 상당하고, 따라서 부진정연대채무에 있어서는 한 부진정연대채무자가 채권자에 대하여 상계할 채권을 가지고 있음에도 상계를 하지 않고 있다 하더라도 다른 부진정연대채무자가 그 채권을 가지고 상계를 할 수는 없는 것으로 보아야 한다.

라. 배서가 위조된 어음을 취득한 자의 과실비율이 70%라고 본 원심판결을 파기한 사례.

마. 원고가 약속어음을 할인함에 있어 조선무약합자회사 명의의 배서를 조선무약합자회사 명의의 배서로 오인한 과실이 있고, 조선무약합자회사의 직원들도 원고측의 문의에 대하여 어음에 대하여 조선무약합자회사 명의로 배서가 된 것으로 잘못 알고 그 배서가 진정한 것이라고 답변하였다 하더라도 원고가 사실과 다른 답변을 믿고 어음을 취득한 이상 그에 따른 원고의 손해와 조선무약합자회사의 직원들의 위법행위 사이에 법률적인 인과관계를 부정할 수는 없다.

6) 명의대여와 어음행위

■ Case

① 乙는 A의 영업에서 乙 자신의 성명을 사용할 것을 허락하고, A가 영업의 일환으로서 乙명의로 약속어음을 발행하여 B에게 교부하였고, B는 이를 甲에게 배서 양도하였다. 이 경우 甲이 명의대여자인 乙에게 이 약속어음금 청구를 할 수 있겠는가?

② 乙은 약속어음 1매만 A가 乙명의를 사용하여 발행하는 권한을 수여하였다. 이 어음이 지급기일에 乙에 의해 지급된 후에 A는 다시 乙명의의 약속어음 1매를 발행하고, 이를 갑이 수취하였다. 甲이 乙에게 약속어음금 지급청구를 하는데, 갑의 청구는 인정되는가?

(1) 명의대여자의 책임

상법 제24조는 「타인에게 자기의 성명 또는 상호를 사용하여 영업을 할 것을 허락한 자는 자기를 영업주로 오인하여 거래한 제3자에 대하여 그 타인과 연대하여 변제할 책임이 있다」고 규정하고 있다. 이것이 명의대여자의 책임이다.

위 Case ①에서 乙은 A에게 「영업 또는 사업을 행하는 것」에 명의대여를 허락한 것이다. 이 경우 다수설과 판례는 명의차용자 A가 영업과 관련하여 어음행위를 했으므로, 명의대여자의 책임규정 상법 제24조가 적용된다고 해석하고 있다.[70] 이에 대해 「상법 제24조는 명의차용자의 영업상의 채무에 관한 규정인데, 어음의 추상성으로 보아 어음채무를 영업상의 채무로 볼 수는 없다」고 하면서, 이 경우 어음의 위조 또는 무권대리에 관한 법리에 의해 해결할 일이고, 상법 제24조의 적용대상으로 삼을 것은 아니다」는 비판의 견해가 있다.[71]

살피건대, 어음행위는 영업상의 행위에 포함되어 있다고 보는 것이 일반적이고, 영업자체에 관하여 명의사용을 허락받은 자가 그것을 사용하여 영업을 행하고, 이 영업과 관련하여 명의대여자의 명의를 사용하여 어음행위를 한 경우에는 어음거래에 관하여 명의대여자의 승낙을 얻었는가에 관계없이 명의대여자로서 책임을 묻는 것으로 판단하는 것이 합리적이라 생각된다.

위 Case ①에서 다수설과 통설에 따를 경우 甲은 영업에 관하여 명의대여를 한 乙에 대하여 다른 요건이 충족되는 한 명의대여자로서 약속어음금 지급책임을 부담한다. 소수설과 같이 어음의 위조 또는 무권대리에 의한다면, 다음과 같다. 乙은 피위조자로서 원칙적으로 책임을 지지 않으나 위조의 추인, 표현대행 등의 요건이 충족되면 책임을 지는데, 위 Case의 경우 표현대행에 해당할 것이므로 乙은 표현대행자로서 甲에게 책임을 진다. 또 (대행의 경우이지만) 무권대리로 해결하면 마찬가지로 본인 乙의 추인이 있을 경우 책임을 지나, 역시 표현대리에 관한 규정이 유추 적용될 것이다.

---

70) 최준선, 133면; 정동윤, 187면; 정찬형, 177면; 최기원, 163면; 대판 1969. 3. 31, 68다2270

71) 이철송, 117면

그런데 명의차용자, 즉 위 Case에서 A는 명의대여자인 乙과 연대하여 책임을 부담하게 되는데, 명의차용자는 어음면상에 기재되지도 않는데, 어음상의 책임을 지는 근거가 무엇인가가 문제된다. 이에 관하여 일본의 경우, 「자기를 표시하기 위하여 타인의 명의를 사용하여 어음행위를 한 경우」로 보아 책임을 묻는 견해와[72] 위조자로 보아 어음법 제8조의 유추적용으로 책임을 묻는 견해 등이 있다.[73]

(2) 어음행위만에서의 명의대여

위 사례 ②의 경우는 명의차용자의 「영업 또는 사업을 행하는 것」과 관계없이 「어음을 발행하는 것」에 관하여 명의대여를 한 Case이다. 이와 같이 어음행위에 관하여만 명의사용을 허락한 경우 명의대여자의 책임규정 상법 제24조를 적용할 수 있을까?

학설은 상법 제24조의 유추적용을 긍정하는 설[74]과 부정하고 민법의 표현대리 또는 권리외관이론에 의하여 문제를 해결하는 학설로 나뉜다.[75] 부정설의 근거는, ① 어음행위 자체만으로는 상법 제24조의 「영업」에 해당하지 않는다는 점, ② 어음의 문언성에 비추어 명의차용자에게 어음상의 채무를 부담시키기 어렵다는 점을 든다.[76] 따라서 이 경우 명의대여자만이 어음의 문언성 및 표현법리에 따라 책임을 진다고 한다.[77]

살피건대, 제3자 신뢰보호라는 관점에서 상법 제24조의 유추적용 긍정설은 일리가 있다. 그렇지만, 상법 제24조는 영업상 명의대여자에 대한 책임규정이므로 이를 확대해석하기는 어렵다고 생각되며, 더욱이 제3자의 신뢰보호는 표현법리에 의하여 해결할 수 있으므로, 부정설이 타당하다고 생각된다.

위 Case ②에서 긍정설에 따를 경우 다른 요건이 충족된다면 乙은 甲에 대하여 명의

---

72) 다만 이 견해에 따르면, 명의차용자가 명의대여자 명의를 자기를 표시하기 위하여 사용하였기 때문에 이론상 명의대여자로서의 책임은 발생하지 않는다는 비판을 받을 수 있다.

73) 弥永眞生, 102면

74) 강위두, 109면; 서헌제, 134면; 손주찬, 89면

75) 최준선, 133면

76) 최준선, 133면

77) 정동윤, 134면; 최기원, 176면; 이철송, 117면

대여자로서의 책임을 부담해야 할 것이다. 부정설에 따른다면, 乙은 표현대행 등에 해당할 경우 갑에 대하여 어음상의 책임을 부담한다.

7) 판례상 서명대리에 있어서의 표현대리책임

판례는 서명대리가 행하여진 경우 본인에게 표현대리책임을 유추적용하기 위해서는, ① 대리인에게 일정한 대리권이 존재하고, ② 대리인이 그 대리권을 넘는 행위를 하여야 하고, ③ 상대방이 위조자가 어음행위를 할 권한이 있다고 믿었으며, 믿은 데에 정당한 사유가 있어야 한다고 판시하고 있다.

■ 대판 2000. 3. 23, 99다50385

[1] 다른 사람이 본인을 위하여 한다는 대리문구를 어음 상에 기재하지 않고 직접 본인 명의로 기명날인을 하여 어음행위를 하는 이른바 기관 방식 또는 서명대리 방식의 어음행위가 권한 없는 자에 의하여 행하여졌다면 이는 어음행위의 무권대리가 아니라 어음의 위조에 해당하는 것이기는 하나, 그 경우에도 제3자가 어음행위를 실제로 한 자에게 그와 같은 어음행위를 할 수 있는 권한이 있다고 믿을 만한 사유가 있고, 본인에게 책임을 질 만한 사유가 있는 때에는 대리방식에 의한 어음행위의 경우와 마찬가지로 민법상의 표현대리 규정을 유추적용하여 본인에게 그 책임을 물을 수 있다.

[2] 채무자가 물상보증인으로부터 근저당권설정에 관한 대리권만을 위임받은 후 그의 승낙 없이 채무 전액에 대한 연대보증의 취지로 채권자에게 물상보증인 명의의 약속어음을 발행해 준 경우, 채권자가 채무자에게 위와 같은 어음행위를 할 수 있는 권한이 있다고 믿을 만한 정당한 사유가 없다.

2. 어음의 위조와 변조

1) 개설

(1) 위조의 의의

어음의 위조란 권한 없이 타인의 이름으로 기명날인 또는 서명을 위작(僞作)하여 마치 그 타인이 어음행위를 한 것과 같은 외관을 조작하는 것을 말한다. 여기서 「권한 없이」란 어음행위 당시에 권한이 없는 것을 말하고, 피위조자인 타인은 자연인이든 법인이든, 실존 인물이든 허무인이든 상관없다. 또한 기명날인의 위작은 인장을 위작하여 기명날인하든, 진정한 인장을 도용하여 기명날인하든, 보관하고 있던 피위조자의 인장을 남용하여 기명날인하든 모두 상관없다.[78)]

일본의 종래 판례는[79)] 무권한자가 대리방식으로 어음행위를 한다면 무권대리가 되고, 무권한자가 기관방식으로 어음행위를 한다면(즉, 대행의 경우), 본인을 위하여 하는 의사가 있다면 무권대리가 되고, 본인을 위하여 하는 의사가 없다면 위조가 된다고 하였다. 이것은 위조의 경우에 피위조자는 책임을 부담하지 않는다는 것을 전제로 하여, 본인에게 책임을 부담시킬 필요가 없을 때에는 무권한대행자의 어음행위를 위조로 취급하고, 다른 한편 본인에게 책임을 부담시킬 필요가 있을 때에는 표현대리의 성립에 의하여 본인의 책임을 인정하기 위한 이론구성이었다.[80)] 그러나 이후 판례는 행위자의 주관적 의사를 기준으로 위조와 무권대리를 구별하지 않는 것으로 하게 되었다. 왜냐하면 종래 판례의 견해는 어음행위의 서명행위로서의 성질에 반하는 것으로서 비판받았기 때문이었다. 그래서 다수의 학설은 전전 유통하는 어음의 성질에 비추어 보아, 무권대리와 위조의 구별은 어음외의 사정인 본인을 위하여 한다는 의사유무에 의하여 결정되는 것은 아니고, 어디까지나 어음상의 기재에 의하여 결정되어야 한다고 주장한다. 어음상에 대리관계의 기재가 없는 이상 무권대리로 취급하지 않고, 무권한자가 직접 본인 명의의 어음행위를 한 경우에는 모두 위조로 취급한다는 것이다. 그렇지만 우리 대법원 판례의 입장은 다르다. 즉, 앞에서 설명한 판례에 의하면(대판 2000. 3. 23, 99다50385), 「다른 사람이 본인을 위하여 한다는 대리문구를 어음 상에 기재하지 않고 직접 본인 명의로 기명날인을 하여 어음행위를 하는 이른바 기관 방식 또는 서명대리 방식의 어음행위가 권한 없는 자에 의하여 행하여졌다면 이는 어음행위의 무권대리가 아니라

78) 최준선, 134면; 강위두 · 임재호(下), 106면
79) 日最判 昭和8. 9. 28. 民集 12卷 2362면
80) 弥永眞生, 95~96면

어음의 위조에 해당하는 것이기는 하나, 그 경우에도 제3자가 어음행위를 실제로 한 자에게 그와 같은 어음행위를 할 수 있는 권한이 있다고 믿을 만한 사유가 있고, 본인에게 책임을 질 만한 사유가 있는 때에는 대리방식에 의한 어음행위의 경우와 마찬가지로 민법상의 표현대리 규정을 유추적용하여 본인에게 그 책임을 물을 수 있다」는 것이다.

기명날인 또는 서명을 변경한 경우에 진정한 기명날인 또는 서명을 한 자에 대하여는 변조가 되고, 새롭게 기명날인 또는 서명한 자에 대하여는 위조가 된다. 따라서 위조의 경우에 위조당하는 피위조자가 있을 수 있으나, 변조의 경우에는 기재사항의 변경에 불과하므로 피변조자란 개념은 없다.

(2) 변조의 의의

변조란 권한 없이 기명날인 또는 서명이외의 기재사항을 변경하는 것을 말한다. 변조 후에도 어음요건은 구비되어져 있어야 한다.

(3) 위조와 무권대리의 구별

위조는 타인의 기명날인을 직접 어음행위에 사용하는 것을 말하고, 무권대리는 권한 없이 타인의 대리인이라는 자격을 사칭하는 것을 말한다.

P : 본인
A : 행위자(권한 있는 자인 대리인)

	개인 어음면	법인 어음면	무권한
대리방식	P의 대리인 A	P회사 대표자 A	무권대리
기관방식	P	P회사 대표자 Q	위조

2) 위조와 변조의 효과

(1) 어음위조의 효과

① 피위조자의 책임

㉮ 원칙

피위조자는 어음행위를 한 사실이 없으므로 누구에 대하여도 어음상의 책임을 지지 아니한다. 이러한 위조의 항변은 물적 항변사유이므로 어음소지인의 선의・악의를 불문하고 어음상의 책임을 부담하지 않는다.[81]

㉯ 예외적으로 책임지는 경우

・위조의 추인

추인은 위조자 또는 어음소지인을 상대로 한다.[82] 위조의 추인에 소급효를 인정할 것인가에 관하여 추인을 새로운 어음행위로 보아 추인한 때로부터 효력이 발생한다는 설과 위조의 추인에 소급효를 인정하더라도 누구에게도 불이익을 주지 아니하고 오히려 거래안전을 위하여 바람직하므로 소급효를 인정한다는 설(다수설)이 갈리어 있으나, 후설이 타당하다고 본다.

・표현대행

표현대리처럼 표현대행으로 인정하는 것을 말한다. 즉, 위조행위의 상대방이 위조자가 피위조자의 기명날인을 적법하게 대행하는 것으로 믿었고 또 이 믿음에 대하여 정당한 이유가 있을 때에 이를 표현대리의 규정을 유추적용하고 피위조자의 책임을 묻는 것이다.[83]

・신의칙에 의한 책임

독일의 통설은 피위조자의 위조항변이 그의 선행행위와 모순될 경우에는 신의칙상 위조의 항변을 할 수 없다고 한다.

---

81) 최준선, 138면
82) 이철송, 123면; 정동윤, 138면; 최준선, 138면; 최기원, 192면
83) 대판 2000. 3. 23, 99다50385

· 사용자배상책임

예컨대, 회사직원이 자신의 개인적인 채무를 변제하기 위하여 대표이사의 기명날인 또는 서명을 도용하여 어음을 발행하거나 배서하는 경우를 말한다. 이 경우에 피위조자는 사용자로서의 불법행위책임을 부담한다고 하며, 판례도 동일한 입장이다.[84)]

그런데 종래 판례는 어음소지인이 피위조자에게 사용자배상책임을 묻기 위해서는 위조어음이 아니라고 가정하면 어음소지인이 피위조자의 어음상의 책임을 물을 수 있었어야 한다고 하였다. 쉽게 말하면, 피위조자인 사용자가 주채무자인 경우에는 문제가 없지만, 배서인인 경우에 어음소지인이 사용자에게 책임을 묻기 위해서는 상환청구권보전절차를 거쳐야만 하는가에 관한 문제이다. 사용자배상책임을 부담한 사용자가 다시 전자에게 상환청구권 등을 행사하기 위해서는 상환청구권보전절차를 거칠 필요성이 있을 것이다. 여기에 관해 학설은 대립되고 있다. 즉, 배서가 위조되지 않은 어음의 경우에도 배서인에게 상환청구를 하기 위해서는 상환청구권보전이 필요하므로 이와의 균형상 위조된 어음에 사용자책임을 묻기 위해서도 당연히 상환청구권보전절차를 거쳐야 한다는 입장과 사용자책임은 어음상의 책임이 아니고 민법상의 불법행위책임에 불과하므로 어음상의 요건인 상환청구권보전절차는 필요 없다는 입장이 있다. 판례는 한 때 상환청구권보전절차를 거쳐야 한다는 입장을 취하였으나, 최근에는 불요설의 입장에서 있다.[85)]

생각건대, 사용자의 책임은 어음상의 책임이 아닌 민법상의 책임이므로 어음소지인이 피위조자의 사용인에 대한 상환청구권을 상실했다 하더라도 사용자 책임을 물을 수 있도록 보호하는 것이 타당하다고 보인다.[86)]

84) 대판 1974. 12. 24, 74다808
85) 대판 1994. 11. 8, 93다21514
86) 최준선, 142면; 정동윤, 140면

■ 대판 1994.11.8, 93다21514

가. 어음이 위조된 경우에 피위조자는 민법상 표현대리에 관한 규정이 유추 적용될 수 있다는 등의 특별한 경우를 제외하고는 원칙적으로 어음상의 책임을 지지 아니하나, 피용자가 어음위조로 인한 불법행위에 관여한 경우에 그것이 사용자의 업무집행과 관련한 위법한 행위로 인하여 이루어졌으면 그 사용자는 민법 제756조에 의한 손해배상책임을 지는 경우가 있고, 이 경우에 사용자가 지는 책임은 어음상의 책임이 아니라 민법상의 불법행위책임이므로 그 책임의 요건과 범위가 어음상의 그것과 일치하는 것이 아니다. 따라서 민법 제756조 소정의 사용자 책임을 논함에 있어서는 어음소지인이 어음법상 상환청구권을 가지고 있느냐는 등 어음법상의 권리 유무를 따질 필요가 없으므로, 어음소지인이 현실적으로 지급제시를 하여 지급거절을 당하였는지의 여부가 어음배서의 위조로 인한 손해배상책임을 묻기 위하여 필요한 요건이라고 할 수 없고, 어음소지인이 적법한 지급제시기간 내에 지급제시를 하지 아니하여 상환청구권 보전의 절차를 밟지 않았다고 하더라도 이는 어음소지인이 이미 발생한 위조자의 사용자에 대한 불법행위책임을 묻는 것에 장애가 되는 사유라고 할 수 없다.

나. 위조된 약속어음을 취득함으로써 입은 손해는 다른 특별한 사정이 없는 한 이를 취득하기 위하여 현실적으로 출연한 할인금 상당액일 뿐, 그 어음이 진정한 것이었다면 어음소지인이 지급받았을 것이라고 인정되는 그 어음액면 상당액이라고는 할 수 없다.

다. 상호신용금고가 조선무락합자회사 명의의 배서를 조선무약합자회사 명의의 배서로 오인한 과실이 있다고 하더라도 그 배서는 조선무약합자회사의 명칭 가운데 '약'자를 그와 거의 유사한 '락'자로 바꾼 데 지나지 아니하여 주의 깊게 살피지 아니하면 그러한 사실을 발견하기가 어려울 뿐만 아니라 그 배서에 기재된 배서인의 주소나 대표의 명칭이 조선무약합자회사의 실제 주소나 대표의 명칭과 일치하는 점, 상호신용금고가 어음들을 할인함에 있어 조선무약합자회사에 확인하는 조치를 취하였던 점 등에 비추어 보면 비록 상호신용금고가 어음할인 등을 전문으로 하는 금융기관인 점을 고려하더라도 상호신용금고의 위와 같은 과실이 그렇게 중하다고 하기는 어려울 것인 반면, 조선무약합자 회사측의 과실을 본다면 그 회사의 경리과 직원들이 회사가 실제로 어음에 배서하였는지를 확인하여 보지 아니하고 조선무약합자회사가 배서한 것이라고 답변한 것은 고의 내지 고의에 가까운 중대한 과실이라고 할 것이고 위와 같은 직원들을 제대로 감독하지 못한 조선무약합자회사의 과실 또한 결코 가벼운 과실이라고는 할 수 없을 것인데, 원심이 이러한 조선무약합자회사의 과실과 비교하여서도 상호신용금고의 과실비율이 조선무약합자회사의 과실비율의 두 배가 넘는 70%나 된다고 본 것은 결국 과실상계의 비율판단을 그르쳐 현저히 형평에 반하는 결과를 초래한 것이라고 하지 않을 수 없다.

라. 상호신용금고가 약속어음을 할인함에 있어 조선무락 합자회사 명의의 배서를 조선무약합자회사 명의의 배서로 오인한 과실이 있고, 조선무약합자회사의 직원들도 상호신용금고측의 문의에 대하여 어음에 대하여 조선무약합자회사 명의로 배서가 된 것으로 잘못 알고 그 배서가 진정한 것이라고 답변하였다 하더라도, 상호신용금고가 사실과 다른 답변을 믿고 어음을 취득한 이상 그에 따른 상호신용금고의 손해와 조선무약합자회사의 직원들의 위법행위 사이에 법률적인 인과관계를 부정할 수는 없다.

위조어음 소지자는 피위조자에게 사용자책임을 묻는 경우에 어음의 액면금액을 기준으로 배상 청구할 것인지, 아니면 위조어음을 취득할 때의 대가만을 배상 청구할 수 있을 것인지의 문제가 발생한다. 판례는 한 때 어음의 액면금액을 기준으로 배상 청구할 수 있다고 하였으나,[87] 이후 특별한 사정이 없는 한 현실적으로 출연한 할인 금액에 상당하는 액, 즉 위조어음을 취득하기 위해 지출한 대가를 기준으로 배상청구할 수 있다고 판시하였다.[88]

생각건대, 사용자배상책임은 민법상의 불법행위책임이고, 불법행위책임에서의 손해액 산정은 불법행위와 상당인과관계에 있는 범위내이므로, 어음취득을 위하여 지출한 대가를 기준으로 사용자배상책임액을 정하는 것이 타당하다 할 것이다.[89]

② 위조자의 책임

㉮ 민·형법상의 책임

위조자는 민법상의 불법행위책임(민 750조)이나, 형법상의 유가증권위조죄(형 214조)의 책임을 진다.

㉯ 어음상의 책임인정여부

■ Case

A는 무단으로 B의 은행에 신고된 인장을 이용하여, 약속어음을 B의 명의로 발행하고, 이것을 C에게 교부하였고, C는 이를 D에게 배서양도 하였다. D가 B에게 지급 청구하였으나, 이것이 B에 의해 지급거절되자, D는 A에게 어음금 지급청구를 하였다. B는 어음상 책임을 부담하는가?

A → B → A → C → D
(피위조자) (위조자)

87) 대판 1985. 12. 10, 85다카578
88) 대판 1992. 6. 23, 91다43848
89) 최준선, 145면

위조자는 어음면상에서 어음행위를 한 바가 없으므로, 위조자에게 책임을 지울 수 있는가가 문제된다. 여기에 대하여 부정설은 문언증권성에 비추어 위조자가 책임질 기초가 없고, 위조자가 어음상에 나타나지 않고, 또 위조자를 신뢰한 제3자가 있을 수 없기 때문에 책임을 지지 아니한다고 한다(다수설).[90] 다만 민법상의 불법행위책임 등으로 책임추궁하면 족하다고 한다. 불법행위책임을 추궁하는 것이, 소멸시효, 손해액, 피해자의 범위 확장 등 여러 면에서 결코 불리하지 않다고 한다.[91]

그러나 긍정설은 위조자에게 어음상의 책임을 지우지 않는다는 것은 일반인의 법감정에 맞지 않는다고 보고, 책임을 지우고자 하는데,[92] 그 근거에 관하여 다음과 같은 견해의 대립이 있다.

① 무권대리규정유추적용설은 어음법 제8조에서 무권대리인에 대하여 본인을 채무자로 표시한데 대한 책임을 물어 담보책임을 지우는데 위조자는 더욱 직접적인 피위조자를 채무자로 표시하였으므로 무권대리인이 지는 것과 같은 책임을 진다고 한다.

② 위조자행위설은 위조자는 피위조자의 명칭을 자기를 표시하기 위한 명칭으로 사용했기 때문이라고 생각한다. 위조자가 피위조자의 명칭을 기재하는 것은 가설인이나 타인의 명칭을 자기의 명칭으로 하여 어음상에 기재한 것이 되기 때문에 어음의 문언성에 비추어 보아도 옳다는 것이다. 또한 누구의 명칭을 사용하더라도 스스로 행위를 한 자가 행위자로서의 책임을 부담해야 하는 것은 당연한 원칙이라는 근거를 든다.

이런 표현위조의 판례와 학설은 일본에서 유력하다.[93]

생각건대, 문언증권성에 비추어 위조자에게는 책임을 지울 수 없고, 민법상의 불법행위책임추궁으로 충분하기 때문에 부정설이 타당하다.

위 사례에서 무권대리규정 유추적용설이나 위조자 행위설을 취할 경우, 위조자인 B는 어음상의 책임을 부담하게 된다. 그러나 부정설에 의한다면, 위조자 B는 어음상의

---

90) 이범찬・최준선(下), 282면; 김문재, 136면; 이철송, 133면; 최정식, 128면
91) 최정식, 128면
92) 정동윤, 141면; 손주찬(下), 105면
93) 丸山秀平, 47면

책임을 지지 않고, 민법상의 불법행위책임을 지게 된다.

③ 위조어음상에 기명날인 또는 서명한 자의 책임

어음행위독립의 원칙상 위조된 어음에 새로이 어음행위를 한 자는 자신의 어음행위의 내용에 따라 책임을 진다(어 7조). 예컨대 위조어음에 배서한 자는 어음행위독립의 원칙에 의해 자신의 어음행위내용에 따라 책임을 지고, 이 책임은 어음행위자의 선의·악의를 불문하고 발생한다.

④ 입증책임(위조의 항변시 누가 입증책임을 부담하나?)

어음채무자가 위조의 항변을 하는 경우에 누가 입증책임을 부담할 것인가에 관하여 논란이 있다.

다수설과 판례는 입증책임분배의 원칙상 어음소지인이 입증책임을 부담한다는 견해를 취하고(어음소지인증명설),[94] 소수설은 어음소지인은 배서의 연속에 의하여 적법한 소지인으로 추정되므로 피위조자가 입증책임을 부담(피위조자증명설)한다고 한다.[95]

■ **대판 1993.8.24, 93다4151**

가. [**다수의견**] 어음에 어음채무자로 기재되어 있는 사람이 자신의 기명날인이 위조된 것이라고 주장하는 경우에는 그 사람에 대하여 어음채무의 이행을 청구하는 어음의 소지인이 그 기명날인이 진정한 것임을 증명하지 않으면 안된다.

[**별개의견**] 어음의 배서가 형식적으로 연속되어 있으면 그 소지인은 정당한 권리자로 추정되므로 배서가 위조된 경우 이를 주장하는 사람이 그 위조사실을 입증하여야 한다.

나. 피고 명의의 배서란에 찍힌 피고 명의의 인영이 피고의 인장에 의한 것임을 피고가 인정하고 있다면 그 배서부분이 진정한 것으로 추정되지만, 그 인영이 작성명의인인 피고 이외의 사람이 날인한 것으로 밝혀질 때에는 위와 같은 추정은 깨어지는 것이므로, 이와 같은 경우에는 어음을 증거로 제출한 원고가 작성명의인인 피고로부터 날인을 할 권한을 위임받은 사람이 날인을 한 사실까지 입증하여야만 그 배서부분이 진정한 것임이 증명된다.

---

94) 손주찬(下), 92면; 양승규, 154면; 이철송, 130면

95) 채이식(下), 267면

생각건대, 다수설이 타당하다. 왜냐하면 적극적 사실의 주장과 소극적 사실의 주장의 경우, 적극적인 사실을 주장하는 자가 입증책임을 져야 하기 때문이다.

(2) 변조의 효과

① 변조전 기명날인 또는 서명자의 책임

㉮ 원칙

어음의 변조전에 기명날인 또는 서명한 자는 변조되기 전의 원문언에 따라 책임을 진다(어 69조 후단). 변조는 물적항변사유이기 때문이다. 또한 변조에 의하여 어음이 무효가 되더라도 변조전 문언에 따라 책임을 진다.

㉯ 예외

어음의 변조전에 기명날인 또는 서명한 자라 하더라도 어음의 기재변경에 대해 사전에 동의하거나 사후에 추인한 경우에는 변조후의 문언에 따라 책임을 진다. 뿐만 아니라 변조전에 기명날인 또는 서명을 한 발행인이 어음문언을 기재할 때 쉽게 변경될 수 있는 상태로 기재하였다면 이러한 귀책사유를 이유로 변조된 문언에 따라 책임을 질 수도 있다. 대표적인 것이 어음금액의 기재인데, 예를 들어 「일금 오백만원」으로 기재함으로써, 후에 「일금천오백만원」으로 변조된 경우를 들 수 있다.

② 변조후에 기명날인 또는 서명한 자의 책임

변조후에 기명날인 또는 서명한 자는 변조후의 문언에 따라 책임을 진다(어 69조 전단). 이 때 변조사실에 대한 선악을 불문한다. 이것은 어음행위독립의 원칙의 따른 것이라 할 수 있다.

③ 변조자의 책임

㉮ 민 · 형사상의 책임

변조자는 민사상의 불법행위책임(민 750조)과 형법상 유가증권변조죄나 사기죄 등의 죄책을 진다. 문제는 어음상의 책임이 무엇이냐에 관한 것이다.

㈏ **어음상의 책임**

어음소지인이 변조하고 기명날인 또는 서명하면, 언제나 변조후의 문언에 따라 책임을 진다.

어음소지인이 변조만 하고 기명날인 또는 서명을 하지 않은 경우(예컨대 백지식 배서의 피배서인이 어음의 기재사항을 변조한 후 어음을 단순히 교부에 의하여 양도한 경우)에는 어음의 위조와 마찬가지로, 문언증권성에 따라 어음상 책임을 지지 않는다는 부정설과 어음법 제8조 무권대리 규정을 유추 적용하자는 견해로 나뉜다. 전술한 바와 같이 부정설이 타당하다.

㈐ **변조자의 어음상 권리의 취득**

어음소지인이 변조를 한 경우에는 그 변조전의 기명날인 또는 서명자에 대하여 변조전의 권리를 행사할 수 있다.

㈑ **입증책임**

변조의 입증책임에 관하여, 인식가능성에 따른, ① 구별설은 어음면상 변조여부가 명백하지 아니한 경우에 어음채무자가 변조된 사실 및 자신의 어음행위는 변조전이라는 사실을 증명하여야 하고, 변조가 명백한 경우에는 어음소지인이 어음채무자의 기명날인이 변조 후에 행하여졌음을 증명하여야 한다고 한다.[96)]

② 소지인입증설은 소지인이 변조되지 않았다는 사실 또는 어음채무자의 어음행위가 변조이후에 있었다는 사실을 입증하여야 한다는 것이다.[97)] 그 근거로 어음채무자가 변조사실을 주장하는 것은 소송법상의 채무부담의 간접부인이 되기 때문이라 한다.

③ 판례는 한 때 변조를 주장하는 자가 그 어음이 변조된 사실을 입증해야 한다는 견해를 취하였으나,[98)] 그 이후 통설에 따라 어음문언의 변경이 명백한 경우에는 어음채무

96) 최준선, 153면
97) 정동윤, 206면
98) 대판 1987. 3. 24, 86다카37

자에게 변경 후의 문언에 따라 책임을 지우자면 어음소지인이 어음채무자의 기명날인이 변경 후에 있은 것을 증명하여야 한다고 하였다.[99] 즉, 인식가능성에 따른 구별설을 취하고 있다.

인식가능성에 따른 구별설이 타당하다.

■ 대판 1990. 2. 9, 89다카131

어음의 액면금액을 변조하는 경우에는 원래 기재되어 있는 숫자를 이용하려는 것이 통상이므로, 어음의 발행인이 어음액면부분의 변조를 주장하려면 자기가 발행할 때에 어떤 방법(필기냐, 타자냐)으로 어떤 문자(국한문이냐, 아라비아 숫자냐)로 써주었다는 점을 밝혀야 할 터인데 이 사건 피고는 그저 어음액면이 40만 원이었는데 9,845,004원으로 변조되었다고 추상적인 주장을 할 뿐 그 구체적인 해명이 없을 뿐 아니라, 원심감정인의 감정소견에 의하면 이 사건 어음의 액면기재가 화학약품으로 원래의 기재를 지우고 다시 쓴 것이 아니고 그 액면기재는 변조된 것이 아니라고 함에 있음에도, 원심법원이 피고의 위 주장에 관하여 좀 더 석명하지 아니한 채 증인의 증언만을 취신하여 어음면상의 기재와 다른 어음금액을 인정한 것은 심리를 다하지 아니하고 불확실한 증거에 의하여 사실을 인정한 위법이 있다 할 것이다.

V. 어음의 실질관계

1. 어음의 실질관계

1) 의의

어음채무는 어음행위(발행, 배서, 인수 등)에 의하여 발생한다. 그런데 어음행위로 어음채무가 발생함에는 어떠한 원인이 존재하는 것이 일반적이다. 이와 같이 어음행위의 기초가 되는 원인을 「어음의 실질관계」라고 이른다.

---

99) 대판 1990. 2. 9, 89다카131

어음의 실질관계는 다음과 같이 구분할 수 있다.

① 어음의 발행인과 수취인간의 어음발행의 원인관계나 배서인과 피배서인간의 원인관계를 어음관계와 「원인관계」라고 한다. 아래 Case에서 부동산 매수인 A가 환어음을 발행하고 매도인 B에게 환어음을 교부하는 관계에서, 부동산 매매가 「원인관계」, 환어음 발행 교부가 「어음관계」가 된다. 또한 수취인 B가 기존 채무이행을 위하여 D에게 어음을 배서 양도함에 있어서, 기존 채무의 이행이 「원인관계」가 되고, 어음의 배서가 「어음관계」가 된다.

■ Case

A(매수인)는 B(매도인)와 부동산 매매계약을 체결하였다. A는 부동산매수대금 지급을 위하여 C를 지급인, 수취인 B, 어음금액 1억 원의 환어음을 발행하고, B에게 교부하였다. B는 기존 채무이행을 위하여 이를 D에게 배서 양도하였다.

(1) 어음발행의 원인이 매매계약이 취소되는 경우, D는 지급인 C에게 어음금의 지급을 청구할 수 있는가?

(2) 지급인 C가 발행인 A를 위하여 지급하는 법률관계는 무엇인가?

② 환어음의 발행인과 지급인간에 존재하는 지급위탁의 원인관계, 즉 지급인이 인수나 지급을 하는 원인관계를 특히 「자금관계」라 한다. 위 Case에서 부동산 매수인 A를 위해 지급인으로 기재된 C가 인수나 지급을 하는 원인을 「자금관계」라고 한다.

약속어음의 경우에는 자금관계가 존재하지 않는다. 이는 환어음과 달리 약속어음의 발행인이 지급위탁을 하는 것이 아니라, 직접 수취인에게 어음금 지급을 약속하고 지급하기 때문이다.

한편, 준자금관계가 있다. 이는 지급인과 지급담당자, 보증인과 피보증인, 참가인과 피참가인과 같이 자금관계와 유사한 관계에 있는 것을 이르는 용어이다. 약속어음은 자금관계를 존재하지 않으나, 일반적으로 은행 등 금융기관을 지급담당자로 하여 발행하고, 이 경우 발행인과 금융기관간에 당좌계정거래계약에 부수하여 준자금관계의 계약이 행하여진다.

③ 어음의 예약이란 어음의 授受에 앞서서 수수 당사자 간에 어음을 주고 받기(수수) 전에 어음의 종류, 금액, 만기 등을 어떻게 하여 발행하고 수수할 것인가를 합의하는데, 이런 합의를 어음예약이라 일컫는다.

어음의 실질관계를 살펴보는 것은 어음의 실질관계에 따른 항변이 어음상의 청구에 대하여 인적항변에 그치는가 등을 검토하는 것이다.

2) 어음행위의 무인성(추상성)과 그 한계

어음의 무인성(추상성) 때문에 실질관계의 하자는 어음관계에 영향을 미치지 않는 것이 원칙이다. 이는 원인관계의 영향으로부터 차단시켜 어음의 유통성을 확보하고 입증책임을 전환하는 기능을 한다. 그러나 어음거래자들의 실질관계에 터 잡은 이해관계의 분배의 형평을 기하기 위해 어음관계와 실질관계를 유기적으로 연결시켜 당사자들의 권리관계를 정할 필요성이 있다. 즉, 어음의 유통성이나 거래안전의 보호와 무관한 경우에는 양자의 견련성을 인정한다.[100]

■ 신문기사

A씨는 2000년 12월 온라인 게임을 통해 법률사무소 직원인 B씨를 만나 사랑에 빠졌다. 1년 뒤인 A씨는 부사관으로 군에 입대하면서 자신의 신용카드를 B씨에게 맡겼다. 과거 B씨가 자신의 신용카드 빚 340만원을 대신 갚아 주기도 해 B씨를 믿었다. 하지만 B씨는 A씨의 신용카드를 무분별하게 사용했고, 늘어난 빚을 돌려 막기로 버티다가 결국 사채까지 끌어다 쓰게 되었다.

2002년이 되지 B씨는 「당신이 떠날까 봐 걱정된다. 각서를 받아야겠다」며 자신이 근무하는 변호사 사무실로 A씨를 불렀다. 그러고는 그곳에 비치된 공정증서 작성용 약속어음 용지에 5,000만원짜리 어음을 쓰게 했다. A씨는 B씨로부터 5,000만원을 빌린 적은 없었지만, B씨를 정말 사랑한다는 증거로 약속어음을 써줬다. B씨는 받는 사람에 자신의 이름을 적고, 미리 파놓은 A씨의 도장을 찍어 어음을 완성하였다. 하지만 얼마 뒤 둘은 헤어지게 되었고, B씨는 A씨를 상대로 2005년 「5,000만원을 갚으라」며 어음금 지급청구 소송을 냈다.

---

100) 최준선, 59면; 정찬형, 522면

서울중앙지법 민사6부는 A씨의 손을 들어 줬다. 법원은 「B씨는 변호사 사무실의 사무원으로 근무해 어느 정도 법률지식이 있었던 것으로 보이나, A씨는 당시 대학을 중퇴한 22세 청년으로서 약속어음이 갖는 법률적 의미를 자세히 알지 못했던 것으로 보인」고하면서, 「A씨는 B씨와 헤어지지 않겠다는 뜻에서 남녀 사이의 정표로써 이 사건 어음을 작성한 것이지 어음의 빚을 갚겠다는 의사는 없었던 것으로 보이고, B씨 역시 이런 사정을 잘 알고 있었으므로, 이 어음을 만든 것은 무효」라고 결론 내렸다.
필자주 : 이 사건에서 A씨와 B씨간의 원인관계는 무효이나, 어음의 무인성(추상성) 때문에 약속어음의 발행은 유효하다. 다만, 원인관계의 무효를 가지고 당사자간인 A와 B간에는 인적항변사유로써 대항할 수 있다.

2. 원인관계와 어음관계

어음수수의 당사자간의 관계를 원인관계라고 한다. 매매계약, 어음할인, 어음대부 등, 어음행위를 하는 원인이 되는 법률관계가 원인관계이다.

(A가 매수대금 지급위해 약속어음 발행: 어음관계)
A (매수인/약속어음 발행인) ⇌ B(매도인/ 약속어음 수취인)
(B와 A간 부동산 매매: 원인관계)

원인관계는 유통성보호의 이념 때문에 어음관계는 원인관계로부터 분리되어 무인성(추상성)을 인정하는 것이 통설의 견해이고,[101] 원인관계의 무효, 부존재, 소멸은 어음의 무효, 부존재, 소멸을 초래하지 않고, 어음행위에 의하여 새로운 채무가 발행한다. 그러나 무인성은 어음의 제3취득자를 보호하여 어음유통의 원활화를 도모하기 위한 취지에서 나온 것이므로, 직접 당사자간에는 원인관계상의 사정을 원용하는 것을 인정해야 할 것이다. 그래서 일정한 경우에 형평의 원칙에서 원인관계가 어음관계에 영향을 주는 것을 허용하고, 반대로 어음관계가 원인관계에 영향을 미치는 것을 긍정한다.

---

101) 최준선, 59면

1) 원인관계가 어음관계에 미치는 영향

(1) 인적항변의 허용

원인관계의 당사자 간에는 원인관계상의 하자를 이유로 어음상의 채무이행을 거절할 수 있다. 이를 인적항변이라 한다(어 17조).

(2) 이득상환청구권

어음상의 권리가 시효의 완성이나 상환청구권보전절차의 흠결로 소멸한 경우, 원인관계와 결부시켜 궁극적인 이득을 얻은 자가 어음상의 권리를 잃은 자에게 이득을 반환하도록 하고 있다(어 79조, 수 63조).

(3) 상환청구권

상환청구권을 인정하는 것은 원인관계의 담보책임이 어음법에 규정되었기 때문이다.

2) 어음관계가 원인관계에 미치는 영향

기존채무의 이행에 관하여 어음이 수수된 경우에 그것에 의해 기존채무(원인관계상의 채무)가 소멸하는가 아니면 기존채무와 어음채무가 함께 병존하여 존재하는가는 당사자의 의사를 기준으로 결정된다. 그런데 당사자의 의사가 불분명한 경우에는 기존채무와 어음채무가 병존하는지, 갈음하는지, 아니면 담보목적인지 논란이 있을 수 있다.

(1) 기존 채무의 지급을 위하여 어음이 수여되는 경우

기존채무의 지급을 위하여 어음이 수수되는 경우이다. 그런데 기존채무를 결제하기 위하여 어음이 수수되는 경우에 당사자간의 의사표시가 없는 경우, 기존채무의 지급을 위하여 수수된 것인지, 아님 기존 채무를 담보하기 위하여 수수되었는지가 문제된다.

통설은 「어음상의 주채무자가 원인관계상의 채무자와 동일하지 아니한 때에는 제3자인 어음상의 주채무자에 의한 지급이 예정되어 있으므로, 이는 지급을 위하여 교부된

것으로 추정한다」고 한다.[102]

판례도 당사자간에 특별한 합의가 없는 한 지급을 위하여 또는 지급담보를 위하여 어음을 교부한 것으로 해석하지 기존 채무를 갈음하는 것으로 해석하지는 않고 있다.[103] 즉, 기존채무와 어음채무가 병존하는 것으로 추정한다는 것이 통설과 판례의 입장이다. 이것은 어음의 수수가 있더라도 어음금의 지급이 이루어진 것이 아닌 이상 어음의 수수만으로 원인관계상의 권리가 소멸하는 것이라고 해석하는 것은 당사자의 통상의 의사에 반하는 것이기 때문이다. 또한 기존채무가 소멸한다면, 채권자는 그에 관한 저당권, 선취특권 등의 담보권이나 항변권을 상실하게 되어 불이익을 입을 경우도 있다. 뿐만 아니라 기존채권의 소멸시효시간이 어음의 소멸시효기간 보다 장기인 경우가 있으므로, 기존채무가 소멸하지 않는다고 추정하는 편이 당사자의 합리적 의사에 합치하기 때문이다.

■ 대판 1995.10.13, 93다12213

가. 채무자가 기존 채무의 이행에 관하여 채권자에게 어음을 교부하는 경우에 당사자 사이에 특별한 의사표시가 없고, 다른 한편 어음상의 주채무자가 원인관계상의 채무자와 동일하지 아니한 때에는 제3자인 어음상의 주채무자에 의한 지급이 예정되고 있으므로, 이는 '지급을 위하여' 교부된 것으로 추정된다.

나. '가' 항의 경우, 채권자는 어음채권과 원인채권 중 어음채권을 먼저 행사하여 만족을 얻을 것을 당사자가 예정하였다고 할 것이므로, 채권자로서는 어음채권을 우선 행사하고 그에 의하여서는 만족을 얻을 수 없을 때 비로소 채무자에 대하여 기존의 원인채권을 행사할 수 있으며, 나아가 이러한 목적으로 어음을 배서양도받은 채권자는 특별한 사정이 없는 한 채무자에 대하여 원인채권을 행사하기 위하여는 어음을 채무자에게 반환하여야 하므로, 채권자가 채무자에 대하여 자기의 원인채권을 행사하기 위한 전제로서 지급기일에 어음을 적법히 제시하여 상환청구권 보전절차를 취할 의무가 있다고 보는 것이 양자 사이의 형평에 맞는다.

다. 채권자가 기존 채무의 이행을 위하여 교부받은 어음을 지급기일에 적법하게 지급제시를 하지 아니함으로써 상환청구권이 보전되지 아니하였더라도, 약속어음의 주채무자인 발행인이 자력이 있는 한 어음을 반환받은 채무자가 발행인에 대한 어음채권이나 원인채권을 행사하여 자기 채권의 만족을 얻을 수 있기 때문에 아직 손해는 발생하지 아니하고, 지급기일 후에 어음발행인의 자력이

102) 정동윤, 307면

103) 대판 1976.11.23, 76다1391

> 악화되어 무자력이 됨으로써 채권자에게 자신의 채무를 이행하여야 할 채무자가 어음을 반환받더라도 발행인에 대한 어음채권과 원인채권의 어느 것도 받을 수 없게 된 때에야 비로소 자신의 채권에 대하여 만족을 얻지 못하게 되는 손해를 입게 되고, 이러한 손해는 어음 주채무자인 발행인의 자력의 악화라는 특별 사정으로 인한 손해로서 상환청구권 보전의무를 불이행한 어음소지인이 그 채무 불이행 당시인 어음의 지급기일에 장차 어음발행인의 자력이 악화될 것임을 알았거나 알 수 있었을 때에만 그 배상채권으로 상계할 수 있다.

기존 채무를 담보하기 위하여 어음이 수수되는 경우에 채권자는 어느 것을 먼저 행사하더라도 무방하다.[104] 이 때 원인채권을 먼저 행사하는 경우에는 채무자를 이중지급의 위험으로부터 보호하기 위해 원인채권을 어음과 상환하여서만 행사할 수 있다(동시이행항변권).

어음채권의 행사에 의하여 어음금이 지급되면 원인채권도 소멸한다. 그렇지만 어음상의 권리가 시효완성으로 소멸하더라도 원인채권은 당연히 소멸하지 않는다. 채권자가 만기 전에 할인하더라도 상환의무를 부담할 수 있으므로 원인채권이 소멸되지 않는다.

> ■ **대판 2002. 12. 24, 2000다3917 판결**
>
> [1] 수표가 기존 원인채무의 지급확보를 위하여 또는 그 담보를 위하여 발행 또는 교부된 경우에, 채권자가 그 수표를 유상 또는 무상으로 타인에게 양도하였다고 하더라도 그에 의하여 바로 기존 원인채무가 소멸하는 것이 아니고, 수표를 양도한 채권자가 수표상의 상환의무를 종국적으로 면하게 될 때 비로소 기존 원인채무가 소멸한다고 보아야 한다.
>
> [2] 부동산 양도인이 양수인으로부터 매매잔대금으로 교부받은 부동산 전득자 발행의 가계수표를 제3자에게 양도하였으나 그 가계수표가 지급거절되자 부동산 전득자가 부정수표단속법에 의한 처벌을 면하기 위하여 제3자에게 대가를 약속하고 이를 회수한 경우, 제3자는 더 이상 부동산 양도인에게 상환청구를 할 수 없게 되어 부동산 양도인은 수표상의 상환의무를 종국적으로 면하였다고 할 것이어서 그 매매잔대금 채권도 소멸하였다.

104) 정동윤, 306면

(2) 병존하는 경우의 행사 순서

원인채권과 어음채권이 병존하고 있는 경우에 어음채권을 먼저 행사해야 하는가, 원인채권을 먼저 행사해야 하는가, 이런 채권의 행사순서가 문제된다. 원칙적으로 당사자의 의사에 의하여 결정된다.

그런데 지급을 위하여 어음이 수수된 경우에는 기존채무도 추심채무와 같은 것이 되고, 어음의 제시가 없다면 이행지체는 되지 않는다. 채권자가 먼저 기존채권의 이행을 청구한 때에는 채무자는 먼저 어음채권을 행사할 것을 주장하고, 기존채무의 변제를 거절할 수 있다. 즉 채권자는 어음상 권리를 먼저 행사하고 그 만족을 얻지 못하면 원인채권을 행사할 수 있다. 판례도 동일한 입장이다.

■ **대판 1977. 3. 8, 75다1234**

본건에 있어서 원고의 발행한 환어음 10장은 지급인인 피고가 인수하므로서 피고는 어음상의 채무자가 되는 것이니 인수로써 비로서 원고는 피고에 대하여 기본채권인 의약품판매대금청구권과 본건 환어음상의 채권을 가지게 되고 환어음은 기존채무의 지급을 담보하게 되는 관계에 놓이게 되나니 본건 환어음이 소외 은행의 소지에 들어가 있는 이때에 원고에게 기존채권의 행사를 허용한다면 기존채무의 지급을 담보하기 위하여 어음이 수수된 경우인데도 불구하고 채무자인 피고는 어음상의 채무의 지급까지 하게 되어 2중 지급의 위험이 있게되게 되므로, 흡사 약속어음이 제3자에게 양도된 경우에 기존채무의 지급을 구할 수 없는 경우와 매일반으로 볼 본건과 같이 자기 지시 환어음 아닌 어음이 기존채무 담보로 발행되고 그것이 인수된 경우는 채권자는 기존채무의 지급을 청구할수 없다고 하여야 상당하다 하겠으니, 원판결이 같은 취지에서 청구를 안들어 준 조치는 정당하며, 원판결이 본건의 경우 기존 채무가 소멸되었다고는 판단하지 아니하였으니 거기에 인수에 관한 법리오해가 있다고 인정될 수는 없고 소론은 모두 원판결을 잘못 이해한데에 있어 채용할 길이 없다.

그러나 먼저 어음채권을 행사한 때 지급이나 인수 거절된 경우에는 채권자는 상환청구권을 행사함이 없이 곧바로 기존채권을 행사할 수 있다. 한편 담보를 위하여 수수된 경우에는 기존채무의 지참채무성은 상실되지 않기 때문에 기존채무의 변제기의 도래에 의하여 기존채무에 관하여는 이행지체가 된다.

당사자의 의사가 불명한 경우에는 원인관계상의 채무자 이외의 자가 제1차적으로 지급을 할 어음의 수수가 있었던 경우에는 지급을 위하여 수수되었다고 추정되고, 제3자방 지급이 아니고, 원인관계상의 채무자와 제1차적으로 지급을 할 자와 일치할 때에는 「담보를 위하여」 어음이 수수된 것으로 판단함이 옳다. 왜냐하면 제3자방지급이 아닌 어음의 경우에는 양 채권의 어느 쪽이라도 먼저 행사할 수 있도록 함이 채무자의 이해에는 무관계인 반면에, 소지인의 편의에 있어서는 「담보를 위하여」 수수되었다라고 해석하는 편이 유리하기 때문이다.[105]

(3) 기존채권의 행사에 어음의 반환여부

어음이 담보를 위하여 수수된 경우 채권자는 어음채권과 기존채권의 어느 쪽도 먼저 행사할 수 있지만, 채권자가 기존채권을 행사하는 경우에는 어음의 반환을 요하는지가 문제된다. 학설은 반환필요설과 반환불요설로 구분된다.

반환불요설은 채무자가 원인채무를 변제한 후에 어음반환을 청구할 수 있을 뿐이라고 한다. 그러나 다수설과 판례는 이중의 지급을 채무자에게 부담시키는 것은 형평의 이념에 반하고, 법이 채무자의 이중지급의 위험을 제거하기 위하여 어음에 상환증권성을 인정하고 있는 취지에서, 또한 전자에 대한 상환청구권 행사의 기회를 원인관계상의 채무자에게 확보시키기 위하여도 채무자는 어음과 상환으로 지급할 것을 항변권으로 가진다고 한다.[106] 뿐만 아니라 소송상도 이 항변권을 채무자가 행사한 경우는 어음과 상환으로 지급해야할 뜻의 상환급부의 판결을 해야 할 것이라고 한다.

■ 대판 1992.2.25, 91다14192

기존채무의 이행을 위하여 교부된 약속어음의 소지인인 은행이 어음 되막기 방법에 의하여 그 약속어음을 결제된 것으로 처리하는 경우 외관상 그 은행에 위 어음금 상당의 금액이 입금된 것으로 보이고, 또 어음 발행인 등은 종전의 어음금채무 대신 새로운 어음에 의하여 또 다른 어음금채무를 부담하게 되는 것이므로 은행은 이미 결제된 것으로 처리되어 소멸된 종전 어음 자체의 어음금청구는 할 수 없을

105) 弥永眞生, 26면

106) 최기원, 229면; 최정식, 203면; 대판 1996. 3. 22, 96다1153; 대판 1992. 6. 23, 92다886

> 것이고, 새로운 어음에 기한 어음금청구만을 할 수 있을 것이나, 그 기존채무는 쌍방간의 약정에 따라 새로운 어음의 지급기일까지 그 지급을 유예해 준 것일 뿐 기존채무가 소멸되는 것은 아니고, 새로운 어음이 만기에 지급되어야만 기존채무가 소멸되는 것이다.

3. 어음의 자금관계

지급인이 발행인을 대신하여 어음의 인수 또는 지급을 하는 원인이 되는 실질관계를 어음의 자금관계라 말한다.

1) 자금관계가 어음관계에 미치는 영향

어음채무가 절차의 흠결이나 시효로 소멸하면 자금관계가 이득상환청구권으로 나타날 수 있다. 환어음의 자금관계가 결여된 경우 인수인은 발행인의 지급청구에 대하여 항변할 수 있다. 발행인과 지급인간에 지급에 관한 합의가 있었음에도 불구하고 지급인이 지급을 하지 않은 경우 발행인이 지급인에 대해 채무불이행책임을 물을 수 있다.

2) 어음관계가 자금관계에 영향을 미치는 경우

지급인 또는 인수인이 어음금 또는 수표금을 지급한 경우에 발행인에 대해 보상을 청구할 수 있다.

3) 준자금관계

환어음의 발행인과 지급인간의 자금관계는, 어음에서 제3자방지급문구가 기재된 경우에 환어음의 지급인과 지급담당자 또는 약속어음의 발행인과 지급담당자간과 유사한 법률관계가 된다. 다시 말해 환어음에서 발행인이 지급인에게 지급위탁하고 지급인이 지급할 때 발행인이 그에 대해 보상하는 관계를 그대로 환어음의 지급인 자신이 직접 지급하지 않고 지급담당자에게 지급위탁(제3자방지급문구)하고, 지급담당자가 지급하면 지급인이 보상하는 것에 대입할 수 있다. 또한 이는 약속어음의 발행인이 직접 지급하지 않고 지급담당자를 정해 지급하도록 하고 보상하는 관계에 대입할 수 있다. 그래서 자금관계에 준하는 관계라 하여 이를 준자금관계라 한다. 뿐만 아니라 보증인과 피보증인 사이, 참가인수인 또는 참가지급인과 피참가인 사이의 관계도 준자금관계라 한다.[107]

4. 어음예약

어음관계가 발생하도록 준비하는 계약을 말한다. 특히 서면화한 어음예약을 가어음이라 한다.[108] 어음예약에 의하여 당사자의 일방이 어음행위를 할 의무가 발생한다.

Ⅵ. 어음의 개서

1. 의의

지급유예의 수단으로서 구어음의 만기보다도 후일의 날짜를 만기로 하고 어음을 발행하는 것을 일반적으로 어음의 개서(이 때 새롭게 발행된 어음을 연기((延期)어음이라 한다)라고 한다.[109]

어음의 개서는 구어음을 회수하는 경우와 회수하지 않는 경우가 있다

107) 정동윤, 312면
108) 최준선, 74면
109) 어음의 개서는 광의의 의미로는 이미 발행한 어음에 관하여 그 지급을 하지 아니하고 구어음상의 어음요건 중 일부를 변개하여 새로운 어음을 발행하는 것을 말한다(최준선, 227면).

2. 어음개서의 효력

1) 구어음을 회수하는 경우

어음개서에 의하여 새로운 어음이 유효하게 발행되면 구어음채무는 소멸하고 구어음상의 권리관계나 어음채무는 신어음상에서 그대로 동일하게 유지된다(법적 동일성설).[110] 그런데 구어음을 회수하는 경우에 어음개서의 법적 성질을 어떻게 보느냐에 관해 견해의 대립이 있다.

경개설은 구어음채무는 법적 동일성을 유지하면서 신어음상에 표창된다고 생각하고(법적 동일성), 그 결과 구어음채무를 담보하는 보증, 담보물권은 신어음채무를 담보하고 구어음에서 인정되었던 항변은 신어음에서도 대항할 수 있다고 한다.[111] 대물변제설은 구어음채무는 소멸하고 법률상 별개의 신어음채무가 발생한다고 한다.[112] 이 견해는 어음개서가 경개라고 한다면 제3자가 담보를 제공한 경우에 그 자의 승낙이 없는 한 담보물권이 소멸하고 어음 소지인 채권자는 어음개서전보다 불리한 입장에 놓이게 되어 불합리 하다는 것이다.

하지만 경개설이나 대물변제설 모두 구어음채무에 대한 담보나 보증은 신어음상의 채무에 그대로 존속한다고 본다.[113] 판례도 동일한 입장이다.[114] 요컨대, 명백한 반대의 특약이 없는 한 제3자가 구어음채무를 위하여 제공한 저당권, 질권, 보증 등은 구어음채무의 한도내에서 개서된 신어음에도 그대로 존속한다.

110) 대판 1967. 12. 19, 64다935; 최준선, 229면
111) 弥永眞生, 267면
112)정동윤(下), 175면; 최기원(下), 342면
113) 최준선, 231면
114) 대판 2003. 10. 24, 2001다61456

■ 대판 2003. 10. 24, 2001다61456

① 종합금융회사가 기업어음을 할인 매도함에 있어서 매도 당시 자유화매출계산서상의 배서/보증란에 기명・날인하고 어음보관통장상에 자유기업어음을 나타내는 'CP'로 기재한 경우 위 어음의 발행인에 의한 어음금의 지급을 민사상 보증한 것으로 인정한 사례.

② 신종기업어음(일명 CP어음)을 발행회사로부터 매입한 종합금융회사가 이를 일반투자자들에게 매도한 후 일반투자자로부터 그 어음의 보관 및 만기의 추심을 위탁받아 종합금융회사의 어음관리계좌(CMA)에 그 어음을 보관 관리하다가 추심하였다면 그 어음상의 채무는 소멸하고, 그 어음상의 채무에 대한 민사상 보증채무도 함께 소멸한다고 할 것이고, 일반투자자가 그 추심금으로 다른 신종기업어음을 매입하여 어음관리계좌로 현금이 입금되지 않았거나 어음관리계좌로부터 실제로 현금이 인출되지 아니하였다고 하여 달리 볼 것은 아니다.

③ 단순히 어음상 채무의 만기를 연기하기 위한 당사자 사이의 어음개서계약에 따라 구어음을 회수하고 신어음을 발행하여 교부하는 경우 구어음상의 채무는 소멸한다고 할 것이지만 구어음상의 채무와 신어음상의 채무가 실질적으로 동일한 때에는, 특별한 사정이 없는 한, 구어음상의 채무에 대한 담보나 민사상 보증은 신어음상의 채무에 대하여도 그대로 존속한다.

④ 종합금융회사에관한법률 제21조에 따라 제정・시행된 종합금융회사업무운용지침 제11조 제1항은 종합금융회사의 보증행위를 제한하고 있으나, 이 규정을 둔 취지는 원래 영리법인인 종합금융회사의 업무는 그 회사의 자율에 맡기는 것이 원칙이겠지만 종합금융업이 갖는 공공성 때문에 일정한 경우 보증행위를 제한함으로써 종합금융회사의 건전한 경영 등을 도모하고자 함에 있다 할 것이므로 이 규정에 위반하여 보증행위가 이루어졌다고 하더라도 사법상의 효력에는 영향이 없다고 할 것이고, 보증의 상대방이 이 규정의 내용을 알고 있었다고 하여 달리 볼 것도 아니다.

2) 구어음을 회수하지 않은 경우

구어음을 회수하지 않은 경우 당사자의 의사는 구어음상의 채무를 존속시켜 신어음의 담보로 하고자 함에 있다고 해석할 수 있으므로, 신어음채권과 구어음채권이 병존한다고 본다.[115] 이때 어음채권자는 구어음이나 신어음 어느 것으로도 권리를 행사할 수 있지만, 신어음의 만기 전에 구어음의 지급청구를 한다면 지급유예의 인적항변으로 대항할 수 있다. 또한 어느 어음의 어음금을 지급하였으나, 다른 어음이 어음채권자의 수

115) 구어음을 반환하기로 약정하였으나 이를 어기고 반환하지 않았다면 이는 구어음을 회수하는 의사의 합치가 있었다고 볼 수 있으므로 구어음채무는 소멸하게 된다(최준선, 230면)

중에 있고 이를 호기로 이용하여 소지하고 있던 어음으로 지급 청구하여도 어음채무자는 채권자에 대하여 원인관계가 소멸한 것과 같이 권리남용의 항변으로 대항할 수 있다.

한편, 구어음채무는 존속하기 때문에 구어음에 붙은 담보나 보증도 어음개서에 의하여 발행된 신어음으로 이전되지 않는다. 따라서 구어음에 대한 담보나 보증은 구어음과 함께 소멸한다.[116]

Ⅶ. 어음 할인

1. 어음할인의 의의

어음할인이란 아직 만기가 되지 않은 제3자 발행의 어음을 소지인(할인의뢰인)이 할인인(금융기관등)에게 배서양도하고, 할인인(割引人)으로부터 어음금액에서 만기일까지의 이자나 비용 등이 공제된 금액을 취득하는 거래를 말한다. 실무상 이는 은행의 중요한 여신거래의 하나이다.

2. 어음할인의 법적 성질

어음할인의 의뢰인과 할인인간에는 어떠한 법률관계가 발생하는가에 관하여 학설은 매매설과 소비대차설로 나뉘어져 있다. 매매설에 의하면 어음을 상품의 매매와 같이 보아 그 자체를 매매하는 거래라고 본다. 그리하여 할인당사자간에는 원인채무가 존재하지 않는다. 이에 대하여 소비대차설은 할인당사자간에는 원인계약으로서의 소비대차계약이 체결되고 어음은 그 이행확보를 위하여 양도된다고 해석한다.

116) 대판 1987. 7. 7, 86다카1308

우리나라 다수설은 매매설로 보고 있지만,[117] 금융실무에서는 소비대차설로 보는 경향이 있다고 한다.[118] 이유는 은행이 할인해 줄 것인가의 여부는 어음 발행인의 신용이 아니라 할인의뢰인의 신용에 의하여 판단하고, 할인거래에 있어서도 여신거래에 일반적으로 적용되는 은행거래약정서가 적용되며 할인의뢰인으로부터 제출되는 서류도 「융자신청서」이며, 게다가 만기전이라도 어음 발행인의 신용상태에 관계없이 어음의뢰인의 신용상태가 악화된 경우에는 은행의 청구에 의하거나 당연히 할인의뢰인이 당해 어음을 환매하도록 하기 때문이다. 뿐만 아니라 융통어음의 경우 할인의뢰인의 신용은 무시하고 발행인(기업)의 신용만을 기초로 하는 경우도 있다. 최근 판례는[119] 소비대차인지 매매인지는 그 거래실태와 당사자의 의사에 의하여 결정된다고 한다.[120] 소비대차설을 취하면 은행에 유리한 결과를 초래한다.

▪ **대판 2000. 12. 12, 99다13669**

사실관계가 이와 같다면 소외 회사와 피고 사이에 이루어진 어음할인거래의 성질은 특별한 사정이 없는 한 어음의 매매라고 볼 것이어서, 그 각 약속어음은 그 매매거래의 목적물인 것이지, 피고의 어음환매대금 채권을 담보하기 위한 인적 또는 물적 담보라고는 볼 수 없다 할 것이다.
같은 취지에서 원심이, 피고가 이 사건 각 약속어음 중 일부를 발행일 내지 수취인의 기재가 없는 상태에서 부적법하게 지급제시를 한 채 지급제시기간을 넘김으로써 소외 회사의 상환청구권을 상실시켰다 하더라도, 이것이 민법 제485조가 규정하는 담보 상실 내지 감소에 해당한다고 볼 수 없다고 판단한 것은 정당하고 거기에 민법 제485조 등에 대한 법리오해의 잘못이 있다고 할 수 없다.

3. 환매청구권

환매청구권이라 함은 할인의뢰인의 신용이 악화되는 경우 금융기관이 할인의뢰인에

117) 손주찬(下), 163면; 최기원, 263면
118) 최준선, 234면
119) 매매설을 취한 판례는, 대판 1984. 11. 15, 84다카1227; 2000. 12. 12, 99다13669
120) 어음할인의 성질이 소비대차에 해당하는지 아니면 어음의 매매에 해당하는지 여부는 거래실태와 당사자의 의사에 의하여 결정되어야 한다는 판례가 있다(대판 2002. 9. 24, 2000다49374).

게 이미 할인한 어음의 환매를 청구할 수 있는 권리를 말한다.[121] 이는 어음상의 권리가 아니고 어음외의 특약에 의한 민사채권으로 은행의 할인거래에 있어서 중요한 역할을 한다. 즉, 어음할인에 의하여 어음을 취득한 은행은 당해 어음에 의하여 할인의뢰인에게 상환청구권을 행사하기 위하여는 예외적으로 만기전상환청구 요건을 갖추어야 상환청구할 수 있지만, 은행의 할인거래는 할인의뢰인의 신용을 기초로 하고 있으므로 만기까지 기다리지 않고 부도 등의 일정한 사유(파산, 지급정지, 거래정지처분, 은행예금의 압류명령이나 통지발송, 소재불명 등)가 발생할 우려가 있는 경우 당연히 환매청구권이 발생하도록 하고 있다(은행거래약정서 규정). 이에 의하여 은행은 어음의 만기에 관계없이 할인금의 회수를 탄력성 있게 행할 수 있다.

은행이 환매청구권을 행사하는 방법은 환매청구권을 자동채권으로 하고, 예금채권을 수동채권으로 하는 상계형식이 많지만, 이 경우 은행예금을 압류한 제3채권자와 은행의 상계효력의 우선순위가 문제가 되는 경우가 많다. 할인의뢰인이 금융기관과 예금계약을 맺고 있는 상태에서 환매청구권이 발행하였다면 할인의뢰인의 예금반환청구권에 대하여 상계적상이 생겨 할인의뢰인의 채권자가 예금을 압류할 수 없다고 해석하기도 한다.[122]

환매청구권을 행사함에는 할인의뢰인의 환매의무와 금융기관의 어음교부의무는 동시이행의 관계에 있다. 그러나 실무에서는 은행이 할인의뢰인의 동시이행의 항변권을 배제하고 어음을 반환하지 않고도 유효하게 상계할 수 있도록 약정하는 것이 일반적인데, 이를 「상계필 어음유치 특약」이라 한다.[123]

---

121) 최준선, 235면
122) 정동윤(下), 178면
123) 최기원(下), 189면; 대판 1994. 11. 24, 94다30201

Ⅷ. 어음대부

1. 어음대부와 증서대부

어음대부란 대부시에 차주로부터 어음을 요구하여 대부하는 방식으로, 이 경우 어음은 대주를 수취인으로 하는 약속어음이 보통이고, 어음상에는 발행인인 차주의 기명날인 또는 서명밖에 없기 때문에 은행 실무상 「단명어음」이라 한다. 차용증서를 요구하는 증서대부와 비교하면 어음을 요구하는 편이 권리행사가 편리하며 또한 강력하므로(소지인의 권리추정, 추심의 간편성, 부도처분제재, 형사소송제도 등) 금융거래 등에서 일반적으로 널리 사용된다.

2. 어음대부의 방법

어음거래에서 어음대부를 행하는 경우는 사전에 차주로부터 은행거래약정서에 동의하도록 해 놓고, 이를 기본약관으로 하여 개개의 어음대부시에 차입신청서를 제출하게 하는데 다른 서면을 요구하지는 않는 편이다. 차주는 대부하는 은행을 수취인, 현실적으로 대부를 행하는 은행의 지점을 지급장소로 하는 어음을 발행하여 교부한다. 대부기간이 장기인 경우 어음의 만기는 60일 내지 90일로 하고 변제기에 이른 경우 어음개서를 하는 방법을 사용한다.

연습문제

1. 어음의 위조, 변조, 무권대리, 보충권의 남용의 이동을 설명하라(1964년 사법시험).

2. 어음관계와 원인관계를 설명하라(1965년 사법시험).

3. 갑이 을의 명의로 어음을 발행한 경우에 갑, 을의 법률상의 책임을 논하라(1969년 사법시험).

4. 갑은 을에게 50만원의 약속어음을 발행할 대리권을 부여하였던 바, 을은 60만원의 어음을 발행하여 병에게 교부하고 병은 그 금액을 70만원으로 고쳐서 정에게 배서양도하였다. 이 어음의 부도가 난 경우 정갑, 을, 병에 대하여 어떠한 청구를 할 수 있는가(1978년 사법시험)?

5. 어음위조의 책임관계를 설명하시오(1989년 사법시험).

6. 갑은 을에게 약속어음을 발행하였는데 병은 권한없이 을을 대리하여 정에게 동어음을 배서 양도한 경우 정의 갑, 을, 정에 대한 어음상의 권리는 어떠한가(1993년 사법시험).

7. 의류를 제조, 판매하는 갑은 사업자금으로 사용하기 위하여 을로부터 금전을 차용하면서 약속어음을 발행하여 주었다. 이 때 대여금 채권과 어음채권의 관계를 논하라(2001년 사법시험).

8. 甲은 乙로부터 컴퓨터 10대를 구입하면서 대금의 지급을 위하여 약속어음을 발행하여 주었고 丙은 그 어음의 보증을 하였다. 그 후 배송되어 온 컴퓨터를 확인한 甲은 자신이 주문한 사양과 전혀 다른 것을 확인하고 기망을 이유로 위 매매계약을 적법하게 취소하였다. 이 경우 乙은 丙에 대하여 어음금의 지급을 청구할 수 있는가(2004년 사법시험)?

9. 甲은 어음을 할인하여 주겠다는 乙의 거짓말에 속아 2004.10.23. 만기 2005. 1.23.인 약속어음을 발행하여 주었다. 乙은 위 어음의 만기를 2005. 4.23.로 변조한 후 2005.1.20. 이러한 사정을 모르는 丙에게 거절증서 작성을 면제하고 배서양도 하

였고, 丙은 2005.4.24. 甲에게 지급 제시하였다(2006년 사법시험).

(1) 甲은 丙의 청구에 대해서 인적 항변으로 대항할 수 있는가? (15점)

(2) 甲이 지급을 거절한 경우 丙은 乙에 대하여 상환청구할 수 있는가? (10점)

10. A는 미성년자 B에게 약속어음을 발행하고 B는 이를 C에게, C는 다시 D에게 각각 배서 양도하였다. B가 자기의 배서를 취소한 경우에 A, B, C, D간의 법률관계는 어떻게 되는가(1973년 사법시험)?

11. 어음법 제16조 제2항의 「악의 또는 중대한 과실」, 제17조 단서의 「채무자를 해할 것을 알고」 및 제40조 제3항 「악의 또는 중대한 과실」에는 어떠한 차이점이 있는가. 그러한 차이점이 생긴 이유를 들어 논하시오(2001년 일본 사법시험).

12. 어음행위독립의 원칙의 적용은 어음취득자의 선의, 악의에 의하여 영향을 받는가(1994년 일본 사법시험)?

13. 표현책임에 관한 규정에 의하여 보호되는 자는 직접 상대방에 한정된다는 견해를, 어음행위에 적용하는 것의 시시비비에 관하여 논하시오(1990년 일본 사법시험).

14. 갑은 2004년 2월 2일 을을 수취인, 어음금액 100만원, 지급일 2004년 3월 15일, 지급지 및 발행지를 서울특별시, 지급장소를 신림동 A은행으로 하는 약속어음을 발행하여 교부하였다. 을은 위 어음금액을 1,100만원으로 증액하여 동년 2월 20일 병에게 배서양도하고, 병은 동년 3월 16일에 위 어음금액을 지급제시하자, A은행은 갑의 자금으로 1,100만원을 지급하였다. 이 경우 갑, 을, 병과 A은행의 법률관계를 각각 논하여 보아라.

답안해설 (연습문제 14)

1. 문제의 소재 (5점)

갑이 발행한 약속어음을 을이 금액을 변조한 다음 배서양도하였다. 병은 지급기일에 변조된 금액으로 지급청구를 하고, 지급담당자인 A은행은 갑의 자금으로 지급한 것인데, 이 때 지급담당자인 A은행은 지급인의 조사의무를 다하였는지에 따라 책임의 유무가 가려진다. 한편 병은 을에게 변조된 문언대로 책임을 추궁할 수 있다. 또한 갑은 병에 대하여 부당이득의 반환을 청구할 수 있는지가 문제된다.

2. 변조자인 을의 책임 (16점)

(1) 논점의 정리 (2점)

갑이 발행한 약속어음을 을이 권한없이 어음금액을 증액하였으므로, 어음을 변조한 것이다. 또한 변조자인 을이 병에게 배서양도하였으므로 어음상의 책임을 부담하게 된다.

(2) 어음상의 책임 (4점)

변조자는 단순히 변조만을 하였을 뿐 어음행위를 하지 않은 경우에는 어음상의 책임을 지지 않는다. 그러나 변조와 함께 어음행위를 하면 그 변조된 문언에 따라서 책임을 진다(어음법 69조, 77조 1항 7호).

(3) 변조에 대한 입증책임의 문제 (8점)

변조에 대한 입증책임에 대하여 학설의 대립이 있다.

① 학설

• 인식가능성에 따른 구별설(다수설)

변조사실이 어음면상 분명하지 않은 경우에는 변조가 없는 것으로 추정하여야 하므로 기명날인자가 어음의 변조사실과 자신이 변조전에 어음상에 기명날인하였다는 사실을 입증하여야 하고, 변조사실이 어음면상 분명한 경우에는 어음소지인이 기명날인자의 기명날인이 변조후에 있었다는 것을 입증하여야 한다.

• 소지인입증설(소수설)

입증책임은 언제나 어음소지인에게 있다고 한다. 즉, 변조의 사실이 어음면상 명백한 경우에는 다수설과 같고 이것이 어음면상 명백하지 아니한 경우에는 채무자가 변조의 사실을 주장하면 이는 소송법상 채무부담의 부인에 해당하기 때문에 채무자가 부담할 채무의 입증책임은 어음소지인에게 있다고 한다.

② 판례

판례는 다수설의 입장과 같다.

③ 사견

변조가 아주 교모하여 외관상 전혀 알 수 없는 경우에는 이를 믿고 취득한 어음소지인을 보호할 필요성이 있다고 볼 때 다수설과 판례의 입장이 타당하다.

(4) 민법상의 책임 (1점)

변조자는 민사책임으로 변조로 인하여 손해가 발생하면 손해를 배상하여야 한다(민 750조).

(5) 형법상의 책임 (1점)

어음법상의 변조와 형법상의 변조의 개념이 항상 일치하는 것은 아니지만, 변조자는 형사상

유가증권변조죄의 책임을 진다고 본다.

(6) 사안의 해결

을은 어음금액을 변조하여 이를 병에게 배서양도하였다. 입증책임에 관한 문제가 있으나, 을은 변조된 금액인 1,100만원의 책임을 갑과 어음소지인 병에게 각각 부담한다.

3. A은행의 책임 (14점)

(1) 논점의 정리 (4점)

A은행은 지급담당자로서 지급인의 조사의무를 다하여야 한다. 지급인의 조사의무에는 만기전의 지급과 만기의 지급에 따라 달라진다. 즉, 만기전의 지급은 지급인 자기의 위험부담으로 지급하는 것으로 의제된다(어 40조 2항). 본 사안에서는 지급제시기간내에 지급되었으므로 만기의 지급에 해당한다.

(2) 지급인의 조사의무 (10점)

① 의의

어음법은 지급시 일반채무자의 주의의무보다 지급인의 조사의무를 완화하고 있다. 이것은 어음의 유통성에 따른 지급인의 위험부담경감과 어음채권의 추심을 용이하게 하기 위함이다.

어음법 제40조 3항에서는 어음의 형식적 요건에 조사사항을 한정하고 있고, 실질적 무권리에 관해서는 지급인에게 사기 또는 중대한 과실이 없는 한 면책된다는 뜻을 규정하고 있다. 그러나 이 규정은 은행의 면책약관에 의하여 지급인의 고의・과실이 없는 한 면책되는 경우가 일반적이다.

② 조사의 대상

• 어음의 기재사항

어음의 기재사항에 대한 조사는 당연한 조사사항이다. 백지어음은 보충되지 않는 한 지급제시가 불가능하고 지급인은 지급할 의무가 없다.

• 배서의 연속의 정부

어음의 수취인에서부터 소지인에게 이르기까지 배서가 연속되어 있는지를 조사하여야 한다. 배서가 불연속된 경우에 소지인이 실질적 권리를 입증하여 어음금지급을 청구할 수 있으나, 이 경우에는 지급인은 자기의 위험부담하에 지급하여야 한다.

• 기명날인 또는 서명

기명날인 또는 서명의 진부를 조사할 필요성이 없으나 유무는 조사하여야 한다는 것이 통설적 견해이다.

• 어음소지인의 인적동일성

어음법상 명문규정이 없으나, 최후의 피배서인과 어음소지인은 동일 인물임을 사회통념상

가능한 방법으로 조사할 의무가 조리상 있다고 보아야 한다.

- 실질적 권리의 조사

어음의 실질적 권리관계에 대한 조사의무는 없다. 다만 지급인에게 사기 또는 중대한 과실이 없어야 한다. 여기서 사기란 어음제시자가 무권리자임을 알고, 나아가 이 사실을 용이하게 입증할 방법이 있음에도 불구하고 지급함을 뜻하고, 중대한 과실이란 상대방이 무권리자라는 사실과 이를 증명할 용이한 입증방법이 있음을 중대한 과실로 알지 못한 경우를 뜻한다.

③ 변조된 어음과 위험부담

변조된 어음인 경우에 지급인이 통상의 육안의 조사를 통하여 판별할 수 없다면 과실이 없다 할 것이다. 그러나 지급인이 은행인 경우에 전자감별기 등 장비를 구비하고 있는 경우가 많은데, 이 장비가 있는데도 불구하고 이 장비를 이용하여 조사하지 않았다면 육안으로 판별이 불가능하다 하더라도 과실이 있다고 할 것이다. 그러나 은행의 면책약관에서는 은행원이 육안에 의하여 상당한 주의로써 조사하여 위조·변조를 판별하지 못하고 지급한 경우에는 발행인의 부담으로 한다는 조항을 두고 있다.

④ 사안의 해결

A은행은 어음법 제40조 제3항에 의하여 지급인으로서의 조사의무를 다하여야 한다. 이 어음은 백지어음으로 보이지는 않기 때문에 어음의 기재사항을 조사할 필요성은 없다. 또한 만기에 지급되었기 때문에 A은행이 병에게 지급할 당시에 수취인 을로부터 소지인 병으로의 배서를 확인하고, 을과 병의 기명날인 또는 서명의 유무를 조사하면 된다. 만약 A은행이 변조되었다는 것을 육안으로 또는 전자감별기로 쉽게 알 수 있었음에도 불구하고 지급하였다면 중과실에 의한 지급이 되어 지급인으로서의 책임을 면하지 못한다고 본다. 이 경우에는 갑은 A지급은행에 대하여 1,000만원의 반환청구를 할 수 있다.

4. 병의 책임 (10점)

(1) 논점의 정리 (2점)

병은 변조된 어음을 취득한 자이다. 따라서 병이 어떠한 권리와 의무를 부담하는지가 문제된다.

(2) 병의 권리 (4점)

병은 변조된 어음을 취득하였다 하더라도 변조전의 금액 즉 100만원에 관해서는 갑에 대하여 청구할 권리가 있다. 또한 변조하고 배서양도한 을에 대해서는 변조후의 금액에 따라 1,100만원의 담보책임을 물을 수 있다.

(3) 갑의 병에 대한 청구 (4점)

병은 을이 부담하여야 할 1,000만원을 변조에 대한 아무런 책임도 없는 갑의 계좌에서 지급받았으므로 그 금액만큼 부당이득을 본 것이다. 따라서 갑은 병에게 1,000만원의 부당이득을 청구할 수 있다.

5. 결어 (5점)

갑은 변조되기 전의 금액인 100만원의 책임을 부담하고, 을은 변조자로서의 책임을 부담한다. 또한 갑은 병에게 1,000만원의 부당이득의 반환을 청구할 수 있으며, 지급은행이 조사의무를 다하지 못하고 지급하였다면 갑은 A은행에 대하여 손해배상책임을 물을 수 있다.

제 4 장
어음법 각론

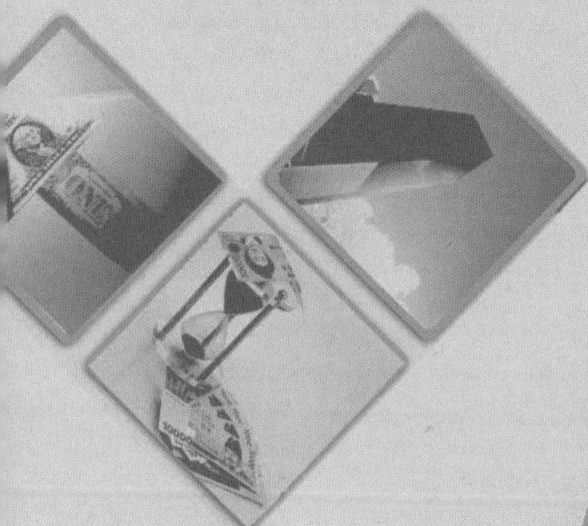

Ⅰ. 어음의 발행
Ⅱ. 백지어음
Ⅲ. 배서
Ⅳ. 어음의 항변
Ⅴ. 어음의 선의취득
Ⅵ. 어음보증
Ⅶ. 만기 이후의 법률관계
- 연습문제
- 해설

제4장 어음법 각론

I. 어음의 발행

환어음이나 약속어음 또는 수표는 요식증권이므로, 이를 발행하기 위해서는 반드시 필요적 기재사항을 적어야 한다. 이러한 어음이나 수표의 기재요건이 없는 어음이나 수표는 무효이다. 다만 법은 일정한 어음요건의 기재가 없는 경우라도 다른 기재 등에 의하여 보완하는 것을 인정하고 있다.

한편 실무에서 어음으로 유통되고 있는 것 중에는 어음요건의 일부를 적지 않은 채 발행되어, 어음요건이 모두 적혀져 있는 어음과 똑같이 유통되고 있는 것이 있다. 이와 같은 것은 어음으로서는 무효가 아니라고 생각할 수 있다. 그러나 이와 같은 어음이라도 그 어음요건의 가운데 흠결되어져 있는 부분이 장래 보완되는 것을 예정하고 있다면, 그 보완할 때까지의 유통단계에서는 어음요건이 모두 적혀 있는 어음과 동일하게 취급하는 것이 상관습으로 여겨진다. 이것을 백지어음이라고 한다. 하지만 백지어음으로 유통하고 있는 것이라도 어음법상의 수단으로서 유효하기 위해서는 모든 어음요건이 적혀 있어야 한다.

환어음의 최소한의 기재사항은, ① 환어음문구, ② 일정금액의 무조건 지급위탁, ③ 지급인의 명칭, ④ 만기, ⑤ 지급지, ⑥ 수취인, ⑦ 발행일, ⑧ 발행지, ⑨ 발행인(어 1조)이다. 약속어음은, 환어음의 요건 중에서 지급인을 기재할 필요가 없다(어 75조). 또한 수표의 경우에는, 만기와 수취인을 적을 필요가 없다(수 1조).

1. 어음발행의 의의

어음의 발행이란 어음으로서의 법정요건(어음요건)을 갖춘 증권을 작성하여, 수취인에게 교부함으로써 성립하는 어음행위이다. 발행에 의하여 창조된 어음을 기본어음(원형어음)이라고 하고, 발행행위는 다른 어음행위(부속적 어음행위)의 기초가 되므로 기본적 어음행위라고 한다.[1]

2. 기본어음의 작성

1) 어음의 작성방법

어음은 증권에 어음요건을 적고 발행인이 기명날인 또는 서명을 함으로써 작성된다. 어음증권의 재료나 적는 방법에는 아무런 제한이 없으므로, 법정요건을 갖춘 의사표시가 나타나기만 하면 된다. 어음요건의 하나라도 흠결하면 불완전어음으로서 무효가 된다.

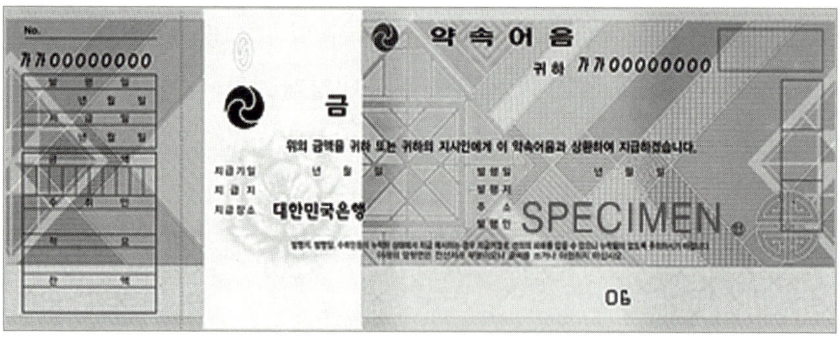

1) 정찬형(下), 196면

2) 어음의 필요적 기재사항

필요적 기재사항이란 기본어음으로서 반드시 적어야 할 사항이며(어 1조 각호), 보충규정사항(어 2조 2항, 3항, 4항)이 없는 한 그 사항 중 하나라도 빠뜨리게 되면 어음으로서의 효력이 발생하지 않는다(어 2조 1항 본문).

환어음의 어음요건은 모두 9가지이다. 어음문구, 지급위탁문구, 지급인, 만기, 지급지, 수취인, 발행일, 발행지, 발행인의 기명날인 또는 서명이 그것이다(어 1조).

약속어음의 기재사항은 환어음의 기재사항 중에서 지급인을 제외한 8가지이다(어 75조). 또한 환어음의 지급위탁문구는 약속어음에서는 지급약속문구가 된다.

수표의 기재사항은 환어음의 요건에서 만기와 수취인을 제외한 7가지이다(수 1조). 수표는 신용증권으로 사용할 수 없으므로, 만기는 일람출급성에 한정된다. 이에 만기를 적을 필요가 없고, 수취인은 소지인 출급식이므로(수 5조 1항 3호), 소지인도 반드시 기재할 필요성은 없는 것이다.

한편 전자약속어음의 경우 지급지와 발행인의 기명날인 또는 서명은 어음요건이 아니다. 이는 전자어음의 지급을 청구할 금융기관이 소재하는 지역이 지급지가 되며, 발행인이 전자어음에 공인전자서명을 하면 기명날인 또는 서명이 있는 것으로 보기 때문이다(전자어음법 6조 2항, 3항).

(1) 어음문구(어 1조 1호)

어음문구란 "증권의 본문 중에 그 증권의 작성에 사용하는 국어로 약속어음 또는 환어음임을 표시하는 문자"를 적는 것을 말한다. 증권의 본문이란 지급약속문구 또는 지급위탁문구를 말한다.

환어음임을 표시하는 문자란 「환 · 환증서 · 환어음증서」이든, 「bill of exchange」, 「letter de change」, 「gezogener Wechsel」등 무엇이든 상관없다.

약속어음의 경우에는 약속어음의 문자가 기재된다.

(2) 일정금액의 지급약속 또는 지급위탁(어 1조 2호)

어음금액은 일정하여야 하므로 선택적 기재(예컨대, 1만원 또는 2만원)나 부동적 기재(예컨대, 만기에 있어서의 환시세에 의한 미화 200불 상당의 한화액, 1만원 이상)는 무효이다. 일정한 금액이어야 하므로 물건의 급여를 기재할 수는 없으며, 금액인 한 표시되는 통화에는 제한이 없다(어 41조 참조). 환어음 금액을 글자와 숫자로 적은 경우에 그 금액에 차이가 있으면 글자로 적은 금액을 어음금액으로 한다(어 6조 1항). 환어음 금액을 글자 또는 숫자로 중복하여 적은 경우에 그 금액에 차이가 있으면 최소금액을 어음금액으로 한다(어 6조 2항). 따라서 글자와 글자 또는 숫자와 숫자로 중복적으로 적은 경우에는 최소금액을 어음금액으로 한다(어 6조 2항).

지급약속이나 지급위탁은 무조건이어야 하므로, 지급의 방법 · 시기 · 자금 등에 제한을 하면 무효가 된다.

(3) 지급인의 명칭(어 1조 3호)

지급인(支給人)의 명칭은 동일성을 인식할 수 있는 한 적는 방법에 제한이 없다. 지급인의 복수적 기재에 관하여는 대체로 중첩적 기재(예컨대, 甲과 乙)와 순차적 기재(예컨대, 제1지급인 甲, 제2지급인 乙)는 허용하나, 선택적 기재(예컨대, 甲 또는 乙)만은 지급인이 확정될 수 없어 인정하지 않는다.

어음관계의 당사자는 협동사무를 분장하고 있는 자이고(협동성), 또한 형식적 추상적 관념에 불과하므로, 당사자 자격의 겸병이 인정된다. 따라서 지급인 자격과 발행인 자격의 겸병(어 3조 2항, 자기앞 환어음)뿐만 아니라 지급인 자격과 수취인 자격의 겸병, 발행인과 수취인 자격의 겸병(어 3조 1항, 자기지시어음), 3자격의 겸병(단명어음)도 무방하다.

지급인은 환어음의 기재사항이고, 약속어음에는 기재사항이 아니다.

(4) 만기의 표시(어 1조 4호)

만기(滿期)란 어음금액이 지급되어야 할 날로 어음상에 기재된 일자를 말하며, 만기의 날(어 70조 1항), 또는 지급기일이라고도 한다. 만기는 지급을 할 날(어 38조 1항, 어 44조 3

항) 또는 지급의 날(어 41조 1항)과는 다르다. 만기가 휴일이면 만기 이후의 제1의 거래일이 지급을 할 날(어 72조 1항)이 된다.

만기는 확정일 또는 확정할 수 있는 날이어야 하므로, 어음법은 4종의 만기만을 허용한다. 즉, ① 확정일 출급(예컨대, 2015년 9월 1일, 2016년 한글날, 어 33조 1항 4호), ② 발행일자 후 정기출급(예컨대, 발행일자 후 3월, 어 33조 1항 3호), ③ 일람출급(예컨대, 청구시 지급하시압, 어 33조 1항 1호), ④ 일람 후 정기출급(예컨대, 일람 후 2월, 어 33조 1항 2호)의 어음만을 인정한다.[2)]

일람출급 어음은 제시된 때를 만기로 한다. 또한 이 어음은 발행일부터 1년 내에 지급을 받기 위한 제시를 하여야 한다. 발행인은 이 기간을 단축하거나 연장할 수 있고 배서인은 그 기간을 단축할 수 있다(어 34조 1항). 발행인은 일정한 기일 전에는 일람출급의 환어음의 지급을 받기 위한 제시를 금지한다는 내용을 적을 수 있다. 이 경우 제시기간은 그 기일부터 시작한다(어 34조 2항).

일람 후 정기출급의 어음 만기는 인수한 날짜 또는 거절증서의 날짜에 따라 정한다(어 35조). 인수일이 적혀 있지 아니하고 거절증서도 작성되지 아니한 경우에 인수인에 대한 관계에서는 인수제시기간의 말일에 인수한 것으로 본다(어 35조 2항).

발행일자 후 또는 일람 후 1개월 또는 수개월이 될 때 지급할 어음은 지급할 달의 대응일을 만기로 한다. 대응일이 없는 경우에는 그 달의 말일을 만기로 한다(어 36조 1항). 발행일자 후 또는 일람 후 1개월 반 또는 수개월 반이 될 때 지급할 어음은 먼저 전월(全月)을 계산한다(어 36조 2항). 월초, 월중 또는 월말로 만기를 표시한 경우에는 그 달의 1일, 15일 또는 말일을 말한다(어 36조 3항). 「8일」 또는 「15일」이란 1주 또는 2주가 아닌 만 8일 또는 만 15일을 말한다(어 36조 4항).

만기가 기재되지 않았거나, 만기의 기재가 없는 것과 동일시되는 경우에는 일람출급 어음으로 본다는 보충규정(어 2조 2항)이 있다.

발행일보다 앞선 만기를 적은 확정일출급 약속어음의 효력에 관하여 무효설이 통설과

---

2) 최준선, 247면

판례이다.[3] 그 근거는 발행인이 발행일보다 앞선 과거의 일자에 지급약속을 한다는 것은 의사표시 그 자체에서 모순이고, 어음법 제38조 제1항에 따르면 지급제시가 불가능할 뿐만 아니라 지급거절증서도 작성할 수 없기 때문이라고 한다.[4] 이에 반하여 발행일보다 앞선 만기를 기재한 어음은 이를 무효로 볼 것이 아니라 일람출급의 어음으로 보는 것이 합리적이라는 견해가 있다.[5] 이 견해는 만기의 기재가 없는 것으로 보자고 한다.

■ 대판 2000. 4. 25, 98다59682

어음의 요식증권 내지 문언증권으로서의 성질상 어음요건의 성립 여부는 어음상의 기재만에 의하여 판단하여야 하고, 어음요건의 기재가 그 자체로 불가능한 것이거나 각 어음요건이 서로 명백히 모순되어 함께 존립할 수 없게 되는 경우에는 그와 같은 어음은 무효라고 봄이 상당하고, 한편 약속어음의 발행일은 어음요건의 하나로서 그 기재가 없는 상태에서는 어음상의 권리가 적법하게 성립할 수 없는 것이므로, 확정된 날을 만기로 하는 확정일출급 약속어음의 경우에 있어서 만기의 일자가 발행일보다 앞선 일자로 기재되어 있다면 그 약속어음은 어음요건의 기재가 서로 모순되는 것으로서 무효라고 해석하여야 한다.

생각건대, 형식논리적으로 본다면 발행일보다 앞선 만기의 기재어음은 무효라고 볼 것이나, 어음행위당사자의 실질적 의사를 고려한다든가 어음유통성을 보호한다든가의 견지에서 보면 유효설이 타당하다고 생각된다.

만기에 따라 이자문구의 효력이 달라진다. 확정일출급과 발행일자 후 정기출급의 경우에는 이자문구가 무익적 기재사항이 된다. 왜냐하면 이런 만기는 발행당시 만기까지의 일수를 확정적으로 알 수 있어 그 이자율만큼은 이미 어음금액에 반영되어 발행된다고 보기 때문이다. 하지만 일람출급과 일람 후 정기출급의 만기는 일단 일람이 있어야 하고, 그 일람의 시기는 알 수 없으므로 만기에 이자문구를 붙일 수 있으며, 따라서 이는

3) 유영일, "발행일보다 앞선만기를 기재한 확정일출급 약속어음의 효력", 「고시연구」, 2001. 2. 81면; 대판 2000. 4. 25, 98다59682

4) 최준선, 247면

5) 이철송, 237면

유익적 기재사항이 된다.

발행지와 세력을 달리하는 지에서 확정일에 지급할 환어음의 만기일은 지급지의 세력에 따라 정한 것으로 본다(어 37조 1항). 세력을 달리하는 두 지간에 발행한 발행일자 후 정기출급 환어음은 발행일을 지급지 세력의 대응일로 환산하고 이에 따라 만기를 정한다(어 37조 2항).

(5) 지급지(어 1조 5호)

지급지(支給地)란 어음금액이 지급될 일정한 지역을 말하며, 지급이 행하여질 지점인 지급장소(어 4조, 어 27조 2항)와는 구별된다.

지급지의 표시는 최소독립행정구역을 기재하는 것이 보통이겠으나, 사회적으로 통용되는 지역명이라도 상관없다. 지급지의 기재는 단일적 · 확정적이어야 하므로, 선택적 또는 중첩적 기재는 무효이다.

지급지의 흠결에 관하여도 보충규정이 있어서, 지급인의 명칭에 부기한 지가 지급지이며, 지급인의 주소지로 본다(어 2조 3항).

■ 대판 2001. 11. 30, 2000다7387

어음면상 지급지에 관한 특별한 표시가 없다 할지라도 거기에 지급장소의 기재가 있고 그것이 지(지)의 표시를 포함하고 있어 그로부터 지급지에 해당하는 일정 지역이 추지될 수 있는 경우에는 지급지의 기재가 이에 의하여 보충되는 것으로 볼 수 있다.

지급지와 발행지가 같은 어음을 동지어음, 다른 어음을 타지어음이라 하고, 지급지가 지급인의 주소지와 같은 어음을 동지출급어음, 다른 어음을 타지출급어음이라고 한다.

(6) 수취인의 명칭(어 1조 6호)

수취인(受取人)이란 지급을 받을 자 또는 지급을 받을 자를 지시할 자를 말한다.[6] 수취인의 명칭도 동일성을 인식할 수 있는 한 기재방법에 제한이 없으나, 반드시 적어야 하므로 수취인의 기재가 없는 무기명식(소지인출 급식)어음이나 선택무기명식어음은 인정되지 않는다(수 5조 1항 3호, 3항 참조). 수취인의 복수적 기재는 지급인의 경우와 달라서 중첩적이든 선택적이든 허용된다.

한편 판례는 수취인의 기재가 없는 어음을 백지어음으로 추정한다고 판시하고 있다.[7)]

(7) 발행일(어 1조 7호)

발행일(發行日)이란 어음이 발행된 날로서, 어음에 적혀 있는 일자를 말한다. 발행일은 실제로 발행한 날과 반드시 일치하여야 하는 것은 아니고, 선일자 또는 후일자의 기재라도 유효하다. 발행일은 단일 확정적이어야 한다.

(8) 발행지(어 1조 7호)

발행지(發行地)란 어음이 발행된 곳으로서 어음에 기재된 지역을 말하며, 실제로 발행된 지를 의미하는 것은 아니다. 발행지는 발행행위의 준거법을 정하는 기초가 될 뿐이므로(국사 36조 1항, 2항), 지급지의 경우와 같이 최소독립행정구역을 기재하지 않아도 상관없다. 따라서 준거법의 단일적 추정을 해치는 결과가 되지 않는 한, 그 발행지의 표시방법에도 제한이 없다.

발행지에 관하여도 보충규정이 있어서, 발행인의 명칭에 부기한 지를 발행지로 본다(어 2조 4항).

과거 대법원 판례는 발행지의 기재가 흠결된 어음을 무효라고 판시한 바 있다.[8)] 현재 대법원 판례는 종전의 입장을 변경하고 국내어음에 한하여 설령 발행지가 기재되어 있지 않음 어음이라도 유효하다고 보고 있다.[9)] 그 이유는, ① 국내어음에 있어서 발행지의 실질적 의의가 크지 않고, ② 어음교환소나 은행 등의 결제과정에서 발행지의 기재

6) 헌법재판소는 수취인과 발행일을 어음의 필요적 기재사항으로 규정한 것이 헌법 제23조 제1항이 보장하는 재산권을 침해하는 것은 아니라고 하고 있다(헌재결 2000. 2. 24, 97헌바 41).

7) 대판 1966. 10. 11, 66다1646

8) 대판 1981.12.8, 80다863

9) 대판 1998.4.23, 95다36466

가 없다는 이유로 지급 거절되지 않으며, ③ 발행지의 기재가 없다는 이유로 어음을 무효로 한다면 간악한 발행인이나 배서인 등의 어음채무자가 고의로 발행지의 기재를 누락하고 이를 악용하여 어음채무이행의 거절을 할 우려가 있기 때문이다.

■ 대판 1998. 4. 23. 95다36466

「...어음의 발행지란 실제로 발행행위를 한 장소가 아니라 어음상의 효과를 발생시킬 것을 의욕하는 장소를 말하는 것으로서, 어음의 발행지에 관련된 어음법 제37조, 제77조 제1항 제2호, 제41조 제4항, 제77조 제1항 제3호, 제76조 제3항 등과 섭외사법의 관련규정들을 살펴보면 어음에 있어서의 발행지의 기재는 발행지와 지급지가 국토를 달리하거나 세력을 달리하는 어음 기타 국제어음에 있어서는 어음행위의 중요한 해석기준이 되는 것이지만, 국내에서 발행되고 지급되는 이른바 국내어음에 있어서는 별다른 의미를 가지지 못한다고 할 것이다.

그리고 국내어음이란 국내에서 발행되고 지급되는 어음을 말하는 것이므로 국내어음인지 여부는 어음면상의 발행지와 지급지가 국내인지 여부에 따라 결정될 것이지만 어음면상에 발행지의 기재가 없다고 하더라도 그 어음면에 기재된 지급지와 지급장소, 발행인과 수취인, 지급할 어음금액을 표시하는 화폐, 어음문구를 표기한 문자, 어음교환소의 명칭 등에 의하여 그 어음이 국내에서 어음상의 효과를 발생시키기 위하여 발행된 것으로 여겨지는 경우에는 발행지를 백지로 발행한 것인지 여부에 불구하고 국내어음으로 추단할 수 있다고 할 것이다.

한편 일반의 어음거래에 있어서 발행지가 기재되지 아니한 국내어음도 어음요건을 갖춘 완전한 어음과 마찬가지로 당사자간에 발행·양도 등의 유통이 널리 이루어지고 있으며, 어음교환소와 은행등을 통한 결제과정에서도 발행지의 기재가 없다는 이유로 지급거절됨이 없이 발행지가 기재된 어음과 마찬가지로 취급되고 있음은 관행에 이른 정도이고, 나아가 이러한 점에 비추어 보아 발행지의 기재가 없는 어음의 유통에 관여한 당사자들은 완전한 어음에 의한 것과 같은 유효한 어음행위를 하려고 하였던 것으로 봄이 상당하다 할 것이다.

그렇다면 어음면의 기재 자체로 보아 국내어음으로 인정되는 경우에 있어서는 발행지의 기재는 별다른 의미가 없는 것이고, 발행지의 기재가 없는 어음도 완전한 어음과 마찬가지로 유통·결재되고 있는 거래의 실정 등에 비추어, 그 어음면상 발행지의 기재가 없는 경우라고 할지라도 이를 무효의 어음으로 볼 수는 없다고 할 것이다...」

그러나 국제어음의 경우 발행지의 기재가 없는 어음은 무효이다. 국제어음의 발행지는, 발행지의 세력(歲曆)과 지급지의 세력이 다른 경우에 만기 및 지급제시기간의 결정(어 37조, 77조), ② 어음금액의 발행국과 지급국의 동명이가(同名異價)의 통화로 기재되어 있는 경우에 그 지급통화의 추정(어 41조), ③ 어음행위의 방식의 준거법의 결정(국제사법 53조), ④ 환어음소지인의 그 환어음 발행의 원인채권취득의 준거법의 결정(국제사법 55조) 등에 있어서 중요하기 때문이다.[10)]

(9) 발행인의 기명날인 또는 서명(어 1조 8호)

발행인이란 「발행」이라는 어음행위를 하는 자이다. 발행인의 기명날인 또는 서명은 보충지 또는 등본에는 할 수 없고, 어음 자체에 하여야 한다.

3) 필요적 기재사항의 흠결과 보충규정

필요적 기재사항의 흠결이 있으면 무효이다. 그러나 만기, 지급지, 발행지가 없는 경우에는 법으로 그 기재를 의제하여 유효한 어음으로 보고 있다. 즉, 만기의 기재가 없는 때에는 일람출급의 어음이 된다(어 2조 2항). 지급지의 기재가 없는 때에는 지급인의 명칭에 부기한 地가 지급지 및 주소지로 본다(어 2조 3항). 발행지의 기재가 없는 환어음은 발행인의 명칭에 부기한 地에서 발행한 것으로 본다(어 2조 3항).

3. 유익적 기재사항

1) 의의

유익적 기재사항이란 필요적 기재사항은 아니나, 어음에 적으면 어음상의 효력이 발생하는 사항을 말한다.

2) 제3자방지급문구(어 4조, 어 27조)

제3자방지급문구(第三者方支給文句)란 제3자의 주소에서(지급장소) 또는 제3자(지급담당자)가 지급한다는 뜻을 적어 놓은 것을 말하며, 제3자방지급문구가 있는 어음을 타소

10) 강위두 · 임재호, 620면

출급어음 또는 제3자방출급어음이라고 한다.

제3자방지급문구는 발행인 또는 지급인이 적을 수 있다. 그 기재의 실익은 지급인의 거래은행을 지급담당자로 하여 지급사무의 편의를 도모하고, 지급장소를 발행인 또는 발행인의 거래은행으로 함으로써 추심채무인 어음채무를 지참채무로 하고 부도의 경우에 상환을 쉽게 할 수 있으며, 지급인이 벽지에 있는 경우에 추심의 편의를 도모할 수 있다는 데 있다.

제3자방출급어음의 인수 제시는 반드시 지급인에게 하여야 하나, 그 지급제시 및 지급거절증서의 작성은 반드시 제3자방에게 하여야 한다.

오늘날 어음은 거의가 은행을 지급장소로 하는 제3자방지급어음으로 발행하고 있다.[11)]

3) 이자문구(어 5조)

일람출급 또는 일람 후 정기출급 어음에만 이자약정의 기재를 할 수 있는데(어 5조 1항), 이때는 반드시 이율을 기재하여야 한다(어 5조 2항). 이자계산을 위한 특정한 날짜가 적혀 있지 않은 경우에는 발행일로부터 계산하며, 만기일이 되면 약정이자는 그 때까지 계산되고, 대신에 법정이자(어 48조 1항, 2호)가 이에 갈음하여 진행하게 된다. 만기일 이후의 이자는 연 6%의 법정이자이고(어 48조 1항 2호), 이때 어음상 약정이율이 적용되지는 않는다.

4) 기타 기재사항

유익적 기재사항에는 다음과 같은 것이 있다. 즉, ① 지급인의 명칭에 부기한 地(어 2조 3항), ② 발행인의 명칭에 부기한 地(어 2조 4항), ③ 인수무담보문구(어 9조 2항), ④ 배서금지문구(어 11조 2항), ⑤ 인수제시의 명령문구(어 22 조 1항), ⑥ 인수제시금지문구(어 22조 2항, 3항), ⑦ 일람 후 정기출급 어음의 인수를 위한 제시기간의 단축 또는 연장의 문구(어 23조 2항), ⑧ 일람출급어음의 지급제시기간의 단축 또는 연장의 문구(어 34조 1항), ⑨ 일정

11) 최준선, 263면

기일 전의 지급제시금지문구(어 34조 2항), ⑩ 준거할 세력지정문구(어 37조 4항), ⑧ 외국통화 환산율 지정문구(어 41조 2항), ⑨ 외국통화 현실 지급문구(어 41조 3항), ⑩ 거절증서작성면제(무비용상환)문구(어 46조), ⑪ 역어음 발행 금지 문구(어 52조 1항), ⑫ 예비지급인의 기재(어 55조 1항), 복본의 번호(어 64조 2항), 복본 불발행 문구(어 64조 3항) 등이다.

한편 수표법에 기재되어 있는 유익적 기재사항은 수취인의 기재(수 5조), 횡선수표(수 3조)가 있다.

어음법 및 수표법에 규정되어 있지 않은 사항이라도 유익적 기재사항으로 인정될 수 있다.[12)]

4. 무익적 기재사항

무익적 기재사항이란 어음에 적든 적지 아니하든 어음의 효력에 영향을 미치지 아니하는 사항을 말한다. 어음법상 규정이 있는 사항으로는, ① 일람출급(어 5조 2항 2문) 또는 일람 후 정기출급 어음에 있어서 이율의 기재가 없는 이자의 약정(어 5조 2항 2문)과 그 외의 환어음에 있어서의 이자의 약정(어 5조 1항 2문), ② 발행인의 지급무담보문구(어 9조 2항 2문), ③ 지시문구(어 11조 1항), ④ 파훼문구(어 65조 1항), ⑤ 위탁어음문구(어 3조 3항)가 있다.

어음법상 규정이 없는 사항으로는, ① 대가문구(예컨대, 대가현금수령이란 기재), ② 자금문구(예컨대, 「본인의 계산으로 지급하여 주시압」이라는 기재), ③ 통지문구(예컨대, 「본인의 통지에 따라 또는 본인의 통지가 없더라도 지급한다」는 뜻의 기재), ④ 지시문구(예컨대, 「지시가 있을 때 지급하라」는 뜻의 기재), ⑤ 상환문구(예컨대, 「어음과 상환으로 지급하시압」의 기재), ⑥ 번호, ⑦ 위약금문구 등을 들 수 있다.

---

12) 최준선, 266면

5. 유해적 기재사항

유해적 기재사항은 어음에 적으면 어음 자체가 무효가 되는 사항이다.

어음법상 규정이 있는 사항으로는, ① 법정만기(어 33조 1항)와 다른 만기의 기재(어 33조 2항), ② 분할 출급 문구(어 33조 2항)가 있다. 그러나 국제거래에서 활용되는 국제환어음의 경우에는 분할 출급이 인정되는 경우가 있고, 우리의 경우 전자약속어음에서 인정하기도 한다.

어음법상 규정이 없는 사항으로는, ① 어음상의 효력을 원인관계와 관련시키는 문구(예컨대, 매매대금으로 지급하시압), ② 조건부지급위탁의 문구(예컨대, 화물이 도착한 때에 지급하시압), ③ 반대급여문구(예컨대, 백미 100가마와 교환하여 지급하시압), ④ 지급방법한정문구(예컨대, 甲은행 발행의 자기앞수표로 지급하시압) 등이 있다.

6. 제3자방출급문구

1) 개설

(1) 의의

환어음의 지급인 또는 약속어음의 발행인이 아닌 제3자의 주소에서 어음금이 지급될 것으로 적혀져 있는 어음을 말한다(어 4조, 77조 2항). 제3자방이란 지급사무를 대행해 줄 사람인 지급담당자를 의미하기도 하고 지급이 이루어질 구체적인 지점인 지급장소를 뜻하기도 한다.

(2) 효용

환어음, 수표의 지급은 지급인이 그 주소나 영업소에서, 약속어음의 지급은 발행인이 그 주소나 영업소에서 지급하는 것이 원칙이고 어음・수표법도 이러한 전제하에 지급지만을 어음요건으로 하였다. 그러나 지급인이 어음결제를 전담하고 사람 또는 장소를 정해두면 지급사무가 편리해지고 제3자방이 금융기관인 경우 소지인의 추심도 편리하다. 실제 기업거래에서 발행하는 어음은 예외 없이 은행과의 약정 하에 은행을 제3자방으로 기재하고 있는데, 실무에서는 이를 「은행도어음」이라 한다.

2) 제3자방지급어음의 요건

제3자방지급문언의 기재는 약속어음은 발행인, 환어음은 발행인 또는 지급인이 발행이나 인수의 완료시점 이전에 하여야 한다. 이러한 제3자방은 소지인과 지급인 또는 발행인의 이익을 위한 것이므로 당사자 간 합의가 있으면 변경할 수 있다.

제3자방의 자격은 지급인 이외의 자로서 일반적으로는 은행이 된다.

3) 기재의 효력

(1) 지급제시대상 또는 장소

제3자방을 기재하면 어음소지인은 지급제시기간 내에서는 어음에 기재된 지급담당자 또는 지급장소에서 지급제시를 하여야 한다. 따라서 어음소지인이 제3자방에서 지급제시를 하지 아니하고 발행인이나 지급인에게 지급제시를 하더라도 적법한 제시로 보지 아니한다. 제3자방에서 지급을 거절하면 지급거절로 상환절차가 진행된다.

(2) 지급제시기간경과 후의 효력

지급제시기간이 경과한 후에도 제3자방에서 지급을 청구해야 하고, 발행인이나 지급인은 제3자방에서 채무를 이행하여야 하는지 문제된다. 제3자방은 정상적인 어음거래의 결제를 위해 지정된 채무이행의 대행자에 불과하다 할 것이므로 지급제시기간 경과 후에는 어음소지인은 발행인이나 지급인의 주소에서 제시해야 한다.[13]

---

13) 이철송, 237면; 최준선, 265면; 정동윤, 300면; 채이식(下), 51면; 정찬형, 402면

Ⅱ. 백지어음

1. 의의

어음은 엄격한 요식증권성이고, 어음요건으로서 법정된 사항의 기재를 흠결한 증권은 특별한 규정에 의하여 구제되는 경우 외에는 어음으로서의 효력을 갖지 못한다. 그런데 원인관계상의 채무액이나 변제기가 불명한 경우 등에서는 상관습상 어음행위자로 되려는 자가 후일 그 취득자에게 어음요건의 전부 또는 일부를 보충시킬 의사로 어음요건의 전부 또는 일부를 기재하지 않은 채로 기명날인 또는 서명하고 교부하는 경우가 있다. 이 경우의 증권을 백지어음이라고 한다.

이론적으로 백지어음은 미완성 어음이지만[14] 어음요건은 반드시 동일인이 기재하여야 하는 것은 아니고, 어음요건은 권리행사시에 구비되어 있으면 족하며 백지어음의 유통을 당연히 부정하여야 할 이유도 없다. 전자어음은 백지어음으로 발행하는 것이 허용되지 않는다(전자어음법 6조 6항).

2. 불완전어음과의 구별

어음요건이 흠결된 불완전 어음은 무효라는 점에서 보충권 행사에 의하여 완성이 예정되어 있는 백지어음과 차이가 있다. 그러나 외형적으로는 백지어음이나 불완전 어음이나 요건흠결의 어음이란 점에서는 동일하다. 더욱이 실제 거래의 필요성 때문에 백지어음의 유통을 인정하는 것이 상관습법으로 확립되어 있는 이상, 동일한 어음요건흠결이라고 하더라도 그것에는 어음법적 유통을 인정할 수 있는 증권과 그렇지 않은 증권이

---

14) 정동윤, 394면

존재한다는 것을 인정하지 않을 수 없다. 그래서 백지어음과 불완전 어음과의 구별 기준이 논란이 된다. 이에 관해서는 백지어음의 요건 중(백지어음의 판단기준)에서 설명한다.

3. 법적 성질

미완성어음인 백지어음은 어음이 아니다(통설). 따라서 백지어음인 상태에서는 인수제시 또는 지급제시나 상환청구와 같은 어음상의 권리를 행사할 수는 없다. 그러나 백지어음은 보충권을 행사하면 어음금을 지급 청구할 수 있으므로 경제적으로는 완성어음과 같은 가치를 가지고 있다. 따라서 유통에 관하여 완성어음에 관한 규정이 적용되고 백지어음인 채로 선의취득도 가능하다.

4. 준백지어음

어음요건이외의 유익적 기재사항을 추가 기재할 수 있는 권한을 수취인에게 부여한 채 어음을 발행한 경우를 백지어음에 준한다고 해서 준백지어음이라 말한다.

5. 백지어음의 요건

1) 기명날인 또는 서명의 존재

백지어음이 되려면 최소한 1인의 기명날인 또는 서명은 있어야 한다.[15] 그 기명날인자가 발행인이 아니고 인수인(白地引受)이나 배서인(백지 배서) 혹은 보증인(백지 보증) 등 누구의 기명날인이라도 무방하다고 보는 것이 통설임에 비하여,[16] 그 기명날인자가 발

15) 날인만 되어 있고 기명이 없는 백지어음도 인정된다는 것이 판례의 입장이다(대판 1969. 7. 8, 69다666).

16) 정동윤, 400면

행인 일 것을 요구하는 견해도 있다. 그 근거로 발행인의 기명날인이 있기 전까지는 보충권의 수여가 있을 수 없기 때문이라 한다.

2) 어음요건의 부기재

기명날인 또는 서명을 제외한 어음요건의 전부 또는 일부가 흠결되어 있으면 백지어음이라는 것이 통설이다. 이에 대하여 최소한 어음 또는 수표의 종류만이라도 특정할 수 있는 범위 내에서 발행되어야 한다는 견해도 있다.

어음요건은 모두 기재되어져야 하지만, 어음법은 어음거래의 안전을 보호하고 어음의 유통성을 증진하기 위하여 부지나 과실 등으로 일부 어음요건의 흠결이 있을 경우라도 유효한 어음으로 취급해 주는 규정이 있다. 이를 보충규정 또는 구제규정이라 한다(어 2조 2항, 3항, 4항). 즉, 만기의 기재가 없는 어음은 일람출급어음으로 본다는 것이 그 예이다(어 2조 2항).

그러면 만기가 백지인 경우에 어떻게 보아야 할 것인가. 어음법 제2조 제2항에 의하여 일람출급어음으로 보아야 하므로 만기가 백지인 백지어음을 인정하지 아니한다는 학설도 있으나, 어음법 제2조 제2항은 만기의 기재가 없는 경우에 이를 구제하는 규정이고, 고의로 만기를 기재하지 않은 백지어음과는 구별하여야 하여야 하기 때문에, 만기가 백지어음도 인정된다.[17] 판례도 만기의 기재가 없는 어음은 일단 백지어음으로 추정된다고 판시하고 있다.[18]

3) 백지보충권의 존재

기명날인 또는 서명한 자가 소지인으로 하여금 백지를 보충할 의사, 보충권수여의 의사가 있어야 한다. 그렇지 않으면 무효인 어음이 된다. 여기서 보충권의 존재여부를 결정하는 표준에 대하여 다음과 같은 견해의 대립이 있다.

---

17) 최준선, 270면
18) 대판 1976. 3. 9, 75다984

(1) 백지어음의 판단기준

① 학설

㉮ 주관설

주관설은 후일에 타인으로 하여금 보충시킬 의사로써 발행한 것, 요컨대 기명날인 또는 서명한 자의 의사를 기준으로 보충권의 존재를 판단한다는 견해이다.[19] 그러나 주관설을 취하면 어음소지인 측에서 보충권의 존재를 증명하여야 하는데, 이 경우에 어음거래의 안전을 해할 염려가 있다는 비판을 받는다.

㉯ 객관설

객관설은 어음의 외관상 보충이 예정되어 있는지를 기준으로 한다는 견해이다. 즉, 어음의 외관상 보충이 예정되어 있는 것으로 인정되는 경우에는 기명날인 또는 서명을 한 자가 보충권을 수여할 의사가 실제 있었느냐에 관계없이 이를 백지어음으로 본다. 이에 대해 기명날인 또는 서명자의 의사에 반한다는 비판이 있다.

㉰ 절충설

절충설은 다시, ① 주관설에 어느 정도 객관설을 가미한 견해(백지어음이 되기 위하여는 기명날인 또는 서명을 한 자가 후일 소지인으로 하여금 흠결된 요건을 보충시키게 할 의사가 필요하지만, 다만 서면의 외형상 흠결된 요건을 장래에 보충시킬 것이 예기된다고 인정되는 경우에는 기명날인 또는 서명을 한 자의 명백한 반증이 없는 한 당연히 보충권을 수여한 것으로 인정한다), ② 주관설에 권리외관설을 결합한 견해(원칙적으로 주관설의 입장을 취하되 백지어음의 외관을 가진 어음에 기명날인 또는 서명을 하여 교부한 어음행위자는 선의의 취득자에 대하여 불완전 어음이라는 항변을 제출할 수 없다), ③ 백지어음 추정설(기명날인 또는 서명을 한 자가 어음요건의 일부를 기재하지 아니한 어음을 상대방에게 교부한 때에는 특별한 사정이 없는 한 후일 그 소지인으로 하여금 백지부분을 보충시킬 의사로써 교부한 것으로 추정하고 기명날인 또는 서명을 한 자가 보충권을 수여할 의사가 없었다는 점을 증명하면 면책이 된다고 본다)로 나뉜다.

---

19) 최준선, 273면

② 판례

판례는 백지어음 추정설을 취한 것도 있지만,[20] 주관설을 취하고 있다고 해석하는 견해가 다수설이다.[21]

■ 대판 2001.4.24, 2001다6718

백지약속어음의 경우 발행인이 수취인 또는 그 소지인으로 하여금 백지부분을 보충케 하려는 보충권을 줄 의사로서 발행하였는지의 여부에 관하여는 발행인에게 보충권을 줄 의사로 발행한 것이 아니라는 점, 즉 백지어음이 아니고 불완전어음으로서 무효라는 점에 관한 입증책임이 있다고 할 것이다(대법원 1984. 5. 22. 선고 83다카1585 판결 참조).
원심판결 이유에 의하면, 원심은 이 사건 약속어음을 발행할 당시 '피고들은 장차 어음금 상당액을 벌어서 이를 지급하기로 하고 그 발행일과 지급기일을 기재하지 않았던 것이므로 이 사건 약속어음의 지급기일은 아직 도래하지 아니하였다'는 피고들의 주장을 인정할 증거가 없다 하여 이를 배척하고, 피고들이 원고에게 액면금을 제외한 나머지 기재사항을 백지로 하여 이 사건 약속어음을 발행 교부한 이상 원고에게 그 백지부분의 보충에 관한 권한도 수여하였다고 봄이 상당하다고 판단하였는바, 기록에 비추어 살펴보면 원심의 위와 같은 판단은 수긍할 수 있고, 거기에 채증법칙을 위배하거나 약속어음의 지급기일 또는 보충권의 수여에 관한 법리를 오해한 위법이 있다 할 수 없다.

③ 검토

원칙적으로 주관설에 의하되, 서면의 외형상 흠결부분의 보충이 예정되어 있는 것으로 인식되는 경우에는 보충권이 존재한다고 보는 견해가 타당하다.

(2) 미완성어음의 유통

백지어음의 작성자가 수취인에게 발행하여 교부하여야 한다. 그러나 어음거래의 안전을 위하여 교부의사가 흠결된 경우에도 선의취득자에 대하여는 권리외관이론에 따라 백지어음의 작성자가 책임을 부담하는 경우도 있다.[22]

---

20) 대판 1984. 5. 22, 83다카1585
21) 이철송, 247면; 대판 2001.4.24, 2001다6718
22) 김문재, 261면

6. 백지어음의 효력

1) 지급제시의 효력발생여부

백지어음은 그 자체로서는 미완성어음이므로, 백지보충 전에는 어음상의 청구를 할 수 없다. 따라서 백지어음으로 지급제시를 하여도 이행지체가 되지 않고, 상환청구권 보전도 되지 않는다. 백지어음에 의하여 소를 제기하여도 백지어음을 보충하지 않으면 승소할 수는 없으나, 소송 중이라도 변론종결 시까지는 유효하게 보충할 수 있고, 이를 보충하면 그 때부터 이행지체에 빠지고 지연이자가 발생한다. 판례는 백지어음의 행위는 백지부분이 후일 보충될 것을 정지조건으로 성립하고 보충기재에 의하여 조건이 성취되었을 때에 어음행위로서 완전한 효력이 발생하는 것이지 백지보충의 효력이 조건성취 전으로 소급한다고 볼 수 없다는 입장이다.[23]

2) 시효중단

백지를 보충하지 아니한 상태에서 지급제시를 하는 경우(소를 제기하더라도), 시효중단의 효력이 없다고 보는 견해,[24] 시효중단을 긍정하는 견해(다수설)로 나뉜다.[25] 판례는 종래 재판을 통하여 어음금 청구를 하는 경우에는 시효중단의 효력을 인정하면서, 백지어음 상태에서의 재판이 아닌 방법으로 어음금 청구를 하거나 어음채무자의 채무승인은 시효중단의 효력이 없다고 하였으나,[26] 최근 이를 변경하고 재판외 청구나 채무승인의 경우에도 시효중단의 효력을 인정하고 있다.

---

23) 대판 1971.8. 31, 68다1176
24) 최기원, 359면
25) 정찬형, 232면; 정동윤, 403면
26) 대판 1962. 12. 20, 62다680

■ **대판 2010. 5. 20, 2009다48312**

1. 백지 약속어음(이하 '백지어음'이라고 한다)은 백지에 대한 보충권과 백지보충을 조건으로 한 어음상의 청구권을 표창하는 유가증권으로서(대법원 1998. 9. 4. 선고 97다57573 판결 등 참조), 후일 어음요건이 보충되어야 비로소 완전한 어음이 되고 그 보충이 있기까지는 미완성어음에 지나지 아니한다. 그렇지만 어음법 제77조 제1항 제8호, 제70조 제1항, 제78조 제1항은 약속어음의 발행인에 대한 어음상의 청구권은 만기의 날로부터 3년간 행사하지 아니하면 소멸시효가 완성된다고 규정하고 있으므로, 만기가 기재된 백지어음은 일반적인 조건부 권리와는 달리 그 백지 부분이 보충되지 않은 미완성어음인 상태에서도 만기의 날로부터 어음상의 청구권에 대하여 소멸시효가 진행한다. 따라서 만기는 기재되어 있으나 지급지, 지급을 받을 자 등과 같은 어음요건이 백지인 약속어음의 소지인은 그 백지 부분을 보충하지 않은 상태에서 시효가 진행함에 대응하여 발행인을 상대로 어음상의 청구권에 대한 시효진행을 중단시킬 수 있는 조치를 취할 수 있다고 봄이 상당하다.
   또한 백지어음상의 백지보충을 조건으로 하는 어음상의 청구권은 그 소지인이 언제라도 백지 부분을 보충하기만 하면 어음이 완성되어 완전한 어음상의 청구권으로 성립하게 되고, 백지 부분을 보충하지 않은 상태의 어음금청구라도 그 백지어음의 발행인이 어음금채무를 승인하고 어음금을 지급하여 어음에 관한 법률관계를 소멸시키는 것도 얼마든지 가능하므로, 백지어음의 소지인이 어음요건의 일부를 오해하거나 그 흠결을 알지 못하는 등의 사유로 백지 부분을 보충하지 아니한 채 어음금을 청구하더라도, 이는 완성될 어음에 기한 어음금청구와 동일한 경제적 급부를 목적으로 하는 실질적으로 동일한 법률관계에 관한 청구로서 어음상의 청구권을 실현하기 위한 수단이라고 봄이 상당하다.
   그렇다면 만기는 기재되어 있으나 지급지, 지급을 받을 자 등과 같은 어음요건이 백지인 약속어음의 소지인이 그 백지 부분을 보충하지 않은 상태에서 어음금을 청구하는 것은 어음상의 청구권에 관하여 잠자는 자가 아님을 객관적으로 표명한 것이라고 할 수 있고 그 청구로써 어음상의 청구권에 관한 소멸시효는 중단된다고 할 것이다(대법원 1962. 1. 31. 4294민상 110,111 판결 참조). 이 경우 백지에 대한 보충권은 그 행사에 의하여 어음상의 청구권을 완성시키는 것에 불과하여 그 보충권이 어음상의 청구권과 별개로 독립하여 시효에 의하여 소멸한다고 볼 것은 아니므로 어음상의 청구권이 시효중단에 의하여 소멸하지 않고 존속하고 있는 한 이를 행사할 수 있다(위 대법원판결 참조).
   이와 달리 지급을 받을 자 부분이 백지로 된 약속어음의 소지인은 그 백지 부분을 보충하지 않은 상태에서는 어음상의 청구권을 행사할 수 없으므로, 그 백지어음 소지인의 권리행사에 의한 소멸시효 중단의 효과는 전혀 생길 여지가 없다는 취지로 판단한 대법원 1962. 12. 20. 선고 62다680 판결은 이 판결에 배치되는 범위 내에서 이를 변경한다.

만기가 백지인 어음은 보충권의 행사기간 내에서는 언제든지 보충이 가능하다.

3) 백지어음의 양도

백지어음도 양도가 가능하다. 이것은 과거부터 어음과 동일한 방법에 의하여 양도할 수 있다는 것이 상관습법에 의하여 인정되어 왔다. 즉, 백지어음의 유통에 관한 경제적 측면에서는 완성된 어음과 다를 바 없다. 백지어음의 양도방법은 수취인의 기재가 있는 백지어음은 배서에 의하여, 수취인이 백지인 백지어음은 배서 또는 단순한 인도에 의하여 양도될 수 있다. 판례의 입장도 이와 동일하다.[27]

4) 백지어음의 상실과 선의취득

백지어음의 양도는 자격수여적 효력이 있으므로, 선의취득도 인정된다.[28] 즉, 백지어음의 양도인이 무권리자라도 배서 또는 단순한 인도 등 어음법적인 양도방법에 의하여 백지어음을 취득한 양수인이 그 자를 정당한 권리자라고 믿고, 그 믿은데 과실이 없는 경우에는 백지어음을 선의 취득할 수 있다. 백지어음의 점유를 상실한 자는 공시최고의 신청과 제권판결을 받을 수 있다.

■ 대판 1999.2.9, 98다37736

① 어음법 제10조가 규정하는 '악의로 어음을 취득한 때'라 함은 소지인이 백지어음이 부당 보충되었다는 사실과 이를 취득할 경우 어음채무자를 해하게 된다는 것을 알면서도 어음을 양수한 때를 말하고, 「중대한 과실로 인하여 어음을 취득한 때」라 함은 소지인이 조금만 주의를 기울였더라면 백지어음이 부당 보충되었다는 사실을 알 수 있었음에도 불구하고 그와 같은 주의도 기울이지 아니하고 부당 보충된 어음을 양수한 때를 말한다.

② 어음금액란의 기재는 대단히 중요한 사항이므로 어음금액란을 백지로 하는 어음을 발행하는 경우에 발행인은 통상적으로 그 보충권의 범위를 한정한다고 봄이 상당하다.

③ 부당 보충된 약속어음을 취득함에 있어 소지인에게 악의 또는 중과실이 있다고 인정한 사례.

④ 소지인이 악의 또는 중과실로 부당 보충된 어음을 취득한 경우에도 발행인은 자신이 유효하게 보충권을 수여한 범위 안에서는 당연히 어음상의 책임을 진다.

---

27) 대판 1994. 11. 18, 94다23098

28) 대판 1985. 5. 28, 85다카192

5) 백지어음과 항변의 절단

백지어음에 관하여 어음의 양도방법이 인정되는 결과 백지어음을 선의로 취득한 자에 대하여도 어음항변의 절단이 인정된다.[29)]

■ 대판 1994. 11. 18, 94다 23098

어음이 인도에 의하여 양도된 경우 어음법 제17조가 적용되는 것이므로, 어음이 전전양도된 후 그 어음을 인도받은 최종 소지인이 수취인으로서 자기를 보충하였다고 하더라도 그 소지인이 발행인을 해할 것을 알고 취득한 경우가 아니면, 어음문면상의 기재와는 관계없이, 발행인으로부터 원인관계상의 항변 등 인적 항변의 대항을 받지 아니한다.

6) 백지어음과 이득상환청구권

백지어음의 소지인은 적법한 기간 내에 백지를 보충하지 않는 한 이득상환청구권을 취득하지 못한다. 그러나 수취인만이 백지인 경우 어음의 정당한 소지인은 이득상환청구권을 행사할 수 있다고 본다.

7. 백지어음의 보충권 행사

1) 백지보충권의 의의

백지보충권은 주관설의 입장은 보충권의 내용은 합의에 의하여 발생한다고 본다. 즉, 백지보충권은 발행인과 수취인간의 어음외적인 합의에 의하여 발생한다.[30)] 그러나 객관설에 의하면 합의는 단순한 원인에 불과하므로 보충권 자체는 합의에 한정되는 것은 아니라고 한다. 여기서 문제는 합의와 다르게 보충된 경우이다. 부당보충은 아래에서 설명한다.

---

29) 대판 1994. 11. 18, 94다23098

30) 최기원(下), 225면

2) 보충권의 성질

보충권은 소지인의 일방적인 권리행사로 족하므로 형성권이라고 보는 것이 통설이다.[31] 이에 대해 형성권이란 권리행사자와 원래 상대방 사이에서 효력이 발생한다는 비판에서 그 자체 고유한 권리라는 견해도 있다. 그러나 형성권이 반드시 형성권의 행사자와 그 상대방의 법률관계만을 변동시키는 것은 아니다. 예컨대 무능력자의 법정대리인의 취소가 그에 해당한다. 따라서 형성권이라 보는 것이 타당하다.[32]

3) 보충권의 행사

(1) 보충권자

보충권은 어음에 화체된 권리이므로 현재의 소지인이 할 수 있다. 또한 소지인의 대리인도 명시된 수권에 의하여 행사가능하다.

(2) 보충권의 행사 시기

① 만기가 있는 백지어음

어음의 주채무자(환어음의 인수인, 약속어음의 발행인, 보증인)에 대한 소멸시효는 만기로부터 3년이다.[33] 따라서 만기로부터 3년 내에 보충권을 행사하여야 한다.

■ 대판 2002. 2. 22, 2001다71507

백지약속어음의 보충권 행사에 의하여 생기는 채권은 어음금 채권이고, 어음법 제77조 제1항 제8호, 제70조 제1항, 제78조 제1항에 의하면 약속어음의 발행인에 대한 어음금 채권은 만기의 날로부터 3년간 행사하지 아니하면 소멸시효가 완성되는 점 등을 고려하면, 발행일을 백지로 하여 발행된 약속어음의 백지보충권의 소멸시효기간은 백지보충권을 행사할 수 있는 때로부터 3년으로 봄이 상당하다.

---

31) 손주찬(下), 212면; 최기원, 337면; 정찬형, 211면
32) 최준선, 283면
33) 대판 1995. 6. 9, 94다41812

상환의무자에 대해서는 상환청구권 보전절차를 갖추어야 한다. 따라서 어음금을 지급할 날과 그 날 이후의 2거래일 내에 보충해야 한다.

② 만기가 백지인 어음

어음상 권리가 시효 소멸한다는 것을 있을 수 없다. 따라서 보충권 자체의 소멸시효와 관련하여 풀이하고 있다. 그 시효기간에 대하여는 ① 20년설(보충권을 형성권으로 보는 경우), ② 10년설(보충권은 형성권이긴 하나 특정인에 대한 권리로서 채권과 동일하게 봄), ③ 5년설(상행위로 봄), ④ 3년설(보충권의 행사에 의하여 발생하는 어음상의 권리와 같이 시효기간을 정함), ⑤ 일람출급으로 보고 발행일로부터 1년이라는 설, ⑥ 발행일로부터 4년이라는 설이 있다.

판례는 「만기를 백지로 하여 발행된 약속어음의 백지보충권의 소멸시효시간은 백지보충권을 행사할 수 있는 때로부터 3년으로 봄이 상당하다」고 판시하여 3년설의 입장을 취한 것이 있다.[34)]

생각건대, 만기가 백지인 경우 백지보충권은 그 행사에 의하여 발생하는 어음상의 권리와 같이 3년의 시효기간으로 소멸한다고 보아야 할 것이다.[35)]

■ 대판 2003. 5. 30, 2003다16214

① 만기를 백지로 한 약속어음을 발행한 경우, 그 보충권의 소멸시효는 다른 특별한 사정이 없는 한 그 어음발행의 원인관계에 비추어 어음상의 권리를 행사하는 것이 법률적으로 가능하게 된 때부터 진행하고, 백지약속어음의 보충권 행사에 의하여 생기는 채권은 어음금 채권이며 어음법 제77조 제1항 제8호, 제70조 제1항, 제78조 제1항에 의하면 약속어음의 발행인에 대한 어음금 채권은 만기의 날로부터 3년간 행사하지 아니하면 소멸시효가 완성되는 점 등을 고려하면, 만기를 백지로 하여 발행된 약속어음의 백지보충권의 소멸시효기간은 백지보충권을 행사할 수 있는 때로부터 3년으로 보아야 한다.

② 만기 이외의 어음요건이 백지인 경우 그 백지보충권을 행사할 수 있는 시기는 다른 특별한 사정이 없는 한 만기를 기준으로 한다.

---

34) 대판 2003. 5. 30, 2003다16214

35) 최기원(下), 229면

4) 보충권의 남용(부당보충)

(1) 의의

어음법 제10조는 「미완성으로 발행한 환어음에 미리 합의한 사항과 다른 내용을 보충한 경우에는 그 합의의 위반을 이유로 소지인에게 대항하지 못한다. 그러나 소지인이 악의 또는 중대한 과실로 인하여 환어음을 취득한 때에는 그러하지 아니하다」고 규정하고 있다. 이것이 부당보충에 관한 규정이다.

주관설에서는 부당보충은 보충권의 행사로는 인정되지 않는다. 부당보충은 권한외의 행위이므로 서명자의 어음행위로는 될 수 없고, 따라서 본래 정당 유효한 것은 아니지만 보충권 수여위반을 어음의 무효로 결부 지운다는 것은 더 큰 문제를 발생시키므로 선의자 보호를 위하여 특칙을 둔 것이 어음법 제10조라고 한다. 부당보충은 인적항변의 문제가 아니라 어음법 제10조는 「완성어음」 취득자보호의 정책규정이라고 하는 것이다.

이에 대하여 객관설은 발행인이 백지어음을 발행한다면 그것에는 무한정의 보충권이 나온다고 한다. 결국 보충권이란 백지어음을 유효한 어음으로 하는 것만을 내용으로 하는 무인적인 것이다. 따라서 부당보충도 또한 보충권의 행사이고 부당보충은 인적항변의 일종으로 본다. 따라서 어음법 제17조의 취지와 전적으로 동일하지만, 어음법 제10조는 미완성 어음의 취득도 대상으로 하고 있다는 점에서 어음법 제17조의 특칙이 된다.

A → B → C
(백지어음발행, 100만원의 보충권수여) (300만원으로 부당보충) (부당보충 모름)

* C가 A에 대하여 300만원 지급청구하면 A는 B와의 합의로써 C에게 대항하지 못한다. 따라서 300만원을 지급하여야 한다.

A → B → C
(백지어음발행, 100만원보충권수여) (백지인 채로 양도) (300만원 보충권 존재를 스스로 신뢰하여 보충)

* 이 경우 주관설에 의하면 A는 C에 대하여 B와의 합의를 대항할 수 있다.

A → B → C

(백지어음발행, 100만원보충권수여) (백지인 채로 양도) (300만원 보충권 존재를 스스로 신뢰하여 보충)

* 이 경우에도 A는 C에 대하여 B와의 합의로 대항할 수 없다. 따라서 300만원의 지급의무를 부담하게 된다.

(2) 적용범위

선의의 제3자가 보충권이 남용된 어음을 취득하는 경우(이미 부당 보충된 어음을 취득하는 경우)에는 부당 보충된 채로 어음채권행사를 할 수 있다.

우리 판례나 일본의 다수설은 금액이 백지인 어음을 그 발행인에게 보충권의 범위를 확인하지 아니하고 취득한 것은 취득자에게 중대한 과실이 있다고 보고 있다.[36] 즉, 판례는 어음금액이 백지인 백지어음을 취득한 자가 그 어음금액을 보충하면서 보충권의 내용에 관하여 백지어음행위자에게 직접 조회하지 않은 경우에는 취득자에게 중대한 과실이 있다고 한다.[37]

■ **대판 1995. 8. 22, 95다10945**

어음법 제10조 소정의 '중대한 과실'에 관하여 "어음금액이 백지로 된 백지어음을 취득한 자가 그 어음의 발행인에게 보충권의 내용에 관하여 직접 조회하지 않았다면 특별한 사정이 없는 한 취득자에게 중대한 과실이 있는 것이라고 보아야 한다."고 판시한 대법원판결(1978.3.14. 선고 77다2020)은, 비록 백지약속어음에 관한 것이기는 하지만, 백지수표에 관한 수표법 제13조의 규정과 백지어음에 관한 어음법 제10조의 규정은 백지수표와 백지어음의 보충권의 남용 내지 부당보충에 관하여 동일한 법리를 규정하고 있으므로, 백지어음의 부당보충에 관한 위 판결이 취하고 있는 견해는 백지수표에 관하여도 그대로 적용되어야 한다.

그러나 그다지 중요하지 않은 사항은 보충권의 범위에 관하여 발행인에게 확인하지 않았다고 하여 중대한 과실이 있다고 해석하지는 않는다.

---

36) 최준선, 289면

37) 대판 1995. 8. 22, 95다10945; 대판 1978. 3. 14, 77다2020

(3) 부당보충자의 책임

① 부당보충해서 양도한 경우

어음행위독립의 원칙에 따라 자신이 보충한 내용대로 책임을 진다. 또한 부당보충 후의 기명날인 또는 서명자는 보충된 문언에 따라 책임을 부담한다. 이와 같이 해석하는 것이 어음행위의 문언성에 합치하므로 백지어음의 부당보충 후의 기명날인 또는 서명자는 취득자의 선의, 악의, 중과실의 유무에도 불구하고, 보충된 문언에 따라 책임을 부담해야 할 것이다.

② 백지인 채 양도한 경우

부진정한 보충권을 양도한 경우에 자신이 기명날인 또는 서명을 할 때 보충권도 포함시켜 양도한다고 볼 수 있다. 즉, 보충권이 백지어음에 화체되어 이전되므로 추후 취득자가 부당보충한 내용에 따라 책임을 진다.

5) 보충의 효과

(1) 기존 어음행위의 효력

백지를 보충하면 백지어음에 한 인수, 배서, 보증의 효력이 발생한다.

(2) 어음행위의 효력발생시기

보충에 의해 백지어음에 한 모든 어음행위가 언제 효력을 발생하는가에 관하여 견해의 대립이 있다.

① 학설

종래 학설은 소급설(백지어음의 백지가 보충되면 백지어음에 행하여진 모든 어음행위는 행위시에 소급하여 효력이 발생한다)과 비소급설(백지를 보충한 때로부터 장래에 향하여 효력이 발생한다)로 나뉘어 있었다. 그러나 현재는 어음행위의 성립시기와 효력발생시기를 구별하는 판례의 입장과 궤를 같이 하고 있다.[38]

예컨대, 2015년 3월 1일에 갑이 을에게 만기를 2015년 5월 31일로 하고 금액을 백지로 한 약속어음을 발행하였는데, 을이 2015년 4월 1일게 A에게 배서하고 A는 이 어음의 금액란을 2015년 6월 10일에 보충하였다고 하자. 그러면 A의 보충에 의해 을의 배서가 효력을 발생하는데, 원래의 행위시인 2015년 4월 1일에 효력이 발생하느냐, 보충시인 2015년 6월 10일에 효력이 발생하느냐의 문제가 발생한다. 후자로 보는 경우에는 기한후배서가 되어 지명채권양도의 효력밖에 없게 된다.

② 판례

판례는 종래 비소급설이었다. 그러나 현재는 어음행위의 성립시기와 보충시기(효력발생시기)를 구분하여 어음행위는 보충에 의하여 효력이 발생하나, 어음행위의 성립시기는 어음행위 그 자체의 성립시기로 결정하여야 한다고 한다.[39]

③ 검토

어음의 성립시기는 어음행위 자체의 성립시기로 결정하여야 한다는 판례의 태도가 타당하다.

Ⅲ. 배서

1. 총설

1) 당연한 지시증권성

어음은 법률상 당연한 지시증권이다(어 77조 1항). 지시증권이라 함은 증권상에 특정된

38) 이철송, 296면
39) 대판 1980.3.11, 79다1999

자뿐만 아니라 이런 자에 의하여 지시되어진 자도 권리자로 될 수 있는 증권이지만, 법률상 당연한 지시증권이라 함은 지시문구가 증권상에 적혀 있지 않더라도 법률에 의하여 당연히 지시증권으로 인정되고, 배서에 의하여 그 권리를 이전할 수 있는 것을 말한다.

2) 지시금지어음(배서금지어음, 금전(禁轉)어음)

(1) 의의

발행인은 어음상에 「지시금지」, 「배서금지」 또는 이것과 동일한 의의를 가지는 문언(지시금지문구)을 기재하는 것에 의하여 어음의 지시증권성을 박탈할 수 있다. 이와 같이 발행인이 어음의 앞면에 지시금지 또는 이와 동일한 뜻을 가지는 문언을 기재한 어음을 지시금지어음이라고 한다(어 11조 2항).

지시금지어음을 인정하는 취지는 어음소지인에게 채권 행사의 안전성이나 확실성의 이익을 향수하게 하는 것이 바람직하지만, 수취인에 대하여 가지고 있는 인적항변주장이 제한되는 것이라든가 상환청구금액이 증대하는 것을 회피하기 위한 이유 등으로 그 어음의 유통을 원하지 않는 발행인의 이익을 도모하기 위한 때문이다. 배서금지어음은 지명채권양도의 방법에 의해서만 양도할 수 있다(어 11조 2항).[40]

(2) 발행방법

어음면에 지시금지 또는 배서금지 이와 유사한 취지의 문언을 적어야 한다. 기재는 어음의 앞면에 기재해야 하고 뒷면 또는 보충지에 기재해서는 안된다. 판례에 의하면 단지 어음면에 보관용 또는 견질용(담보용)이라고 쓴 것은 지시금지문구로 인정하지 않는다.

전자약속어음에 배서를 할 경우에는 전자어음에 배서의 뜻을 기재한 「배서전자문서」를 첨부하는 방식으로 한다(전자어음법 7조 1항). 전자어음의 배서는 총 20회를 초과할 수

---

40) 손주찬(下), 221면; 최기원, 382면; 이기수, 223면; 서헌제, 425면

없도록 하고 있다(동법 동조 5항).

(3) 어음면상 지시문구와 지시금지문구가 병존하는 경우

어음면상 지시문구와 지시금지문구가 병존하는 경우에 지시문구는 인쇄된 일반적인 것이고, 지시금지문구는 개별적인 특약이라 볼 수 있으므로 배서금지어음으로 보는 것이 타당하다. 판례의 입장도 마찬가지이다.[41]

■ 대판 1987. 4. 28, 86다카2630

가. 어음의 발행인이 어음용지에 부동문자로 인쇄된 지시문구를 말소하지 아니한 채 그 지시문구 다음에 "지시금함"이라고 기재한 지시금지문구를 병기하였다면 특단의 사정이 없는 한 지시금지문구의 효력이 우선한다.

나. 어음행위를 한 자는 특별한 사정이 없는 한 어음상의 문언에 따라 어음상의 채무만을 부담하게 되므로 발행인이 약속어음을 자금융통을 위하여 발행하였다는 사유만으로는 수취인이 위 융통어음을 타에 담보로 제공하고서 금원을 차용한 채무를 보증한 것으로는 볼 수 없다.

(4) 배서금지어음의 효력

배서금지어음은 어음의 지시성을 배제한 것이므로 지명채권의 양도방법에 따라서만, 그리고 그 효력으로써만 양도할 수 있다(어 11조 2항, 77조 1항 1호). 따라서 자격수여적 효력, 선의취득, 어음항변제한의 법리 등이 인정되지 아니하고 제권판결도 인정되지 않는다.

3) 일반적인 양도배서

배서도 어음행위이고 법률행위의 일종으로서 어음행위일반의 성립요건(어음능력, 하자 없는 의사표시)을 갖출 필요성이 있다. 더욱이 배서도 어음행위인 이상 요식행위이고, 어음용지에 일정사항을 기재하고 배서인이 기명날인 또는 서명하여 피배서인에게 이것을 교부하는 방식을 취하고 있다.

---

41) 대판 1987. 4. 28, 86다카2630

2. 배서의 일반이론

1) 어음배서의 효력

배서란 어음상의 권리의 양도를 목적으로 하는 어음행위로서 어음의 유통성을 조장하기 위해서 법이 특별히 인정한 양도방법이다. 배서에 의한 양도 이외에도 어음상의 권리를 지명채권양도방법, 상속, 회사의 합병, 경매 또는 전부명령에 의해서도 이전할 수 있다.

2) 배서의 성질

(1) 학설

① 채권양도설(통설)

배서에 의하여 배서인의 권리가 피배서인에게 이전한다고 보는 것으로, 이는 채권을 이전하는 방법이라고 한다.

② 소유권취득설(채무부담설)

피배서인이 어음소유권을 취득함으로써 어음채권을 원시적으로 취득한다고 한다. 이것이 선의취득이나 항변의 절단 등을 설명하는데 용이하다.

(2) 검토

배서에 의하여 피배서인이 배서인의 권리를 승계 취득한다는 채권양도설이 타당하다. 현재의 통설이다.[42]

3) 어음배서의 유형

어음배서는 양도목적의 배서와 양도이외의 목적의 배서로 구분할 수 있다. 양도배서는

---

42) 손주찬(下), 221면; 최준선, 301면

【배서의 기재 형식】

앞면에 적은 금액을 아래의 피배서인 또는 그 지시인에게 지급하여 주십시오. 2009년 10월 5일 거절증서불요 주소 : 경남 마산시 월영동 449번지 홍길동 印 피배서인 갑 귀하
앞면에 적은 금액을 아래의 피배서인 또는 그 지시인에게 지급하여 주십시오. 년 월 일 거절증서불요 주소 : ○○○○○○ ○○○ 印 피배서인 ○○○ 귀하
앞면에 적은 금액을 아래의 피배서인 또는 그 지시인에게 지급하여 주십시오. 년 월 일 거절증서불요 주소 : ○○○○○○ ○○○ 印 피배서인 ○○○ 귀하
앞면에 적은 금액을 아래의 피배서인 또는 그 지시인에게 지급하여 주십시오. 년 월 일 거절증서불요 주소 : ○○○○○○ ○○○ 印 피배서인 ○○○ 귀하
앞의 금액을 수취하였습니다. 년 월 일 주소 : ○○○○○○

보통의 양도배서, 무담보배서, 배서금지배서, 환배서, 기한후배서가 있고, 비양도목적의 배서는 추심위임배서, 입질배서가 있다.

4) 배서의 방식

(1) 어음배서의 방식

어음의 배서는 본지나 보충지 또는 등본에 하며, 배서인이 기명날인 또는 서명하여 교부하여야 한다. 어음의 앞면에 배서하는 경우에는 배서임을 명시하여야 한다. 그렇지 않으면 어음보증(어 31조 3항) 또는 인수(어 25조 1항 3문)로 보게 된다.

(2) 어음배서의 형식

① 정식배서(기명식배서)

정식배서는 배서인의 기명날인 또는 서명이외에 배서문구와 피배서인의 명칭을 기재한 배서를 말한다. 예컨대, 「앞면에 적은 금액을 ○○○ 또는 그 지시인에게 지급하여 주십시오」라고 피배서인을 기재하고 배서인이 기명날인 또는 서명한다.

배서에 있어 배서일자는 그 기재요건이 아니다. 통설은 피배서인의 중첩적 기재, 선택적 기재는 허용된다고 본다. 또한 배서인과 피배서인이 동일인이라도 무방하다.

② 백지식 배서

백지식 배서는 피배서인의 명칭을 기재하지 아니하고 배서인의 기명날인 또는 서명만으로 하는 배서를 말한다(어 13조 2항 전단). 배서인의 기명날인 또는 서명만으로 하는 백지식 배서는 환어음의 뒷면이나 보충지에 하지 아니하면 효력이 없다(어 13조 2항 후단). 이것은 다른 어음행위의 기명날인 또는 서명과 혼동될 수 있기 때문에, 어음의 뒷면 또는 보충지에 기명날인 또는 서명을 하도록 한 것이다.

백지식 배서인 경우 소지인이 권리행사하려면 피배서인 란에 자신의 이름을 보충해서 어음상의 권리를 행사한다. 그러나 최후의 배서가 백지식이면 보충 않고도 권리행사가 가능하다.

③ **소지인 출급식 배서**

이것은 피배서인을 지정하지 않고 어음의 소지인에게 지급하여 달라는 취지로 하는 배서를 말한다.

5) 배서의 효력

배서는 법률행위이고 일정한 효력이 인정된다. 즉, 배서는 권리이전적 효력과 담보적 효력, 그리고 자격수여적 효력이 인정된다. 자격수여적 효력은 법률행위로서의 배서가 유효하든 안하든 묻지 않고 인정된다. 이것은 배서의 기재라는 사실에서 자격수여적 효력이 인정되기 때문이다.

(1) 권리이전적 효력

① **의의**

권리이전적 효력에 의하여 어음상의 모든 권리가 배서인에게서 피배서인에게 이전한다(어 14조 1항). 이전되는 권리에는 주채무자에 대한 어음금지급청구권, 상환의무자에 대한 상환청구권, 어음보증인에 대한 권리가 포함된다.

② **권리이전적 효력의 내용**

어음상의 모든 권리가 이전되지만, 인적항변은 절단된다. 그리하여 피배서인은 배서인이 행사할 수 있었던 권리보다 더욱 강력해진 어음상의 권리를 취득하게 된다. 이것은 어음의 유통성을 보호하기 위한 것이다.[43] 비유하자면 배서인의 권리에 묻어 있던 하자를 물에 깨끗이 씻은 상태에서 하자가 없는 권리를 이전한다는 것이다.

배서는 보통의 채권양도와 달리 종된 권리는 이전되지 않는다.[44] 즉, 배서인을 위하

---

43) 정찬형(下), 272면

44) 이철송, 297면; 최기원(下), 402면

여 설정된 질권, 저당권과 같은 담보권, 원인관계, 자금관계 등은 이전되지 않는다. 왜냐하면 이러한 종된 권리는 어음상의 권리가 아닌 당사자간의 계약상의 권리에 불과하고 따라서 배서에 의한 어음상의 권리이전에는 당연히 포함되는 것은 아니기 때문이다.

(2) 담보적 효력

① 의의

배서인은 배서에 의하여 피배서인과 그 후자 전원에 대하여 어음의 인수와 지급을 담보하는 의무를 부담한다(어 15조 1항, 77조 1항 1호). 따라서 인수나 지급이 거절되면 배서인은 어음금액·이자 및 비용 등을 상환하여야 한다(어 43조, 77조 1항).

② 근거

배서의 담보적 효력은 의사표시에 의한 효력으로 보는 견해도 있으나, 통설은 법정효력이라고 본다.[45] 즉, 배서인이 배서를 함에는 어음상의 권리를 피배서인에게 양도하는데 있지 어음상의 채무를 담보하겠다는 의사는 없다. 요컨대, 담보적 효력을 인정하는 것은 배서인이 배서를 하여 양도함에 있어 일반적으로 대가를 받는 것을 고려하여 정책적으로 인정한 법정의 특별책임이다.

③ 담보책임의 배제 또는 제한

담보적 효력은 일정한 기재를 함으로써 이를 제한하거나 배제할 수 있다. 무담보배서, 배서금지배서, 기한후배서, 추심위임배서에는 담보적 효력이 없다.

④ 담보적 효력의 내용

선행하는 어음행위의 실질적 효력 및 배서의 원인관계의 효력과는 관계없이 배서인이 배서 그 자체의 효력에 의하여 담보책임을 진다. 이것은 어음행위독립의 원칙에 부응하는 것이다.

---

45) 정동윤, 486면

환어음의 배서인은 인수와 지급에 대하여 전적으로 담보책임을 진다. 공동배서의 경우에 어음금 전액에 대하여 합동책임을 진다.

(3) 자격수여적 효력

① 의의

배서가 연속된 어음의 소지인은 어음상의 권리자로 추정되는데(어 16조 1항), 이것을 배서의 자격수여적 효력이라고 한다. 민법상 채권의 양도에 있어서 채권을 양수받은 채권자가 채무이행을 청구하기 위하여 자기가 진정한 권리자인 것을 증명하여야 한다. 그러나 어음의 경우에는 배서에 의하여 전전 유통될 것을 예정하고 있으므로, 배서의 연속이 있다면 일응 어음의 소지인은 정당한 권리자로 추정할 수 있다. 따라서 그러한 효력을 인정한 것이 배서의 자격수여적 효력이다.

② 자격수여적 효력의 요건

㉮ 배서의 연속

자격수여적 효력을 가지기 위해서는 배서가 연속되어 있어야 한다. 배서 중에 위조, 무효, 취소된 것이 있더라도 형식적·외관적으로 연속하는 한 배서의 연속이 인정된다.

■ **대판 1999. 3.9, 97다7745**

어음의 배서 연속은 형식상 존재함으로써 족하고 또 형식상 존재함을 요한다 할 것이므로, 그 배서가 배서의 요건을 모두 갖춘 유효한 배서이어야만 그 어음상의 권리는 적법하게 이전되는 것이며, 그 배서가 배서의 요건을 갖추지 못한 경우에는 그 어음상의 권리는 적법하게 이전될 수 없다.

법인의 경우 배서의 연속을 판단함에 다음과 같은 판례가 있다.

■ 대판 1995. 6. 9, 94다33156

가. 어음의 배서 연속은 형식상 존재함으로써 족하고 또 형식상 존재함을 요한다.

나. 수취인을 "갑"으로 하여 발행된 약속어음의 제1 배서인이 "주식회사 갑 대표이사 을"이라면 양자의 표시는 형식적으로 동일인이라고 인정함이 상당하고, 따라서 이 약속어음의 배서는 연속되어 있다.

백지식 배서의 다음에 다른 배서가 있는 때에는(갑-을, 을-◎, 병-정) 그 배서를 한 배서인(병)은 백지식 배서에 의하여 어음을 취득한 것으로 본다(어 16조 1항 4문). 따라서 그 배서인이 백지식 배서의 피배서인으로 자기의 이름을 기재하지 않더라도 배서의 연속이 있는 것으로 본다. 또한 최후의 배서가 백지식인 경우에는 그 어음을 소지한 자는 적법한 권리자로 추정한다(어 16조 1항 2문).

말소된 배서는 배서의 연속에 관하여는 배서의 기재가 없는 것으로 본다(어 16조 1항 3문).

■ 대판 1995. 2. 24, 94다41973

말소된 배서는, 그 말소가 권한있는 자에 의하여 행하여진 것인지 여부나 그 방법 시기에 관계없이, 배서의 연속에 관하여는 존재하지 아니하는 것으로 보는 것이다.

㈏ 배서불연속의 효과

배서가 불연속이면 단절된 이후의 배서는 자격수여적 효력이 없다. 이에 어음의 점유자는 적법한 소지인으로 추정받지 못한다. 그러나 단절된 부분의 권리승계를 증명하면 어음상의 권리를 행사할 수 있다(가교이론).[46)]

③ 자격수여적 효력의 내용

배서가 연속된 어음의 소지인은 배서인이 무권리자라 하더라도 악의 중과실 없이 취득한 경우에는 선의취득이 인정된다(어 16조 2항 본문). 또한 배서의 연속이 있으면 지급인이 사기 또는 중대한 과실없이 만기에 어음소지인에게 지급을 하면 소지인이 진정한 권

46) 정동윤, 214면

리자가 아니었다 하더라도 책임을 면한다(어 40조 3항). 여기서 「사기」란 민법상의 개념과 다른 뜻이다. 즉, 「사기」란 지급인이 소지인의 실질적 무권리를 인식하고 있었으며 동시에 이를 증명할 방법도 갖추고 있었음을 뜻하는 것으로 해석한다.

3. 특수한 배서

1) 배서금지배서

(1) 의의

새로운 배서를 금지하는 문언을 기재한 배서(어 15조 2항)로 금전배서라고도 한다. 지시금지 또는 배서금지 등의 표현을 기재한다.[47)]

배서금지배서는 배서금지어음과 구별해야 하는데, 배서금지어음은 발행인이 금지문구를 기재하는데 비해 배서금지배서는 배서인이 기재하고, 배서금지어음은 지시증권성이 상실되어 양도하려면 지명채권양도방식으로만 양도할 수 있음에 비해 배서금지배서는 여전히 배서 등으로 양도할 수 있으며, 배서금지어음의 금지문구는 어음의 앞면에 적지만, 배서금지배서는 뒷면에 적는다.

(2) 효력

① 지시증권성에의 영향

배서금지배서를 하더라도 계속 배서에 의하여 양도할 수 있다. 배서금지문언은 담보책임을 제한하는 효과만이 있다.

② 다른 어음행위자의 지위

배서금지배서의 경우에도 권리이전적 효력과 자격수여적 효력은 있다. 배서금지배서를 한 배서인만이 담보제한의 효과를 누린다. 따라서 발행인 등의 책임에는 영향이 없다.

---

47) 정동윤, 498면

③ 담보책임의 제한

배서인은 피배서인에 대해서는 담보책임을 지나(어 15조 2항 후단), 그 뒤의 배서의 피배서인에 대하여는 담보책임을 지지 아니한다(어 15조 2항).

2) 무담보배서

(1) 의의

배서인이 인수나 지급, 또는 인수와 지급 모두를 담보하지 않겠다는 뜻을 부기한 배서를 말한다. 무담보배서는 권리이전의 효과와 자격수여적 효과만을 갖는다.

(2) 기재방식

담보책임을 지지 않겠다는 표시로 족하다.

(3) 효력

무담보배서를 한 자는 자기 이후의 모든 어음취득자에 대해 상환의무를 지지 아니한다.[48] 무담보배서에 의하여도 권리가 이전되는 것은 물론이고 피배서인에게 자격수여적 효력도 인정되므로 선의취득도 가능하다.

배서인이 배서란에다 「지급을 책임지지 않음」이란 문구를 기재한 경우에 판례는 배서인으로서의 담보책임뿐만 아니라 매매계약상의 채무불이행책임이나 하자담보책임까지 지지 않는다고 보아야 한다고 판시하고 있다.

■ **대판 1984. 11. 15, 84다카1227**

단자회사가 할인매수한 어음을 다시 일반 제3자에게 어음할인의 방식으로 매출한 것은 그 성질이 어음의 매매라고 볼 것이므로 그 매매의 이행으로 어음을 배서양도함에 있어 배서란에 " 지급을 책임지지 않음" 이라는 문언을 기재한 것은 특단의 사정이 없는 한 어음상 배서인으로서의 담보책임 뿐만 아니라 매매계약상의 채무불이행 책임이나 하자담보책임까지 배제하기로 한 취지라고 보아야 한다.

---

48) 최준선, 327면; 대판 1977. 9. 13, 77다1136

3) 기한후 배서

(1) 서설

① 의의

어음의 경우 지급거절증서 작성 후 또는 지급거절증서 작성기간이 경과한 후에 하는 배서를(어 20조 1항 단서, 77조 1항 1호), 수표의 경우에는 지급거절증서나 이와 동일한 효력이 있는 지급인의 선언 또는 어음교환소의 선언(수 24조) 후이든지, 지급제시기간 경과 후의 배서를 말한다.

② 취지

어음은 유통기간내에 강력한 유통성을 보장하지 지급 거절된 사실을 알고 취득한 어음이나 지급거절증서작성기간이 경과되어 상환청구권을 행사할 수 없음을 알고 취득한 자를 보호할 필요성이 없다. 그래서 어음법은 기한후배서에 대해서 지명채권양도의 효력만 인정하고 있다.

③ 방식

기한후배서도 배서의 일종이므로 배서의 방식과 동일하다.

(2) 기한후배서여부의 결정

① 만기후배서와의 구별

만기후배서는 지급거절증서 작성 전 또는 지급거절증서작성기간 경과 전에 한 배서를 말하고, 이러한 배서는 만기 전의 배서와 동일한 효력이 있다.[49]

---

49) 최준선, 332면

■ 대판 2000.1.28, 99다44250

① 어음법 제20조에 의하면 만기후배서도 그것이 지급거절증서 작성 전 또는 지급거절증서 작성기간 경과 전에 이루어진 것이면 만기 전의 배서와 동일한 효력을 가지고, 비록 만기에 지급제시된 어음에 교환필이라는 스탬프가 압날되고 피사취 또는 예금부족 등의 사유로 지급거절한다는 취지의 지급은행의 부전이 첨부되어 있는 등 지급거절의 사실이 어음면에 명백하게 되어 있다 하더라도 이를 가지고 적법한 지급거절증서가 작성되었다고는 할 수 없으므로, 그러한 어음에 한 배서도 그것이 지급거절증서 작성 전으로서 지급거절증서 작성기간 경과 전이기만 하면 이는 기한후 배서가 아닌 만기후배서로서 만기 전의 배서와 동일한 효력이 있다.

② 만기 전의 배서와 동일한 효력을 갖는 만기후배서의 피배서인이 어음의 최종소지인의 지위에서 어음의 배서인 등 상환의무자에 대한 소구권을 보전하기 위하여는 그에게 만기후배서를 한 배서인이 지급제시를 하였는지 여부와 관계없이 다시 스스로 적법한 지급제시기간 내에 지급제시를 하여야 한다.

③ 만기후배서의 피배서인이 배서인이 지급제시하여 지급거절된 사실을 알고 있었다면, 그 배서인이 지급제시함으로써 보전한 소구권을 지명채권 양도와 같은 효력으로 승계하였음을 주장하여 이를 행사할 수 있다.

② 배서의 일자와 기한후배서

기한후 배서인지 아닌지의 여부는 어음에 기재된 배서의 일자를 기준으로 결정할 것이 아니라 실제로 배서한 날을 기준으로 결정하여야 한다.

날짜를 적지 아니한 배서는 지급거절증서 작성기간이 지나기 전에 한 것으로 추정한다(어 20조 2항).

③ 지급거절증서가 작성되지 않은 경우 및 면제된 어음

지급거절증서를 작성하지 아니하면 증서작성기간 내의 배서는 기한후배서가 아니다. 문제는 거절증서작성이 면제되어 있는 경우(무비용상환어음)에 지급제시 하였으나, 지급이 거절되고 거절증서작성기간이 경과하기 전에 배서 양도한 경우 이를 기한후배서로 볼 것인지 여부이다. 소수설은 거절증서의 작성이 면제되어 있는 어음의 경우에 지급거절만 있으면 바로 상환청구권행사가 가능하므로 기한후배서로 보아야 한다고 한다.[50] 다수설은 무비용상환어음의 경우 취득자가 지급이 거절된 어음인지 아직 지급제

50) 이기수, 215면; 최기원, 427면

시가 안된 어음인지 알 수 없으므로 거절증서작성기간이 경과하기 전의 배서는 기한후배서가 아니라고 한다.[51]

생각건대, 기한후배서의 취지는 지급거절사실의 유무 보다는 취득자가 그 사실을 알 수 있거나 알 수 있었느냐에 더욱 기준을 둔 제도라 할 수 있으므로 어음취득자가 지급거절의 사실을 알지 못하는 한 거절증서작성기간 내라면 기한후배서가 아니라고 본다.

④ 인수거절된 어음

인수거절증서(어 44조) 작성후의 배서에 관하여 명문규정이 없으나, 지급거절증서작성 후의 어음과 효력 상 다르지 않기 때문에 기한후배서로 본다는데 이견 없다.

⑤ 지급거절의 사실이 명백한 경우

어음법상 상환청구권의 발생요건으로 정하고 있는 그 밖의 사유가 발생하면(어 43조), 그 후의 배서는 어음취득자가 이 사실을 아는 한 기한후배서로 보아야 한다.

어음면상 지급거절의 사유가 명백한 경우에(발행인이 도난계, 사취계, 어음교환소나 지급은행의 지급거절이라는 스탬프 날인이 있는 경우) 거절증서가 작성되지 않았더라도 그 후의 배서는 기한후배서로 보아야 한다는 견해(다수설)와[52] 법문이 지급거절증서의 작성후 등이라 하므로 기한후배서가 아니라는 견해로 나뉜다.[53]

판례는 지급거절증서를 작성하지 아니하면 동 증서작성기간 내의 배서는 기한후배서가 아니라고 한다.[54]

수표의 경우에는 지급거절증서의 작성 외에도 지급은행 또는 어음교환소의 선언(수 39조 2호)만으로도 상환청구권이 발생하므로, 이러한 선언후의 배서는 기한후배서가 된다. 어음의 경우 어음법의 문언상은 지급거절증서 작성 후 또는 지급거절증서작성기간 경과 후의 배서가 기한후배서로 규정하고 있어(어 20조 1항), 지급거절의 사실이 어음면상

51) 최준선, 334면

52) 최기원, 427면; 정찬형, 481면; 이철송, 342면

53) 강위두 · 임재효(下), 364면; 정동윤, 288면; 채이식(下), 113면

54) 대판 1987. 8. 25, 87다카152

명백하게 된 후의 배서도 기한후배서가 아니라고 해석할 수 있다. 하지만, 은행의 부도선언 등은 실질적으로 지급거절증서와 같은 신뢰성이 있기 때문에 이후의 배서를 기한후배서로 보는 편이 합리적이라고 생각된다.

⑥ 백지어음의 기한 후 보충

백지어음을 기한 전에 배서에 의하여 취득하였다면 기한 후에 백지를 보충하더라도 동배서가 기한후배서가 되는 것은 아니다.

⑦ 입증책임

어음법은 어음상에 일자의 기재가 없는 배서는 지급거절증서작성기간경과전에 한 것으로 추정한다(어 20조 2항, 77조 1항 1호). 따라서 기한후배서라고 주장하는 자가 그 사실을 입증하여야 한다.

(3) 기한후배서의 효력

① 지명채권양도의 효력

기한후배서는 지명채권양도의 효력만을 가진다(어 20조 1항 단서). 따라서 권리이전적 효력과 자격수여적 효력은 있어도 어음의 유통성을 보호하기 위하여 둔 담보적 효력은 없다. 또한 선의취득이나 항변제한 등 선의자 보호제도도 인정되지 않는다.

② 권리이전적 효력

배서인이 가지고 있던 모든 어음상의 권리가 피배서인에게 이전한다. 그러나 이 때 배서인의 권리에 부착된 하자는 전부 승계된다.[55] 기한후배서의 피배서인은 배서인이 가지고 있던 것과 동일한 권리만을 취득한다. 따라서 배서인에 대한 항변이 그대로 피배서인에게 승계되어 인적항변의 절단이 생기지 않는다.

55) 대판 2002. 4. 26, 2000다42915

■ 대판 1982. 4. 13, 81다카353

기한 후 배서에 지명채권양도의 효력만이 있다 함은 그 배서 당시 이미 발생한 배서인에 대한 항변사실을 피배서인에 대하여도 대항할 수 있다는 것이고 배서 후 비로소 발생한 배서인애 대한 사유까지도 피배서인에 대하여 이를 주장할 수 있다는 것은 아니다.

③ 자격수여적 효력

배서가 연속된 경우에 기한후배서라도 자격수여적 효력이 인정되고 따라서 선의지급도 인정된다(어 40조 3항, 77조 1항 3호). 그러나 기한후배서에 의하여 선의취득은 인정되지 않는다. 자격수여적 효력은 권리의 증명문제이고, 선의취득은 권리의 유통과 취득의 문제이기 때문이다.

④ 담보적 효력

기한후배서의 경우 그 배서인은 피배서인에 대해 담보적 책임을 지지 아니한다.[56]

4) 환배서(역배서)

(1) 개설

① 의의

환배서란 이미 어음상의 채무자(인수인, 발행인, 배서인, 보증인, 참가인수인)이었던 자에게 다시 양도 배서하는 것을 말한다. 그림으로 설명하면 다음과 같다.

■ Case

① A → B → C → D → A
② A → B → C → D → B
③ A → B → C → D → A → E
④ A → B → C → D → B → E

56) 최준선, 339면

② 경제적 효용

환배서를 받은 어음소지인이 다시 배서 양도함으로써 전자의 담보책임을 활용하여 어음의 신용을 높일 수 있고, 한편 자기가 새로 어음을 발행하여야 할 수고를 덜 수 있다는 편의성을 가지고 있다.

(2) 환배서의 법률구성

민법상 채권 및 채무가 동일인에게 귀속한다면, 혼동에 의하여 채권은 소멸하게 된다. 그러나 어음은 유통을 목적으로 한 하나의 객관적인 재화로서 어음상에는 발행인의 채무에 덧붙여 다른 배서인의 신용도 함께 첨부되어 있다. 그래서 환배서에는 민법의 혼동이론이 적용되지 않는다.[57] 그것은 당사자 자격의 겸병이 인정되고 있고, 전자가 있는 한 지급청구와 상환청구 등에 있어서 아직 권리행사의 여지가 남아 있기 때문이다.

(3) 환배서의 효력

환배서는 일반적인 양도배서와 같은 효력이 있다. 따라서 환배서에 의하여 어음을 취득한 자는 이 어음을 배서하여 타인에게 양도할 수 있다. 그럼에도 불구하고 상환청구권에 관하여는 특수한 효과 발생한다. 즉, 환배서의 피배서인은 중간자에게는 상환청구권의 행사를 할 수 없게 된다. 피배서인의 지위를 나누어서 설명하면 다음과 같다.

① 환어음의 발행인에 대한 환배서

발행인으로서의 자신과 어음소지인으로서의 자신 사이에 대해 권리행사를 할 수 없다. 그러나 발행인은 다시 배서양도 가능하다.

② 인수인 또는 약속어음의 발행인에 대한 환배서

환어음의 인수인이나 약속어음의 발행인은 주채무자이므로 중간의 배서인에게 담보책임을 물을 수 없다.[58] 배서양도는 가능하다. 이것은 어음을 새롭게 발행함에 따른 시

57) 최준선, 330면; 손주찬(下), 240면; 정찬형, 475면
58) 최기원(下), 293면; 정찬형(下), 287면

간과 비용을 줄일 수 있다는 이점이 있고, 더욱이 기존어음에 부착된 신용까지도 이용할 수 있으므로, 제3자에게 다시 배서할 수 있도록 해석하는 것이다.

■ 약속어음의 발행인에 대한 환배서와 상환청구권행사 가능 여부

A(발행인) ⟶ B ⟶ C ⟶ A(C에 대한 상환청구권 행사)

A가 C에 대하여 상환청구권을 행사할 수 있다고 한다면, C가 A에 대한 상환의무이행후 A로부터 약속어음 증권을 반환받아 다시 주채무자인 A에게 청구하는 형태가 된다. 이것을 허용한다면 무의미한 절차를 반복하게 하는 것이고, 나아가 A의 주채무자로서의 이행을 하지 않는 경우 C에게 부당한 손해를 입히게 된다. 따라서 A는 C에 대하여 상환청구권행사를 할 수 없게 된다.

③ 배서인에 대한 환배서

학설은 중간배서인들에게 권리를 행사할 수 없다고 본다. 그것은 중간배서인에게 상환청구권행사하고 다시 환배서 받은 자가 상환의무이행하면 되지만, 환배서받은 자가 자기의 상환청구권의 권리만 행사하고 상환의무를 게을리 하는 경우가 있을 수 있기 때문이다.

④ 보증인에 대한 환배서

보증인은 자신의 피보증인과 동일한 책임을 지므로 보증인은 자신의 피보증인에 대한 권리를 행사할 수 있고, 피보증인은 후자에 대해서는 권리를 행사할 수 없다.

그런데 보증의 취지로 배서의 형태를 한 경우에는 상환청구권을 행사할 수 있다. 그것은 다음과 같다.

■ **상환청구권 행사 가능한 경우**

A(약속어음 발행인) ⟶ B ⟶ C(①A 채무보증의 취지로 배서) ⟶ B(②C에 대한 상환청구권행사)

C는 A의 약속어음채무 보증의 취지로 B로부터 배서받아(①), 다시 B에게 환배서 양도한 경우에는(②), B는 C에 대하여 상환을 거절할 수 있는 지위에 있기 때문에(①) C에 대한 상환청구권행사(②)가 가능하다.

⑤ 참가인수인

피참가인수인과 동일한 책임을 지므로 후자에 대해서는 권리를 행사할 수 없다.

⑥ 참가인수인

환배서에 의하여 어음을 재취득한 자는 주채무자나 자신의 배서 이전의 어음행위자에 대하여 어음상의 권리(상환청구권 등)를 행사할 수 있는데, 이때 어음채무자가 대항할 수 있는 인적항변의 범위가 문제가 된다.

■ Case : 환배서와 어음항변의 범위

A(약속어음 발행인) ⟶ B(수취인) ⟶ C ⟶ D ⟶ E ⟶ F(환배서인) ⟶ E

이 때 E가 A나 B, C, D중에서 상환청구권을 행사하는 경우에 E가 F에게 배서양도하기 전의 어음상의 권리를 회복하는 것으로 볼 것인가, 아니면 E가 F에게 배서양도한 경우에 일단 어음상의 권리가 소멸된 후에, F가 E에게 환배서한 경우에 어음상의 권리를 재취득하는 것으로 볼 것인가의 문제이다.

이런 문제는 환배서의 본질을 어떻게 볼 것인가라는 것이다. 여기에는 권리재취득설과 권리회복설이 대립하고 있다.

권리회복설을 취한다면, 위 Case에서 D가 E에게 배서양도한 후에 E에 대한 항변사유가 발생한 경우라도 E는 종전의 지위를 회복한 것으로 보기 때문에 A나 B, C는 그 항변사유로는 대항할 수 없게 된다는 불합리한 경우가 발생한다. 그런데 권리재취득설을 따를 경우에는 종전에 존재했던 인적항변사유로서 대항할 수 없다는 문제점이 발생한다. 즉, 위 Case에서 E가 환배서 받은 것을 권리재취득이라고 한다면, E가 종래 D로부터 어음배서 받을 때 존재했던(A나 B, C, D 등의 E에 대한) 인적항변사유로 대항할 수 없는 것이다. 그러나 인적항변사유는 속인성의 성질을 갖고 있는 것으로 해석하면 이 문제는 해결할 수 있다. 즉, 인적항변은 그 사유가 발생한 특정한 사람에게 부착되어 있다고 해석할 수 있다.[59]

59) 정동윤, 393면; 최준선, 331면

결론적으로, 권리재취득설에 따르되 인적항변의 속인성으로 해결하는 것이 합리적이라 생각된다.

판례도 아래에서 보는 바와 같이 인적항변의 속인성을 인정하고 있다.

■ 대판 2002. 4. 26, 2000다42915

① 약속어음 발행인으로부터 인적항변의 대항을 받는 어음소지인은 당해 어음을 제3자에게 배서·양도한 후 환배서에 의하여 이를 다시 취득하여 소지하게 되었다고 할지라도 발행인으로부터 여전히 위 항변의 대항을 받는다고 할 것이고, 한편 기한후배서는 보통의 배서와는 달리 지명채권양도의 효력밖에 없어 그것에 의하여 이전되는 권리는 배서인이 배서 당시 가지고 있던 범위의 권리라 할 것이므로 어음채무자는 그 배서 당시 이미 발생한 배서인에 대한 모든 항변사실을 피배서인에 대하여도 대항할 수 있다 할 것인데, 이러한 이치는 환배서인 기한후배서라도 마찬가지라고 할 것이다.

② 약속어음의 소지인이 그 어음이 지급기일에 지급거절되자 자기의 전자에게 피배서인이 백지인 배서가 되어 있는 상태로 교부하여 전자가 그 어음발행인을 상대로 어음금청구의 소를 제기하였으나 인적항변의 대항을 받아 패소하자 다시 그 어음을 교부받아 그 어음발행인을 상대로 어음금청구의 소를 제기한 경우, 그 어음발행인은 전자에 대한 인적항변으로 그 어음소지인에게 대항할 수 있다.

5) 추심위임배서

(1) 개설

① 의의

배서인이 피배서인에게 어음상의 권리를 행사하는 대리권을 부여할 목적으로 하는 배서를 말한다(어 18조, 77조 1항 1호, 수 23조). 다시 말해서, 배서인이 어음면상에 「추심하기 위하여」, 「회수하기 위하여」, 「대리를 위하여」 기타 단순히 위임을 나타내는 문언을 기재하고 한 배서를 추심위임배서라고 한다. 실무에서는 부도난 어음 등의 채권회수를 위하여 대가를 받고 어음추심을 영업으로 하는 회사가 있다.

대리를 위한 배서에 의하여 주어진 대리권은 그 대리권을 준 자가 사망하거나 무능력자가 되더라도 소멸하지 아니한다(어 18조 3항).

② 종류

추심위임문구를 기재한 것을 공연한 추심위임배서라 하고, 추심위임의 목적으로 보통의 양도배서의 형식을 취한 배서를 숨은 추심위임배서라 한다.

(2) 공연한 추심위임배서

① 방식

추심위임배서는 「회수하기 위하여」, 「추심하기 위하여」, 「대리권수여를 위하여」 등 대리권 수여를 표시하는 문언을 기재하고 배서인이 기명날인 또는 서명하는 방식이다(어 18, 수 23). 추심위임문언은 기재해야 하므로 백지식으로는 가능하나, 간략백지식으로는 할 수가 없다.

추심위임배서의 피배서인이 어음을 다시 배서 양도한다면, 이는 재추심위임배서가 된다.[60] 이에 대하여 재추심위임배서로 보는 것은 어음행위의 문언성에 반하고 무효행위전환의 법리를 부당하게 확대 적용한 것이므로, 이런 배서는 무효인 배서로 보아야 한다는 견해도 있다.[61]

② 효력

일반적인 배서의 효력에는 권리이전적 효력, 담보적 효력, 자격수여적 효력이 있다. 추심위임배서에도 동일한 효력을 인정할 것인가의 문제가 발생한다.

㉮ 권리이전적 효력

공연한 추심위인배서에는 권리이전적 효력이 없다. 추심위임배서인은 어음상의 자신의 권리를 이전하는 것이 아니라, 어디까지나 어음상의 권리행사를 위임한 것에 불과하기 때문이다. 따라서 피배서인은 어음상의 권리를 취득하지는 못하지만 어음상의 권리를 행사할 대리권은 취득한다.

---

60) 최준선, 341면; 정찬형, 490면; 손주찬(下), 248면
61) 이철송, 350면

권리이전적 효력이 없기 때문에 인적항변은 절단되지 않는다. 또한 피배서인은 선의취득할 수도 없다.

피배서인은 어음상 권리를 처분할 수는 없으나, 재추심위임배서는 할 수 있다(어 18조 1항 단서, 수 23조 1항 단서). 그리하여 만약 추심위임의 피배서인이 양도배서한다면 그 양도배서는 인정될 수 있는가. 어음법 제18조 제1항 단서는 「그러나 소지인은 대리를 위한 배서만을 할 수 있다」고 할 수 있으므로, 추심위임의 피배서인이 양도배서의 의사로 배서양도하였더라도, 이것은 어디까지나 제2의 추심위임배서로 간주한다는 것이 어음법의 취지라고 생각된다.

배서인은 추심위임배서를 한 후에도 어음상 권리를 잃지 않는다.

㈏ 담보적 효력

추심위임배서에는 권리이전적 효력이 없으므로 담보적 효력도 없다. 즉, 추심위임배서인이 피배서인에게 담보책임을 부담하지 않는다.

㈐ 자격수여적 효력

추심위임배서에는 자격수여적 효력은 있다. 그래서 추심위임의 피배서인은 실질상 대리권을 갖는다는 증명을 하지 않더라도 당연히 어음상의 권리를 행사할 수 있고, 어음채무자도 이러한 권리외관을 신뢰하고 어음채무를 이행한다면 면책된다(선의지급이 인정된다).

어음채무자는 추심위임배서의 배서인에 대하여 대항할 수 있는 항변만을 가지고 어음소지인인 추심위임배서의 피배서인의 권리행사시에 대항할 수 있다. 어음상의 권리자는 추심위임배서인이기 때문이다. 그래서 추심위임의 피배서인에 대항할 수 있는 사유로는 어음채무자가 대항할 수 없다.

추심위임의 피배서인은 독립된 경제적 이익이 없기 때문에 선의취득은 인정되지 않는다.

(3) 숨은 추심위임배서

① 의의 및 목적

숨은 추심위임배서란 추심위임의 목적으로서 보통의 양도배서를 하는 것을 말한다. 이것은 추심위임문구가 피배서인에 대한 불신임을 표명하는 듯이 생각되는 것을 피하고, 또 어음소지인 자신의 항변절단의 목적으로 이용된다. 실제로 숨은 추심위임배서가 넓게 활용되고 있다.

② 유효성

어음법은 공연한 추심위임배서를 전제로 하고 숨은 추심위임배서는 예정하고 있지 않았기 때문에 그 유효성에 문제가 된 적이 있다. 숨은 추심위임배서는 한 때 통정허위표시로 무효라고 했으나, 배서인의 배서의사는 있기 때문에 유효하다는 것이 통설이다.

■ 대판 1990. 4. 13, 89다카1084

추심위임의 목적으로 하는 통상의 양도배서 즉 숨은 추심위임배서도 유효하고 이 경우 어음법 제18조의 규정에 의하여 인적항변이 절단되지 아니한다.

③ 법적 성질

숨은 추심위임배서가 유효하다면 그 법적 성질의 설명이 문제된다. 법적 성질을 둘러싸고는 크게 신탁양도설과 자격수여설로 대립되고 있다.

㉮ 신탁적 양도설(통설)

이 학설은 숨은 추심위임배서를 양도배서라고 하는 형식에 중점을 둔다. 즉, 어음상의 권리는 완전히 피배서인에게 이전하고, 어음면상에 나타나지 않은 추심위임의 합의는 당사자간에 인적관계에 그치는 것으로 파악한다.[62] 다시 말해 어음의 신탁적 양도로

62) 이철송, 357면; 최준선, 343면; 정찬형, 492면; 채이식(下), 179면

보고, 대외적으로 어음상의 권리는 완전히 피배서인에게 이전하고 대내적으로 피배서인이 어음금을 추심하여 배서인에게 이전해 줄 의무를 부담한다고 설명한다.

㉯ **자격수여설**

이 견해는 배서라는 형식보다도 당사자의 경제적 목적을 중시하여 그 법률관계를 파악하고자 한다(즉, 배서라는 형식보다는 당사자의 의사, 다시 말해 실질에 중점을 둔다). 따라서 숨은 추심위임배서에 의해서는 어음상의 권리가 이전하지 아니하나, 피배서인은 자기명의로 배서인의 계산으로 어음상의 권리를 행사할 권한을 취득하는데 불과하다는 것이다.

㉰ **절충설**

이 견해는 숨은 추심위임배서는 자격수여적인 경우도 있고, 신탁적 양도인 경우도 있는데, 당사자의 의사가 불분명할 때에는 자격수여로 추정할 것이라고 한다.[63]

㉱ **판례**

판례는 신탁적 양도설을 취하고 있다.[64]

㉲ **검토**

어음행위는 문언성의 성질을 갖고 있다. 숨은 추심위임배서가 어음면상에 권리이전을 목적으로 하는 배서라는 형식을 갖추고 있음에도 불구하고 자격수여설과 같이 배서라는 형식을 무시하는 것은 타당하지 않다고 생각한다. 요컨대, 자격수여설은 그 실질에만 착안하여 배서의 형식성과 문언성을 외면한 것이다. 따라서 신탁양도설이 타당하다.

④ 숨은 추심위임배서의 효력

숨은 추심위임배서의 법적 성질은 신탁적 양도설에 따라 파악하고, 그 효력을 설명하기로 한다.

63) 최기원, 445면
64) 대판 1973. 2. 28, 72다2489; 대판 1982. 3. 23, 81다540

㉮ 권리이전적 효력

· 권리이전과 인적 항변의 절단

숨은 추심위임배서에는 권리이전적 효력이 있고 인적 항변은 절단된다. 다만 어음채무자가 숨은 추심위임배서임을 입증하면 인적항변이 절단되지 않는다.

한편 자격수여설에서는 어음상의 권리는 피배서인에게 이전하지 않으므로 피배서인은 배서인의 권리만을 행사할 수 있을 뿐이므로 어음채무자는 배서인에 대하여 가지고 있는 인적항변으로 피배서인에게 대항할 수 있다고 한다.

■ Case

A(약속어음 발행인) ⟶ B(숨은 추심위임 배서인) ⟶ C(피배서인) (C가 A에 대한 지급청구)

■ **신탁양도설**

A는 C에 대하여 가지고 있는 항변으로써 대항할 수 있지만, B에 대한 항변사유로는 C의 청구에 대하여 대항할 수 없다.

■ **자격수여설**

A는 B에 대하여 가지고 있는 항변으로써 C의 A에 대한 청구에 대항할 수 있다.

• 피배서인의 파산

피배서인이 파산하면 어음은 파산재단에 속하게 되므로 배서인은 환취권을 행사할 수 없다.

• 추심위임의 해제

배서인이 추심위임을 해제하고 어음을 회수한 경우 배서인은 다시 어음상의 권리를 취득한다. 이 때 숨은 추심위임배서를 말소하거나 환배서를 받아야 형식적 자격을 취득한다.

• 피배서인이 한 배서양도

피배서인이 추심위임에 반하여 어음을 배서양도한 경우에 선의의 양수인은 어음상의 권리를 취득한다.

㉯ 담보적 효력

배서인 피배서인간에 담보적 효력이 없다.

㉰ 자격수여적 효력

자격수여적 효력은 인정되나, 선의취득은 인정되지 않는다.

6) 입질배서

(1) 서설

① 의의

어음소지인이 자기 또는 제3자의 채무를 담보하기 위하여 어음상의 권리에 질권을 설정할 목적의 배서를 말한다(어 19조). 입질배서를 함으로써 피배서인이 피담보채권에 관해 어음으로부터 우선변제를 받을 수 있게 된다.

② 종류

공연한 입질배서와 숨은 입질배서가 있다. 어음법은 공연한 입질배서만 규정하고 있다.

(2) 공연한 입질배서

① 방식

입질의 문언, 즉 「담보하기 위하여」, 「입질하기 위하여」, 그 밖에 「질권 설정을 표시하는 문구」를 기재하고 배서인이 기명날인 또는 서명하는 것이다. 배서금지어음의 입질배서여부에 대해 긍정설은 배서금지어음은 양도배서를 금지한 것이지 질권 설정을 금지한 것이 아니라는 해석에서 이를 긍정하는 것이 다수설이다.[65] 그러나 부정설은 이를 긍정하는 경우 양도배서를 받은 자는 권리행사가 불가능한데, 입질배서를 받은 자는 권리행사가 가능해진다는 모순 등으로 이를 부인한다.[66]

65) 정찬형, 497면; 손주찬(下), 255면
66) 최기원, 450면

생각건대 배서금지어음은 어음법적으로 배서 양도하는 것을 금지한 것이므로, 입질배서를 할 수 없다고 해석하는 것이 합리적이라 보인다. 입질배서에 의하여 항변이 절단되기 때문에 더욱 이를 허용할 수 없다고 본다.

② 효력

입질배서의 피배서인은 어음상의 권리에 질권을 취득하고, 어음으로부터 생기는 모든 권리를 자기의 명의로 행사할 수 있다. 추심위임배서의 경우 피배서인이 배서인의 대리인이 되지만, 입질배서의 피배서인은 질권자로서 자기의 이익을 위하여 자기의 명으로서 행한다는 측면에서 그 지위가 다르다.

입질배서의 효력을 구체적으로 살펴보면 다음과 같다.

㉮ 권리이전적 효력

- 권리이전적 효력의 부존재

  입질배서는 어음상의 권리위에 질권을 취득하는 것이지 어음상의 권리를 이전받는 것은 아니다. 따라서 권리이전적 효력은 인정되지 않는다.

- 피배서인의 이득상환청구권의 행사가능성

  입질배서의 취지에서 볼 때 당사자간의 특약이 없으면 피배서인이 이득상환청구권을 행사할 수 없다는 견해도 있다. 그러나 입질배서의 피배서인의 권리가 실질적으로는 어음상의 권리를 취득한 자와 같다고 볼 때 이를 긍정함이 타당하다.

- 어음항변의 절단과 선의취득

  입질배서의 피배서인은 추심위임배서의 피배서인과 달리 독립된 경제적 이익을 가지고 있다. 따라서 질권자에게 악의가 없는 한 어음채무자는 배서인에 대한 항변으로써 질권자에게 대항하지 못한다(인적항변절단). 또한 배서인이 무권리자, 무권대리인 등의 경우에도 악의 또는 중대한 과실없이 입질배서를 받은 피배서인은 어음상의 권리를 선의취득한다.

• 민법 제353조의 적용문제

민법 제353조 제2항에 의하면 피담보채권의 금액이 어음금액보다 적은 경우 그 한도 내에서만 채권을 직접 행사할 수 있다는 규정을 적용할 것인가의 문제가 있다.

통설은 어음결제의 신속, 간이화를 들어 민법 제353조는 질권의 목적인 어음상의 권리에 적용되지 않는다고 한다.[67] 다만 초과로 추심한 차액은 배서인에게 반환하여야 한다.

㉯ 자격수여적 효력

입질배서는 배서인이 피배서인에게 질권자로서의 자격을 수여하는 것이다. 따라서 자격수여적 효력이 있다. 입질배서가 된 어음의 소지인은 정당한 질권자로 추정되고 그 형식적 자격에 의하여 권리를 행사할 수 있다.

㉰ 담보적 효력

입질배서의 담보적 효력 여부에 대해 부정설은 담보책임이란 권리이전적 효력에만 부수한다는 전제하에 입질배서에는 권리이전적 효력이 없으므로 담보적 효력도 없다고 한다(소극설).[68] 이에 대해 긍정설은 배서인의 담보책임은 권리이전적 효력을 전제로 하지 않고 배서인은 일반적으로 인수와 지급을 담보한다고 주장한다(적극설).[69]

생각건대, 모든 어음행위자가 담보책임을 지는데 정작 담보설정자가 담보책임을 면한다는 것은 균형에 맞지 않다. 따라서 담보적 효력이 있다고 본다.

(3) 숨은 입질배서

① 의의

어음상의 권리에 질권을 설정하는 경우 공연한 입질배서를 하지 않고 오히려 실무상은 숨은 입질배서를 하는 경우가 대부분이다. 숨은 입질배서란 질권설정의 목적으로 일반적인 양도배서를 한 것을 말한다.

---

67) 최준선, 346면

68) 최기원, 453면; 宮島司, 145면

69) 정동윤, 407면; 손주찬(下), 275면; 정찬형(下), 299면

② 법적 성질

숨은 입질배서의 법적 성질에 관하여 추심위임배서와 같이 다툼이 있다. 그러나 추심위임배서와 달리 피배서인은 자기의 채권보전을 위해서 어음을 배서양도받았기 때문에 고유한 경제적 이익을 갖고 있다. 그래서 입질배서의 법적 성질은 신탁적 양도라 보는 것이 일반적이다.

③ 효력

㉮ 권리이전적 효력

피배서인은 어음상의 질권자로서가 아니고 어음상의 권리자로서 그 권리를 행사할 수 있다.

그래서 인적항변도 절단되고, 어음채무자는 배서인에 대항할 수 있는 사유로 피배서인에게 대항할 수는 없다. 또한 피배서인이 파산한 경우에도 배서인은 환취권이 없다. 그렇지만 당사자 간에는 양도배서가 아니라 입질배서만의 효력이 있다.

【배서의 종류 및 효력】

구 분	양도배서					추심위임배서	입질배서
	보통	백지식	무담보	배서금지	기한후배서		
권리이전적 효력	○	○	○	○	○	×(단, 숨은추심위임배서의 신탁적 양도설은 ○)	× (질권만 취득, 그러나 숨은 입질배서 ○)
담보적 효력	○	○	×	△ (피배서인이후의 자에 대한 담보책임은 부정)	×	×	△(긍정설이 통설, 숨은 입질배서 ○)
자격수여적 효력	○	○	○	○	○	○	○
선의취득	○	○	○	○	× (부정설이 통설)	× (숨은 추심 위임배서는 긍정)	○
인적항변 절단	○	○	○	○	×	×	○

○ : 인정, × : 불인정, △ : 학설의 대립이 있거나 제한적으로 인정되는 경우

㈏ **담보적 효력**

배서인은 피배서인 및 그 후자에 대하여 상환의무를 부담한다.

㈐ **자격수여적 효력**

자격수여적 효력은 인정된다. 또한 권리추정력, 선의지급의 면책, 선의취득도 인정된다.

4. 최종의 배서가 백지식배서인 경우의 어음의 단순한 교부에 의한 양도

배서가 백지식배서인 경우에는 어음의 단순한 교부에 의하여 양도할 수 있고, 최종 배서가 백지식 배서인 경우에는 그 어음의 소지인은 적법한 소지인으로 추정된다. 또한 이와 같은 양도는 어음법적 양도이고, 선의취득 및 인적항변의 주장제한이 인정된다. 그러나 배서는 아니므로 양도인은 어음법상의 담보책임은 부담하지 않는다.

5. 배서의 말소에 의한 양도

1) 말소후의 양도

어음의 배서인은 환배서에 의함이 없이 자기가 한 배서이후의 배서를 말소한 어음의 반환을 받는 것에 의하여 어음상의 권리를 취득할 수 있다. 이것은 말소에 의한 양도를 인정하여도 중간배서인 기타의 자가 불이익을 입을 것은 아니고, 지명채권양도의 방식에 의한 양도를 모든 어음에 관하여 인정하는 견해에 선다면 말소에 의한 양도를 금지하는 규정은 없기 때문이다.

2) 말소전의 양도

또한 배서가 말소되지 않고 권리이전의 취지에서 배서인에게 어음이 반환된 경우에서도 배서인은 어음상의 권리를 취득할 수 있다. 그래서 배서를 말소하여 권리 행사할 수 있다.

3) 양도의 효력

이와 같은 양도에는 어음법적인 양도로 보아 백지식 배서가 된 어음의 교부와 동일한 효력이 인정될 수 있는가, 지명채권양도의 효력만이 인정될 수 있는가가 문제로 된다. 어음법의 명문으로 인정된 양도방법은 없기 때문에 약간 의문은 있지만 백지식배서가 이루어진 어음의 교부와 동일한 효력을 인정하여도 무방하다고 생각한다. 왜냐하면 동일한 효력을 인정하여도 누구에게도 불이익이 되지 않고, 다른 어음관계자의 기대에서도 반하지 않기 때문이다.

4) 피배서인란의 말소에 의한 양도

배서인은 이전에 자기가 한 배서의 피배서인란만을 말소하여 어음을 양도할 수 있고, 그것은 백지식 배서로 보아야 한다.

Ⅳ. 어음의 항변

1. 어음항변

1) 의의

어음항변이란 어음채무자가 어음채권자의 어음상의 권리행사에 대하여 그 권리행사를 거절하기 위하여 주장할 수 있는 일체의 사유를 말한다(어 17조, 77조 1항 1호, 수 22조). 어

음항변이 법에 따른 정당한 것이라면 어음채무자가 의무이행을 거절하더라도 채무불이행이 되지 않는다.[70]

2) 이론적 근거

어음항변의 이론적 근거에 관하여는 여러 학설의 대립이 있다.

(1) 선의취득자의 보호에 기초를 두는 견해

어음의 유통을 확보하고, 어음취득자를 보호하기 위하여 법이 특별히 인정한 것이라고 하는 법정책설과 인적항변사유는 어음면상에 나타나지 않고, 취득자는 어음면상의 외관을 신뢰하여 어음을 취득하므로 전자의 인적항변은 후자에는 미치지 않는다고 하는 권리외관설이 있다.[71]

법정책설에 관해서는 법규정이 있으므로 항변제한이 인정될 수 있다는 것은 설득력이 떨어진다. 어음거래의 안전이라지만 어음채무자의 이익의 희생 위에서 어디까지 용인될 수 있을지가 불분명하다는 비판을 받을 소지도 있다. 권리외관설에 대해서는 그 기초이론 외에 어음법 제17조 단서의 「해의」와 외관에의 신뢰(선의와 표리관계에 있는 것은 악의)를 어떻게 관련시킬지가 의문이라는 비판을 받는다.

(2) 어음행위의 특질에서 이론 구성하는 견해

증권발행자의 의사는 그대로 수취인을 통하여 제3자에게 도달함에 의하여 어음관계가 성립하므로, A(발행인) → B(수취인), 그리고 직접 A(발행인) → C(피배서인)으로 되므로, 어음항변이 승계되는 것은 아니라고 하는 발행자 의사설, 증권소유권의 취득에 의하여 어음행위는 발효하고, 증권소유자는 항상 원시적 권리자로 되기 때문에, 항변제한의 법리는 법의 정함을 기다리지 않고도 당연한 사리로 보는 원시취득설이 있다.

---

70) 이철송, 155면

71) 정동윤, 165면; 최기원, 550면; 정찬형, 368면; 宮島 司, 109면

발행자 의사설에 대하여는 당사자의 의사를 지나치게 의제한다는 비판이, 원시취득설에 대하여는 너무 기교적이라는 비판이, 양설에 대하여는 항변제한은 어음만에 특유한 것은 아니고, 민법상의 지시채권이나 무기명채권에서도 인정될 수 있으므로, 이것도 포함하여 동일하게 설명할 수 있다는 비판을 받는다.

(3) 어음의 무인성에서 이론 구성하는 견해

어음의 인적항변제한제도에 관하여 배서의 성질에 관하여는 채권양도설을 취하면서, 어음행위의 본질인 무인성, 문언성에 의하여 설명하는 것이 타당하다.[72] 결국 우선 무인성에 의하여 원인관계와 단절된 독립의 어음채권을 만들고, 문언성에 의하여 어음면상에 기재된 것이 어음권리의 범위로 된다. 이와 같은 어음의 권리관계가 발행인과 수취인간에 우선 성립한다. 당연한 지시증권성을 가지므로, 배서라고 하는 양도방법에 의하여 제3자에게 권리는 이전되어 간다. 피배서인은 배서인의 어음상의 권리를 승계하지만, 배서에 의하여 양도되는 것은 증권에 기재되어 있는 무인적 권리만이고, 어음외의 항변 등은 이전되지 않는다. 이와 같이 어음채권의 무인성(추상성)을 근거로 하여 인정항변의 제한을 설명하는 것이 타당하다.

3) 어음항변의 제한과 그 취지

어음법 제17조는 「환어음에 의하여 청구를 받은 자는 발행인 또는 종전의 소지인에 대한 인적관계로 인한 항변으로써 소지인에게 대항하지 못한다」고 규정하고 있다. 이를 어음항변의 제한 또는 인적항변의 절단이라고 한다.[73]

일반 채권은 원칙적으로 채무자는 채권의 양수인에 대하여는 원채권자에 대하여 대항할 수 있는 항변으로써 대항할 수 있다. 그런데 어음은 불특정다수인 사이에서 전전

---

72) 서돈각 · 정완용, 108면

73) 최준선, 182면

유통될 것을 예정하여 만든 제도이므로 위와 일반 채권양도와 같이 법률구성한다면 어음양도의 횟수가 늘어나는 만큼 항변사유도 많아질 것이다. 이런 결과는 어음소지인 입장에서 어떠한 항변사유가 있는지 문언만으로는 알지 못하고, 인적항변이 늘어난 만큼 위험도 증대하게 마련이다. 결국 어음의 유통기능은 상실되고 말 것이다. 이런 것을 시정하기 위하여 어음법 제17조는 인적항변제한(인적항변절단)의 규정을 두고 있다.

2. 항변의 분류

어음・수표법은 인적항변에 관한 규정만 두고 있다(어 17조). 그래서 인적항변이 아닌 것을 어떻게 분류할 것인가에 관하여 견해의 대립이 있다.[74] 다수설은 어음항변을 피청구자가 특정한 청구자에 대해서만 대항할 수 있는 인적항변과 피청구자가 모든 청구자에 대하여 대항할 수 있는 물적항변으로 나눈다. 이에 대하여 다양한 분류방법을 시도하는 견해가 있는데, 증권적 항변(증권의 내용으로부터 알 수 있는 항변으로서 예컨대 어음요건흠결의 항변, 어음면상 명백한 지급필의 항변, 배서불연속의 항변, 상환청구권(소구권)보전절차흠결의 항변), 비증권적 항변(어음증권 자체로부터는 알 수 없는 어음채무의 효력에 관한 항변을 말하는데, 어음의 위조・변조의 항변, 무능력의 항변 등), 인적항변(어음채무의 객관적인 존속과는 관계없이 어음채무자와 특정한 어음채권자 사이의 특별한 인적 법률관계에 기하여 발생하는 항변을 말한다)의 3분설,[75] 증권상의 항변, 귀책가능성의 항변(어음채무자에게 외관의 성립에 대한 책임을 지울 수 있는 요건이 흠결된 경우를 말함, 어음의 위조・변조의 항변, 무능력, 무권대리의 항변), 어음효력에 관한 항변(어음채무를 발생시키는 법률행위의 유효성에 관한 항변을 말함, 예컨대 교부계약의 흠결 및 교부계약의 하자 또는 어음을 환수하지 않고 한 어음채무변제의 항변을 들 수 있다), 인적 항변(어음의 원인관계 또는 어음외의 특약으로부터 발생하는 항변을 말함, 예컨대 원인계약의 무효・취소・부존재, 지급유예의 특약 따위), 배제불요의 항변(그 성질상 항변의 제한이나 배제를 필요로 하지 아니하는 항변을 말한다, 예컨대 융통어음의 항변이 이에 속한다)의 5분설이 주장되기도 한다.[76] 그러나 항변은 절단이 되느냐 아니냐의 문제이므

74) 정찬형(하), 369면
75) 정찬형, 580면

로 더욱 다양한 분류방법을 취하는 것은 어음법 제17조의 해석상 특히 의미있는 방향을 제시하는 것은 아니다는 비판을 하는 견해도 있다. 그런 견해에 동의하면서 이하에서는 전통적인 분류방법에 따라 인적항변과 물적항변으로 나누어 설명한다.

3. 물적항변과 인적항변

1) 물적항변

물적항변이란 피청구자가 모든 청구자에 대하여 대항할 수 있는 주장사유를 말한다. 물적항변은 그 구체적인 내용에 따라 여러 가지 분류를 할 수 있다.

(1) 어음의 기재로부터 생기는 항변

• 어음요건흠결의 항변(어 2조 1항, 76조 1항)

어음요건이 흠결되어 있는 경우 어음은 무효이고, 어음채무는 성립하지 않는다. 또한 어음요건의 흠결은 어음면상 명백하므로 어음소지인의 이익이 부당하게 해하여지는 것은 아니다.

어음상에 기재되어 있는 사실은 취득자는 용이하게 알 수 있으므로, 물적항변으로서도 어음거래의 안전을 부당하게 해하는 것은 아니다. 어음상에 기재되어 있는 만기 미도래의 항변(어 38조, 40조 2항·77조 1항 3호), 어음면상 명료한 지급필·일부지급(어 39조 1항·3항, 어 77조 1항 3호)·면제·상계의 항변, 무담보문구의 항변, 지급장소의 약정을 지키지 않았다는 항변을 말한다.

(2) 어음행위의 유효한 성립을 부정하는 항변

어음의 위조(어 7조·77조 2항)·변조(어 69조·77조 1항 7호)의 항변, 무권대리의 항변(어 8조·77조 2항), 무능력으로 인한 무효·취소의 항변(어 7조·어77조)을 말한다.

---

76) 5분설은 독일의 Canaris교수의 분류방법을 정동윤 교수가 도입한 이론이다(정동윤, 171면).

(3) 어음채무의 소멸 또는 어음의 실효에 관한 항변

공탁의 항변(어 42조 · 어 77조 1항 3호), 제권판결에 의한 어음실효의 항변(민소 446조 이하), 시효소멸의 항변(어 70조 · 77조 1항 8호), 권리보전절차흠결의 항변(어 53조 · 어 56조 2항 · 어 60조 1항 · 66조 2항 · 68조 2항 · 77조 1항 4호) 등이다.

2) 인적항변

(1) 실질관계에 기인한 항변

원인관계의 무효, 취소 또는 해제의 항변, 불법행위에 의거한 어음행위라는 항변, 융통어음이라는 항변, 추심의 목적으로 배서 양도하였다는 항변 등을 말한다.

(2) 어음행위성립의 하자로 인한 항변

의사표시의 흠결 또는 하자로 인한 항변, 백지보충권남용의 항변을 말한다.

(3) 무권리의 항변

어음소지인이 무권리인 것을 항변사유로 하는 것이다. 다른 인적항변과 달리 특정한 자(무권리자)에 대하여 모든 채무자가 대항할 수 있는 항변이라는 특색이 있다. 소지인이 절도자인 경우나 그 자로부터 악의 중과실로 취득한 자는 무권리자이다.

4. 인적항변의 제한(절단)과 그 적용범위

1) 직접 당사자간의 인적항변의 대항

당사자간의 특약에 기한 항변, 동시이행의 항변, 상계의 항변 등은 당사자 간에서 대항할 수 있는 것은 당연하다. 그러나 무인론의 입장에서는 원인관계의 무효 등을 인적항변으로 한 후에, 이것을 주장하여 어음채무의 이행을 당연히 거부할 수 없는 것으로 생각할 수 있다.

어음채권이라고 하는 것은 무인채권의 취득은 수익이고, 대항하는 어음채무의 부담은 손실이며, 그 사이에는 원인관계가 있다. 그런 까닭에 원인관계가 존재하지 않으므로, 법률상의 원인은 없다고도 할 수 있다. 따라서 부당이득이 생길 수 있게 되고, 그것을 이유로 대항할 수 있다.

다른 시각에서 보면 어음소지인은 당해 어음을 소지할 실질적인 권리는 없으므로, 어음의 소지라고 하는 형식적 자격을 이용하여 어음금 지급을 청구하는 것은 권리남용의 일종이라고 할 수 있다. 즉, 소지인에게는 정당한 경제적 이익이 인정될 수 없다.

2) 인적항변의 제한

어음법 제17조에서는 인적항변을 제한하고 있다. 다시 말해, 어음채권이 양도된 경우에는 인적항변을 직접의 당사자 이외에는 대항할 수 없다. 이것은 어음의 유통성을 확보하고 증진하기 위하여 유통과정에 있어서의 전자에게 대항할 수 있는 항변 중 양수인이 손쉽게 알 수 없는 것은 후자 양수인에 대해서는 대항하지 못하도록 단절(제한)시킨 것이다.

3) 적용범위

당사자 이외의 자에 대하여 인적항변을 제한한 것은 어음의 유통성을 보호하기 위한 것이므로 어음의 유통보호와 관계가 없는 것은 어음항변제한의 법리가 적용될 여지가 없다. 즉, 인적항변은 상속, 합병, 추심위임배서 등에서는 항변이 절단될 수 없다. 또한 어음이 지명채권의 양도방법으로 양도된 경우(어 11조 2항)나 기한후배서(어 20조 1항 전단)에 의해 양도된 경우에도 항변절단의 효과가 없다. 또한 악의의 항변의 경우에도 어음항변이 절단되지 않는다.

5. 악의의 항변

채무자를 해할 것을 알고 취득한 경우에는 인적항변의 절단이 이루어지지 않는다. 즉, 이 경우 인적항변사유로 대항할 수 있다. 이것을 「악의의 항변」이라 한다(어 17조).

■ Case

A는 B에 대하여 공연을 위한 무대의상의 제작을 주문하였다. 제작대금지급을 위하여 A는 B에게 약속어음을 발행하였다. 의상제작중에 B는 C간의 거래관계상 채무결제를 위하여 어음을 C에게 배서 양도하였다. C는 B로부터 어음을 취득할 때 A가 어음을 발행한 사정이나 무대의상이 제작중중인 것을 알고 있었다. 그 후 공연당일에 무대의상이 완성되어 전달되지 못했기 때문에 AB간의 계약은 해제되었다. C는 B로부터 취득한 어음에 기하여 A에 대하여 어음금을 청구하고 있다. A는 C로부터의 청구를 거절할 수 있는가?[77)]

1) 의의

위 사례는 악의의 항변에 해당하는 문제이다. 악의의 항변이란 채무자를 해할 것을 알고 어음을 취득한 소지인에 대한 인적항변을 말한다(어 17조 단서 · 77조 1항 1호). 즉, 이미 항변이 부착되어 있는 줄 알고 채무자를 해할 것도 알면서 어음을 취득한 자에 대해서는 어음항변절단의 법리를 인정하지 않으려는 것이다.[78)] 이것을 이중인식설이라고 한다.[79)]

---

77) 丸山秀平, 108면

78) 최준선, 184면; 정동윤, 243면

79) 대판 1984. 4. 12, 97다카1113; 대판 1988. 1. 19, 86다카1954; 대판 1989. 10, 24, 89다카1398; 대판 1996. 5. 28, 96다7120

■ 대판 1996. 5. 14, 96다3449

이른바 악의의 항변이라 함은 항변사유의 존재를 인식하는 것만으로는 부족하고 자기가 어음을 취득함으로써 항변이 절단되고 채무자가 해를 입는다는 사실까지도 알아야 한다고 할 것이므로, 원심이 인정한 사실관계하에서는 원고가 피고를 해할 것을 알고 이 건 어음을 취득하였다고 볼 수 없다고 할 것이어서 원심이 위와 같은 사실만으로 피고의 항변을 받아들여 원고의 청구를 배척한 것은 잘못이라고 할 것이다.

■ 대판 1997. 5. 16, 96다49513

[1] 사기와 같은 의사표시의 하자를 이유로 어음발행행위를 취소하는 경우에 그 취소의 의사표시는 어음발행행위의 직접 상대방에 대하여 뿐만 아니라 어음발행행위의 직접 상대방으로부터 어음을 취득하여 그 어음금의 지급을 청구하고 있는 소지인에 대하여도 할 수 있다고 봄이 상당하다 할 것이지만, 이와 같은 의사표시의 취소는 선의의 제3자에게 대항할 수 없는 것이고, 이 때의 제3자라 함은 어음발행행위의 직접 상대방 이외의 자를 가리키는 것이므로, 어음의 발행인이 어음발행행위의 직접 상대방이 아닌 소지인을 상대로 어음발행행위 취소의 의사표시를 할 수 있다 하여 소지인의 선의·악의를 불문하고 취소의 효과를 주장할 수 있게 되는 것은 아니다.

[2] 어음행위에 착오·사기·강박 등 의사표시의 하자가 있다는 항변은 어음행위 상대방에 대한 인적항변에 불과한 것이므로, 어음채무자는 소지인이 채무자를 해할 것을 알고 어음을 취득한 경우가 아닌 한, 소지인이 중대한 과실로 그러한 사실을 몰랐다고 하더라도 종전 소지인에 대한 인적항변으로써 소지인에게 대항할 수 없다.

2) 악의의 항변의 요건

악의의 항변이 성립하기 위한 요건에 관하여 통일어음법에서 논의되었는데, 대체로 세 가지 입장이 있었다.[80] ① 공모설은 어음채무자를 해할 의사로 통모하는 것이라 하고, ② 악의설은 소지인이 단순히 채무자에게 항변사유 있음을 알면 족하다고 하며, ③ 해의설은 소지인이 아는 것으로는 부족하고 자신의 어음취득으로 채무자의 항변이 절단되고 따라서 채무자가 손해를 입는다는 사실을 알아야 한다고 한다. 우리 어음법은

80) 정찬형(하), 377면

해의설을 취한 입법형태이다. 즉, 악의의 항변이 성립하기 위하여는 어음의 양수인이 「채무자를 해할 것을 알고」 어음을 취득해야 한다. 좀 더 자세히 설명하면, 어음양수인이 악의일 뿐만 아니라 나아가 특별한 사정이 있어야 한다는 것이다.

위 Case에서 보면 A가 B에 대하여 무대의상의 제작을 주문하였으나, 이 계약은 도급계약이 된다. 도급계약이란 도급인이 주문자로부터 주문받은 일을 완성해야만 그에 대한 대가를 수취하는 것을 내용으로 하는 계약을 말한다. Case에서 B가 무대의상을 제작하여 주문자인 A에게 공연기일까지 완성품을 인도하여야 한다. 다만 A가 B에게 발행한 어음이 C의 수중으로 넘어가는 시점에서는 공연기일전이고 무대의상은 아직 A에게 인도되지 않았다. 이 때 만약 C가 채무자를 해할 것을 알고 어음을 취득한 것이라면 A는 C의 청구에 대하여 AB간의 도급계약의 해제를 원인으로 C의 지급청구를 거절할 수 있게 된다. 그러나 C가 채무자를 해할 것을 알고 어음을 취득했다고 하기 위해서는 어음 취득시에 C가 무대의상이 제작중이고 최종적으로 공연기일에 맞추지 못할 것이라는 것을 인식하여야 한다.

해의의 존재 시기는 어음의 취득시기를 기준으로 한다.[81] 따라서 어음소지인이 이미 발생한 항변사유에 대하여 어음 취득시에는 몰랐으나, 그 후에 안 경우에는 어음채무자는 그러한 어음소지인에 대하여 악의의 항변을 주장할 수 없다.

소지인의 악의에 관한 입증책임은 어음채무자가 이를 부담한다는 것이 통설과 판례이다.[82]

3) 소지인의 범위

어음소지인은 해의가 있으나 그 소지인이 해의가 없는 자로부터 어음을 취득한 경우 악의의 항변이 가능한가?

다수설과 판례는 선의자의 개입으로 항변은 영구히 차단된다고 한다.[83] 이것을 영미

---

81) 정찬형(下), 387면

82) 정찬형, 618면; 정동윤, 181면; 대판 1962. 9. 30, 62다383

법에서는 선의의 전자가 엄폐물의 역할을 하기 때문이라 하고, 이 원칙을 엄폐물의 법칙(shelter rule)이라고 한다.[84] 이에 반해 악의의 항변은 선의자에 의하여 차단되지 않는다고 주장하는 견해도 있다. 그러나 어음의 유통성 보호를 위하여 인적항변의 절단이익을 그 후의 취득자가 누릴 수 있다고 해석하는 것이 합리적이다.

■ 대판 2001. 4. 24, 2001다5272

백지식 배서에 의하여 어음을 양수한 사람은 백지를 보충하지 아니하고 인도에 의하여 어음을 양도하면 배서인으로서의 상환의무를 부담하지 아니하지만 현재의 어음소지인의 앞사람으로서 권리를 양도한 어음상의 권리자였다는 지위에는 변함이 없으므로, 어음상 배서인으로 나타나 있지는 않지만 현재의 어음소지인에게 어음을 양도한 사람이 어음취득 당시 선의였기 때문에 그에게 대항할 수 없었던 사유에 대하여는 현재의 어음소지인이 비록 어음취득 당시 그 사유를 알고 있었다고 하여 그것으로써 현재의 어음소지인에게 대항할 수 없고, 이러한 이치는 현재의 어음소지인이 지급거절증서 작성 후 또는 지급거절증서작성기간 경과 후에 어음을 양도받았다고 하더라도 마찬가지이므로(대법원 1994. 5. 10. 선고 93다58721 판결 참조), 원고들이 동남은행으로부터 지급거절증서 작성 후 또는 지급거절증서작성기간 경과 후에 이 사건 어음을 양도받았어도, 기록상 원고들의 앞사람으로서 이 사건 어음의 종전 소지인인 동남은행이 피고가 항변사유로서 주장하는 이 사건 어음이 융통어음으로서 이와 교환으로 발행된 담보어음이 지급거절되었다는 사정 또는 이 사건 어음에 대한 원인관계채권이 상계로 소멸되었다는 사정 등을 알고 있었다는 아무런 자료를 찾아볼 수 없는 이 사건에서, 피고의 위와 같은 항변은 절단되었고, 따라서 동남은행으로부터 이 사건 어음을 양수한 원고들이 위와 같은 사정을 알고 있었다고 하더라도 피고는 위와 같은 사유를 들어 원고들에 대하여 대항할 수도 없다. 결국 원고들이 이 사건 어음을 동남은행으로부터 교부받은 시점에 관한 원심의 사실인정에 관계없이(원심 판시의 1998. 4. 27.은 그 문맥이 다소 모호하지만 원고들이 이 사건 어음을 양수한 날짜가 아니고 그 대위변제를 한 날짜로 보일뿐더러, 상고이유의 주장처럼 그것이 잘못된 사실인정이라 하더라도 결과에 영향이 없다), 원심의 판단은 정당하고, 거기에 상고이유의 주장과 같은 심리미진이나 채증법칙 위반 및 법리오해 등의 위법이 없다. 따라서 이 부분 상고이유도 받아들이지 아니한다.

---

83) 최준선, 186면; 정동윤, 181면; 대판 1990. 4. 25, 89다카20740; 대판 1994. 5. 10, 93다58721; 대판 2001. 4. 24, 2001다5272

84) U.C〉C〉 § 3-201(1)

6. 제3자의 항변원용 및 이중무권의 항변

1) 의의

어음항변은 속인성이 있으므로 그것이 발생한 당사자 사이에서만 대항이 가능하다. 따라서 항변사유의 직접적인 당사자가 아닌 다른 어음채무자는 제3자의 항변사유를 가지고 자기를 위하여 원용할 수는 없다. 그러나 이 원칙을 관철할 경우에 불공정한 결과를 초래하는 수가 있으므로 특수한 상황에서 이를 제3자가 원용할 수 있다고 해석하는 견해가 있다.[85] 이른바 제3자의 항변원용이다. 제3자의 항변원용으로는 어음채무자가 자기의 후자가 소지인에 대하여 가지고 있는 항변을 원용하는 후자의 항변과 전자의 어음채무자가 자기의 전자가 어음소지인에 대해 가지고 있는 항변을 원용하는 전자의 항변 두 가지가 있다.

■ 후자의 항변

①발행 ②배서
A ⟶ B ⟶ C
③원인관계소멸

예컨대, A가 B에 대하여 약속어음을 발행하고, B는 이것을 C에게 배서 양도하였으나, BC간의 배서행위의 원인관계가 소멸하였다. 이 때 어음소지인 C가 발행인 A에게 어음금지급청구를 할 때 A가 B의 C에 대한 인적항변을 원용하여 거절할 수 있겠는가가 후자의 항변이라 한다.[86]

또한 갑이 을에게 약속어음을 발행하고 을의 배서에 의하여 A가 현재 어음을 소지하고 있는 상태에서 가령 A가 갑에게 어음금을 청구하였는데 갑이 일단 지급을 거절하였

85) 정동윤, 247면

86) 丸山秀平, 113면

으나, 후일 지급을 약속하고 A가 이에 동의한 상태에서 A가 을에게 상환청구권을 행사해 올 경우 을은 갑의 지급유예의 항변을 원용할 수 있다고 하는 것을 전자의 항변이라 한다.

2) 견해의 대립

학설은 긍정설과 부정설로 나뉜다. 긍정설에서 또한 그 근거에 관하여 다양하게 설명된다. 즉, 제3자의 항변원용을 인정하는 근거로는 소지인의 어음금청구는 권리남용이므로 항변이 가능하다는 설,[87] 소지인이 어음금을 지급받는 것은 부당이득이므로 항변이 가능하다는 설, 어음채무부담은 무인행위이나 채무이전은 유인행위이므로 항변이 가능하다는 설이다.[88]

여기에 대하여 제3자의 항변은 타당성이 없으므로 부인해야 한다는 견해가 있다. 이 견해에 의하면 후자의 항변은 어차피 지급해야 하는 것이고, 전자의 항변은 상환의무를 이행하고 어음금지급을 청구하면 족하다고 한다.

판례는 전자의 항변이 문제된 사안에서 권리남용설의 입장을 취한 바 있다.[89]

■ **대판 1984. 1. 24, 82다카1405**

원심판결 이유에 의하면 원심은 이 사건 약속어음금 청구는 정의에 반하는 것으로 권리남용에 해당되어 허용되어서는 안 된다는 피고의 항변에 대하여 판시하기를 어음상의 권리는 어음행위에 의하여 독자적으로 발생되는 것이므로 이를 행사함에는 원인 관계상의 권리가 존재할 것이 요건으로 되는 것은 아니고 어음상의 권리가 어음법 특유의 양도방법인 배서에 의하여 양도된 경우에는 어음의 유통보호를 위하여 어음법이 어음상 채무자의 항변을 제한하는 등 강력하고 엄격하게 보호하고 있는 것도 물론이라고 하면서도 어음상의 권리도 신의에 좇아 성실하게 행사되어야 하는 것이고, 이를 남용하는 것은 허용될 수 없는 것이라고 전제하고 어음은 어디까지나 거래의 수단(금전지급 수단, 신용이용 수단등)에 불과한 것임에 비추어 보면, 어음 수수의 실질적 원인관계가 처음부터 존재하지 아니하거나 소멸되어 버렸고 달리 그 어음을 보유할 정당한 권원이 없는 경우에는 그 어음은 본래의 사명인 거래수단

87) 정찬형(下), 392면
88) 정동윤, 250면
89) 대판 1988. 8. 9, 86다카1858

으로서 가능하고 있는 것이 아니라 빈 껍데기에 불과한 것이고, 어음소지인으로서도 어음상 권리를 행사할 실질적 이유가 없는 것이므로 어음소지인이 단지 빈 껍데기 어음을 소지하고 있음을 기화로 어음상의 형식적 채무자에 대하여 어음금의 지급을 구하는 것은 거래법상의대원칙인 신의성실의 원칙에 어긋나는 것으로서 권리남용에 해당되는 것이고, 이 경우에 어음상 채무자는 어음금의 지급을 거절할 수 있다고 봄이 마땅하다고 할 것이라고 한 다음 이 사건 약속어음은 피고가 소외 박 은, 임정분, 정덕순 등 3인에 대한 금 15,000,000원의 차용금 채무의 이행을 보증하기 위하여 백지어음으로 발행하였던 것인데 피고가 위 차용원리금을 전부 적법하게 변제함으로써 그 발행의 원인관계가 소멸된 후에 채권자의 한 사람이던 소외 임정분(의 대리인)이 그 백지부분을 부당보충한 다음 아무런 배서원인(약속어음수수의 실질적 원인관계)도 없이 원고에게 배서교부한 것임은 앞서 본 바와 같고, 앞서 배척한 이재승의 일부증언 외에는 원고에게 이 사건 약속어음금을 보유할 정당한 권원이나 실질적 이유가 있다고 인정할 증거도 없으므로 원고가 빈 껍데기에 불과한 이 사건 약속어음을 소지하고 있다하여 그 어음금의 지급을 구하는 것은 권리남용에 해당되는 것으로서 허용될 수 없는 것이고, 피고는 이 사건 약속어음의 발행인으로서 형식상 어음채무자로 되어 있다고 하더라도 원고에 대한 어음금의 지급을 거절할 수 있다고 봄이 상당하다고 할 것이라고 하여 피고의 위 항변은 이유 있다 하고 피고의 항소를 받아들여 제1심 판결을 취소하고 원고의 청구를 기각하였다.
그러나 어음행위는 무인행위로서 어음수수의 원인관계로부터 분리하여 다루어져야 하고 어음은 원인관계와 상관없이 일정한 어음상의 권리를 표창하는 증권이라고 할 것인바, 원심이 그 판시와 같이 이 사건 약속어음은 그 발행의 원인관계가 소멸한 후에 소외 임정분의 대리인이 그 백지부분을 부당 보충하여 금전지급의 신용이용 기타 실질적 원인 관계없이 원고에게 배서한 것이고 원고가 이 사건 약속어음을 보유할 정당한 권원이나 실질적 이유가 있다고 인정할 증거도 없다는 이유로 이 사건 약속어음이 빈 껍데기에 불과하다고하여 원고의 이 사건 약속어음청구가 바로 신의성실의 원칙에 어긋나는 것으로서 권리의 남용에 해당한다고 하였음은 어음배서에 있어서의 무인성의 법리를 오해하였을 뿐만 아니라 어음법에 있어서의 신의성실의 원칙 내지 권리남용의 법리를 오해한 위법이 있다고 할 것이고 이는 소송촉진등에관한특례법 제12조 제2항의 파기사유에 해당한다고 할 것이어서 이 점에 관한 상고논지는 이유 있다.

생각건대, 제3자의 항변원용은 권리남용의 견지에서 인정함이 타당하다고 보인다. 현재 권리남용설이 다수설이다.

3) 이중무권의 항변

(1) 의의

어음소지인과 그 전자 사이의 원인관계 및 그 전자와 전전자 사이의 원인관계가 모두 흠결되어 있는 경우에 어음채무자인 전전자가 어음소지인의 어음금청구에 대하여 대항할 수 있는 항변을 이중무권의 항변이라 한다.

■ 이중무권의 항변

① 발행　　② 배서

A ⟶ B ⟶ C(선의)

③ 원인관계소멸　④ 원인관계소멸

예컨대, AB간의 어음발행교부의 원인관계가 소멸하고, BC간의 배서양도의 원인관계도 소멸한 경우, C가 어음금소지를 기화로 A에게 지급청구를 한 경우이다.

(2) 효력

이중무권의 항변은 어음소지인과 그 배서인간의 원인관계가 소멸되었다는 점에서 후자의 항변과 유사하나, 이중무권의 경우에는 어음소지인이 어음을 보유할 정당한 이익이 없고 따라서 어음에 관하여 독립된 경제적 이익을 가지고 있지 아니하다.

이중무권의 항변은 권리남용론으로 허용하는 것이 다수설이다.[90] 종래 판례는 인적항변의 개별성론을 들어 이중무권의 항변을 부인하였으나, 최근에는 이를 인정하고 있다.[91]

■ 대판 2003.1.10, 2002다46508

어음에 의하여 청구를 받은 자는 종전의 소지인에 대한 인적 관계로 인한 항변으로써 소지인에게 대항하지 못하는 것이 원칙이지만, 이와 같이 인적항변을 제한하는 법의 취지는 어음거래의 안전을 위하여 어음취득자의 이익을 보호하기 위한 것이므로 자기에 대한 배서의 원인관계가 흠결됨으로써 어음소지인이 그 어음을 소지할 정당한 권원이 없어지고 어음금의 지급을 구할 경제적 이익이 없게 된 경우에는 인적항변 절단의 이익을 향유할 지위에 있지 아니하다고 보아야 할 것이다.

---

90) 최정식, 237면

91) 대판 2003.1.10, 2002다46508

7. 융통어음의 항변

1) 개설

(1) 융통어음의 의의

융통어음이란 타인(피융통자)에게 신용을 제공할 목적으로 약속어음을 발행하거나 환어음을 인수한 어음을 말한다. 즉, 상업어음에 대응하는 개념으로서 현실적인 상거래나 대가의 수수 없이 자금융통의 목적으로 발행되는 어음을 말한다.

■ Case

①발행 ②배서(어음할인)

A ⟶ B ⟶ C

(융통자) (피융통자) (할인인)

A는 B에게 신용을 제공할 목적으로, B를 수취인으로 하는 약속어음을 발행하였다. B는 이것을 C에게 할인받아 만기에 C가 A에게 어음금의 지급을 청구하였다. A가 이 청구를 거절할 수 있는가?

일반적으로 피융통자는 이것을 할인받아 자금을 조달한다. 그래서 피융통자는 만기에 이르기까지 어음을 재취득하고 융통자에게 반환하든지 만기까지 융통자에게 자금을 제공하는 것이 융통자와 피융통자간에서 약속이다(융통계약).

일본은 융통어음이 서구의 단기사채에 해당하는 것을 알고도 자본시장개방에 신속하게 대응하기 위하여 기업어음제도를 도입하였다고 한다. 그러나 2002년 「사채, 주식 등의 대체에 관한 법률」을 제정하고 융통어음을 단기사채로 규정하고 있다. 우리나라의 경우에도 기업이 이사회의 결의로 정한 발행한도 이내에서 자금조달 목적으로 발행하는 만기 1년 이내 및 각 사채의 금액이 1억원 이상으로 대표이사가 수시로 발행하는 채권으로서 일정한 요건을 갖춘 것을 단기사채로 정의하고, 융통어음을 단기사채로 대체 사용하는 법률을 제정하고 있다.

(2) 종류

① 기업어음(CP)

금융회사 등에 의해 선정된 우량적격업체가 자금융통의 목적으로 발행한 어음을 금융회사가 매입하여 다시 일반 투자자에게 매출하는 어음을 말한다.

② 호의적인 융통어음

타인의 자금사정을 도와주기 위하여 대가없이 약속어음을 발행해 주는 어음을 말한다.

③ 기승어음

자금을 필요로 하는 쌍방이 서로 상대방에게 융통어음을 발행하고 교부하는 것을 말한다.

(3) 융통어음의 항변

융통어음은 실질적 거래관계가 없으므로 당사자 간에는 융통어음의 항변이 가능한데, 제3취득자에 대해서도 융통어음임을 들어 지급을 거절할 수 있는지 문제가 된다. 뿐만 아니라 융통어음 항변의 법적 성질에 관하여 특수항변설, 일반항변설(인적항변설), 융통계약위반설로 갈린다.[92]

2) 항변의 성질

(1) 인적항변에 해당하나 어음법 제17조 단서가 적용되지 않는다는 견해

다수설과 판례는 융통어음의 항변을 인적항변으로 본다.[93] 그렇지만 융통어음이 제3자에게 양도된 경우에는 제3자가 융통어음임을 알았다 하더라도 어음법 제17조의 단서 규정 「어음채무자를 해할 것을 알고 취득한 것」이라고 볼 수 없으므로 악의의 항변에

---

92) 丸山秀平, 112면

93) 최기원, 567면; 이기수, 257면; 양승규, 180면; 최준선, 189면; 대판 1995. 9. 15, 94다54856; 2001. 8. 24, 2001다28176

해당하지 않는다고 한다. 환언하면, 할인하는 자(C)가 융통어음인 것을 알면서 할인하여 준 것만으로는 제17조 단서에서 말하는 악의의 항변은 성립하지 않는다고 한다. 이 경우 어음취득자의 만기에 있어서 채무자의 항변주장의 객관적 확실성의 인식이 형성되기 위한 인적항변의 요지(了知)만으로는 족하지 않고, 다른 부가적 사실의 요지(了知)가 있어야만 비로소 제17조의 단서인 「해의」가 있는 것으로 본다. 여기에 해당하는 것에는, ① 할인인인 제3자가 융통어음인 것을 알면서도 대가를 교부하지 않고 어음을 취득한 경우, ② 만기 이후에 융통어음을 양수한 경우, ③ 융통목적이 달성된 후 반환받은 어음이 재차 금융의 목적으로 이용된 것을 알면서도 제3자가 어음을 취득한 경우 등을 들 수 있다.[94)]

(2) 절단이 불필요한 항변이라는 견해

융통어음은 처음부터 제3자에 대한 관계에서 그의 선의, 악의를 불문하고 항변의 절단이 예정되어 있지 않은 것으로 절단이 불필요한 항변이라 한다.[95)]

(3) 어음항변의 1유형이 아니라는 견해

융통어음의 항변은 당사자 간에서만 주장할 수 있고 제3자에 대하여 주장할 수 없는 항변이란 점에서 인적・물적 항변의 어디에도 속하지 않는다고 한다.[96)]

■ 대판 1995.1.20, 94다50489

① 타인의 금융 또는 채무담보를 위하여 약속어음(소위 융통어음)을 발행한 자는 피융통자에 대하여 어음상의 책임을 부담하지 아니하지만, 그 어음을 양수한 제3자에 대하여는 선의・악의를 묻지 아니하고 대가 없이 발행된 융통어음이었다는 항변으로 대항할 수는 없다.

② 피융통자가 융통어음과 교환하여 그 액면금과 같은 금액의 약속어음을 융통자에게 담보로 교부한 경우에 있어서는 융통어음을 양수한 제3자가 양수 당시 그 어음이 융통어음으로 발행되었고

94) 丸山秀平, 113면

95) 정동윤, 176면; 채이식(下), 313면

96) 정찬형, 603면

이와 교환으로 교부된 담보어음이 지급거절되었다는 사정을 알고 있었다면, 융통어음의 발행자는 그 제3자에 대하여도 융통어음의 항변으로 대항할 수 있다.

③ 어음의 양도 전에 배서를 하였다가 이를 말소한 채로 다시 어음을 양도한 자도 배서인으로서의 상환의무를 부담하는 것은 아니나 현재의 어음소지자의 전자로서의 권리를 양도한 어음상의 권리자였다는 점에는 변함이 없다 할 것이고, 현재의 어음소지인에게 어음을 양도한 자가 어음취득 당시 선의였기 때문에 그에게 대항할 수 없었던 사유에 대하여는 현재의 어음소지인이 비록 어음취득 당시 그 사유를 알고 있었다고 하여 그것으로써 현재의 어음소지인에게 대항할 수는 없다.

(4) 사견

융통어음의 법적 성질은 어음법 제17조의 인적항변으로 취급하는 것이 타당하다. 또한 융통어음은 융통자가 처음부터 어음채무를 부담할 의사로 발행하는 것이므로, 제3자가 융통어음이라는 것을 안 것만으로는 제17조 단서의 악의의 항변에 해당한다고 볼 수 없다. 결론적으로 위 제1설이 타당하다.

3) 융통어음의 효력

(1) 당사자간의 효력

대가없이 발행되었으므로 당사자간에는 항변으로 대항가능하다. 위 사례에서 B가 A에 대한 지급청구에 있어서, A는 이를 거절할 수 있다. 인적항변은 직접 당사자간에는 대항할 수 있기 때문이다.

융통어음이라는 입증책임은 어음의 발행자가 부담한다.

■ 대판 2001. 8. 24, 2001다28176

융통어음의 발행자는 피융통자로부터 그 어음을 양수한 제3자에 대하여는 선의이거나 악의이거나, 또한 그 취득이 기한 후 배서에 의한 것이라 하더라도 대가 없이 발행된 융통어음이라는 항변으로 대항할 수 없으나, 피융통자에 대하여는 어음상의 책임을 부담하지 아니한다 할 것이고, 약속어음금 청구에 있어 어음의 발행인이 그 어음이 융통어음이므로 피융통자에 대하여 어음상의 책임을 부담하지 아니한다고 항변하는 경우 융통어음이라는 점에 대한 입증책임은 어음의 발행자가 부담한다.

(2) 제3취득자에 배서양도된 경우

제3취득자가 선의인 경우는 물론 악의인 경우에도 약속어음의 발행인, 환어음의 인수인(즉, 융통인)은 지급을 거절할 수 없다. 위 Case에서 C의 A에 대한 지급청구에 대해, C가 융통어음임을 알았다 하더라도 A가 이것만으로는 지급거절을 할 수는 없다. 그러나 C에게 해의가 인정된다면 악의의 항변에 해당하므로, A가 이를 거절할 수 있다. 이런 경우로써 위에서 설명한 바와 같이, 예컨대 할인인인 C가 융통어음임을 알면서도 B에게 대가를 교부하지 않고 어음을 취득한 경우, C의 A에 대한 지급청구는 제17조 단서의 악의의 항변에 해당되어, A가 이를 거절할 수 있다. 이하에서 보는 바와 같이 판례도 같은 입장이다.

- 대판 1990. 4. 25, 89다카20740

  어음채무자는 기 한후 배서의 피배서인에 대하여는 그 배서의 배서인에 대한 인적항변을 가지고 대항할 수가 있지만, 특단의 사정이 없는 한 그 배서인의 전자에 대한 항변사유를 가지고는 피배서인에게 대항할 수 없는 것이고, 따라서 배서인이 어음취득당시 선의였기 때문에 배서인에게 대항할 수 없었던 사유에 대하여는 피배서인이 비록 어음취득당시 그 사유를 알고 있었다 하여도 그것으로써 피배서인에게 대항할 수는 없는 것이므로, 피고 갑이 소외 을에게 발행한 약속어음을 소외 을이 소외 병에게 배서 양도하여 병이 지급기일에 지급 제시하였으나 지급 거절된 후 다시 원고 정에게 배서 양도한 경우, 원고 정의 피고 갑에 대한 어음금청구에 대하여 피고 갑이 위 어음이 융통어음이고 이에 대한 담보로 받은 을 발행의 동액의 담보어음이 지급거절 되었다는 주장을 하더라도 이에 대한 병의 악의를 주장, 입증하지 못하는 한 피고 갑은 병에 대하여 이로써 대항할 수가 없고, 따라서 이를 승계한 원고 정에 대하여 그의 선의, 악의에 불구하고 위 사유로써 대항할 수 없다.

V. 어음의 선의취득

1. 개설

1) 의의

선의취득이란 형식적 자격자로부터 악의 또는 중과실 없이 어음을 양수한 자는 배서인이 무권리자 또는 양도행위가 실질적으로 무효라 하더라도 어음상의 권리를 취득하는 것을 말한다(어 16조 2항).

2) 취지

선의취득제도는 진정한 권리취득이 아니라 하더라도 선의의 어음취득자를 보호하여 어음의 유통성을 확보하는데 그 의의가 있다.

어음의 선위취득제도는 고도의 유통성 보호를 위하여 민법상 동산의 선의취득제도보다 그 요건을 더욱 완화하고 있다. 즉, 민법상의 동산의 선의취득제도보다 경과실을 보호한다든가, 도품이나 유실물에 대해서도 선의취득이 인정되며, 민법상 선의취득의 요건 중 평온하고 공연하게 취득하여야 할 요건을 요하지 않는다.

2. 선의취득의 요건

1) 어음법적 유통방법에 의하여 어음을 취득할 것

선의취득은 어음법적 유통방법, 즉 배서에 의하여 어음을 취득하여야 한다. 그렇기 때문에 배서에 의한지 않는 상속, 합병, 유증 등의 경우에는 선의취득이 인정되지 않는다. 또한 기한후배서는 어음의 유통기간 후에 양도되는 것이기 때문에, 한편 추심위임배서의 경우에는 양수인에게 독립적인 경제적 이익이 없기 때문에 선의취득이 인정되지 않는다.

2) 형식적 자격자로부터 취득

선의취득이 인정되기 위해서는 배서의 연속이 있어야 한다.[97] 이때 최후의 배서가 백지식이면 배서의 연속으로 인정된다. 배서가 불연속인 경우에 점유자가 불연속부분의 실질적 권리승계를 증명하면 선의취득을 긍정하는 견해(가교이론(架橋理論))와, 배서의 연속을 선의취득의 요건으로 하는 어음법 제16조 제2항의 명문규정에 어긋난다는 논지로 선의취득을 부정하는 견해로 나뉜다. 생각건대, 배서의 연속을 증명하면 선의취득을 인정할 수 있다고 본다.

3) 양도인이 무권리자일 것

■ Case

A는 B를 수취인으로서 약속어음을 발행하였다. 그러나 C는 이 어음을 B로부터 절취하고, BC간의 배서를 위조한 후에 이것을 미성년자인 D에게 배서 양도하였다. D는 이 어음을 재차 E에게 배서 양도하였으나, 이것에 관하여 법정대리인의 동의를 얻지 않았다. 이 어음을 소지한 E는 D로부터 어음 취득시에 D가 미성년자이고 법정대리인의 동의 없이 어음을 배서 양도했다는 것을 알지 못하였다. E는 A에 대하여 어음금의 지급을 청구하고 있다. 이 때 E의 청구는 인용될 수 있겠는가?

종래의 통설은 선위취득이 인정되기 위해서는 무권리자로부터 취득한 것을 요한다.[98] 이 견해를 무권리자한정설이라 한다. 이 견해는 어음법 제16조 제2항에서 말하는 「어음의 점유를 잃은 자」라 함은 양도인 이외의 자를 가리키는 것이라 하고, 또한 「소

97) 최기원(下), 315면

98) 손주찬(下), 108면; 이철송, 328면

지인이 제1항에 따라 그 권리를 증명할 때」라 함은 소지인이 배서에 의하여 어음을 취득하고 있고, 그 어음취득에 관하여는 양도인이 배서의 연속에 기한 자격자인 것을 전제로 하는 것이라 하고 있다. 요컨대, 어음의 양도인과 양수인간의 어음양도행위가 유효하다는 것을 전제로 하면서 형식적 자격을 가진 양도인이 실질적으로 무권리자인 경우에 양수인에 대하여 선의취득에 의한 보호를 부여하는 것이고, 양도행위의 하자는 선의취득의 대상이 되지는 않는다고 한다.

이에 대하여 최근의 견해는 선의취득에 의하여 보호되는 것은 양도인의 무권리자성뿐만 아니라, 배서인의 대리권의 흠결, 제한능력, 의사흠결, 의사표시의 하자 등의 양도행위의 하자도 선의취득에 의한 보호의 대상으로 되고, 더욱이 양도인의 직전의 피배서인과 실제의 배서인과의 인적 동일성의 흠결에서도 보호의 대상이 된다고 한다. 이 견해는 무제한설이 된다.[99]

한편 부분적 제한설로 무능력자를 제외하자는 부분적 제한설도 있다.[100]

무제한설에 대하여 제한설은 다음과 같은 비판을 하고 있다. 규정의 구조상 어음법 제16조는 동 제1항을 전제로 하고 있는 것이 분명하다. 그런데 무제한설에 의하면 제1항과 제2항의 관련성을 무시하게 된다. 또 선의취득제도의 역사적 연혁에 비추어 본다면, 선의취득제도는 거래안전을 위하여 무제한으로 확대될 수는 없고, 점유상실원인의 구별을 없게 한 정도이며 양도행위의 하자도 선의취득에 의한 보호의 대상으로 하는데까지는 이르지 못한 것으로 주장하고 있다. 뿐만 아니라 무제한설의 결론을 본다면 무권대리, 무능력, 의사흠결, 의사표시의 하자에 관한 규정은 무의미한 것으로 되게 된다는 것이다.

그러나 무제한설은 어음법 제16조 제2항에서 「어떤 사유이든」이라고 되어 있고, 이것은 넓게 선의의 취득자보호를 도모할 취지인 것으로 해석하고, 선의취득제도의 역사적 연혁은 원소유자에 의한 반환청구권의 제한으로부터 근대적 공신원칙으로 발전하여

99) 이기수, 245면; 정찬형, 514면; 최기원, 461면
100) 정동윤, 159면

온 것이고, 그 방향성으로부터도 어음·수표거래분야에서는 선의취득제도를 보다 일층 발전이 요청되는 것이므로, 양도행위의 하자 등도 넓게 선의취득에 의한 보호의 대상으로 되어야 할 것이며, 어음법 제16조 제2항에서, 「소지인이 제1항에 따라 그 권리를 증명할 때에는」이라고 되어 있는 것은 그대로 선의취득자가 배서의 연속에 의하여 권리를 증명하는 것을 요구하고 있다고 새길 수 있고, 제한설과 같은 해석은 오히려 자연스럽지 못하다는 것의 주장을 하고 있다. 판례는 무권리자나 대리권의 흠결 등에도 선의취득을 인정하고 있다.

■ 대판 1995.2.10, 94다55217

원심이, 피고가 소외 주식회사 종합건축사무소 아키반티에스씨(이하, 소외 회사라고 한다)에게 액면 금 86,200,000원, 발행일 1993.3.3., 지급기일 같은 해 6.25. 발행지 및 지급지 각 서울로 된 약속어음 1매(이하 이 사건 제1어음이라고 한다)와 액면 금 25,160,000원, 발행일 같은 해 3.31., 지급기일 같은 해 7.2. 발행지 및 지급지 각 서울로 된 약속어음 1매(이하, 이 사건 제2 어음이라고 한다)를 각 발행·교부하였는데, 소외 회사로부터 소외 정선희, 원고 곽봉국에게 순차 배서의 기재가 되어 있는 이 사건 제1 어음과 소외 회사로부터 원고 박준수, 소외 임준규에게 순차 배서의 기재가 되어 있는 이 사건 제2 어음이 각 지급기일에 지급 제시되었으나 지급거절된 사실, 소외 정선희는 원고 곽봉국의 가명이고, 제2 어음의 배서인인 원고 박준수는 위 임준규로부터 이 사건 제2 어음을 환수한 사실, 그러나 소외 회사 명의의 배서는 그 총무부장이던 소외 1이 위조하였고, 원고들은 소외 1로 부터 이 사건 어음들을 할인의 방법으로 취득한 사실을 인정한 다음, 원고들의 선의취득 항변에 대하여, 어음의 선의취득으로 인하여 치유되는 하자의 범위 즉, 양도인의 범위는 양도인이 무권리자인 경우뿐만 아니라 이 사건과 같이 대리권의 흠결이나 하자 등의 경우도 포함된다는 입장에서(당원 1993.9.24. 선고 93다32118 판결 참조), 원고 곽봉국은 1993.3.4. 소외 이호경을 통하여 평소 알고 지내던 고등학교 후배인 소외 1으로부터 이 사건 제1 어음의 할인요청을 받고 소외 1이 소외 회사에 근무하고 있는지 여부를 확인하고, 발행인인 피고 회사의 경리부 어음담당직원인 소외 김우경에게 위 어음이 사고 어음인지 여부를 전화로 확인한 후, 위 어음 이면 좌측상단에 위 김우경의 이름과 그 확인일시를 기재하고 소외 1로 부터 어음을 교부받은 사실, 원고 박준수 역시 같은 달 31. 위 이호경을 통하여 소외 1로부터 이 사건 제2 어음의 할인요청을 받고 소외 1이 소외 회사에 근무하고 있는지를 확인하고, 발행인인 피고 회사에게 위 어음이 사고어음인지 여부를 전화로 확인한 후 위 어음을 교부받은 사실, 위 각 어음할인 당시 제1 배서인인 소외 회사 대표이사의 이름과 인감도장이 이미 날인되어 있었고, 원고들과 소외 회사 사이에는 이 사건 이전에는 어음거래를 한 적이 없었던 사실을 인정할 수 있으나, 그러한 사정만으로 원고들이 위 각 어음의 배서가 위조되었다는 정을 알고 악의로 위 각 어음을 취득하였다고 단정할 수 없고, 또한 원고들이 어음할인의 방법으로 이를 취득함에 있어 양도인의 실질적인 무권리성을 의심하게 할 만한 뚜렷한 사정도 엿볼 수 없는 이 사건에 있어서 위 각 어음 문면상의

> 제1배서인인 소외 회사에게 연락을 취하여 소외 회사 명의의 배서가 진정한지 여부를 알아보는 등 그 유통과정을 조사 확인하여야 할 주의의무까지 있다고는 할 수 없으므로(위 각 어음의 액면금이 다소 고액이라는 점과 원고들과 소외 회사 사이에 이전에 어음거래를 한 적이 없었던 사정을 덧붙인다 해도 원고들에게 중대한 과실을 인정하기는 어렵다) 원고들이 이 사건 각 어음을 선의 취득하였다고 판단하였는바, 원심의 위와 같은 사실 인정과 판단은 옳게 수긍이 가고, 거기에 소론과 같은 채증법칙 위배로 인한 사실오인과 어음의 선의취득에 있어서 양도인의 범위 및 중과실에 관한 법리오해의 위법이 있다고 할 수 없으므로, 논지들은 모두 이유가 없다.

생각건대, 배서가 연속되어 있는 어음소지인의 대리인으로 기재되어 있는 한 그에게 대리권이 있다고 믿은 자는 보호되어야 한다. 또한 처분권의 흠결, 즉 파산관재인, 유언집행자, 위탁 매매인이 처분자격을 표시하여 어음을 처분하고 양수인이 그의 처분권을 믿었다면 외관신뢰에 대한 보호를 인정하여야 한다. 무능력자의 경우에 무능력자에게는 선의취득으로 책임을 물을 수 없으나, 선의취득은 인정되어 어음채무자에게 책임을 지울 수 있다고 본다.

앞의 Case를 해설하면, C는 무권리자이다. C로부터 D로의 배서 양도시에 전술한 바와 같이 D가 C를 권리자로 믿고 어음을 취득한다면 D는 어음상의 권리를 선의 취득한다. 그러나 D로부터 E에 대한 배서는 법정대리인의 동의를 얻지 못했기 때문에 취소할 수 있다. 그러나 E가 선의로 어음을 취득한다면, 앞의 무제한설에 의하면, 이 하자도 선의취득에 의하여 치유되고 E는 어음상의 권리자로소 A에게 어음금을 청구할 수 있고, A는 이것에 따라야 한다. 더욱이 D 자신이 배서인으로서의 담보책임을 부담하지 않는 것은 어떤 학설에 의하더라도 견해가 일치한다.

4) 어음취득자에게 악의나 중과실이 없을 것

악의라 함은 양도인이 무권리, 무처분권 또는 무대리권을 알고 있는 것이고, 중대한 과실은 그것을 모르고 있지만 모른데 대한 부주의의 정도가 현저한 것을 말한다. 판례는 자기앞수표를 취득하면서 주민등록증 등에 의하여 양도인의 인적사항을 확인하지 아니한 경우, 자기앞수표를 취득하면서 발행은행에 도난신고 등이 있는지 확인하지 아니한 채 수표 뒷면에 전화번호와 서명만을 기재케 한 경우 등은 중대한 과실이 있다고 한다.

■ 대판 1993. 9. 24, 93다32118

회사의 직원이 약속어음의 회사명의 배서를 위조함에 있어 날인한 회사의 인장이 그 대표자의 직인이 아니라 그 대표자 개인의 목도장이고, 그 어음금액이 상당히 고액인 점 등에 비추어, 위 약속어음을 할인의 방법으로 취득한 자에게 배서의 진정 여부를 확인 않은 중대한 과실을 인정한 사례이다.

■ 대법 1987. 6, 86다카2079

① 최후의 배서가 백지식으로 된 어음은 단순한 교부만으로 양도가 가능하므로 양수인이 어음할인의 방법으로 이를 취득함에 있어서 그 어음이 잘못된 것이라는 의심이 가거나 양도인의 실질적인 무권리성을 의심하게 될 만한 특별한 사정이 없는 이상 위 어음의 발행인이나 문면상의 최후 배서인에게 반드시 확인한 다음 취득하여야 할 주의의무가 있다 할 수 없다

② 어음의 최종소지인이 외관상 연속된 배서에 의하여 어음상의 권리를 취득하였고 어음의 발행인은 누구나 신용을 인정할 만한 회사이며 할인의뢰인은 취득자와 오랫동안 어음할인거래를 해오던 사이라면 어음 취득자가 위 어음을 취득함에 있어 발행인 및 배서인 내지 지급은행에 확인조회를 하지 아니하였다 하여 중과실이 있었다고 볼 수는 없다.

악의나 중과실의 판단 시기는 어음의 취득시기이다. 이러한 악의나 중과실이 있다는 것의 입증책임은 악의나 중과실을 주장하는 자에게 있다.

5) 어음취득에 관하여 독립적인 경제적 이익을 가질 것

피배서인은 어음의 취득에 관하여 독립된 경제적 이익을 가져야 한다. 그렇지 않으면 이를 보호할 가치가 없기 때문이다. 따라서 추심위임배서의 경우에는 선의취득을 인정하지 않는다.

그러나 입질배서의 피배서인은 질권설정의 이익이 있으므로 어음상 권리에 관한 질

권을 선의취득할 수 있다.[101]

6) 입증책임

배서의 연속이 있으면 어음의 점유자는 적법한 권리자로 추정되고(어 16조 1항), 선의취득의 적극적 요건은 객관적으로 증명된다. 어음의 점유자의 악의나 중과실은 선의취득을 부정하는 자가 입증하여야 한다.

3. 효과

선의취득에 의하여 어음상의 권리를 취득한다. 그 권리취득은 승계취득이 아니라 원시취득이 된다. 또한 선의취득자로부터 권리를 승계취득한 자는 그가 선의취득자의 전자의 무권리 또는 양도행위의 하자를 알았던 악의자라고 하더라도 선의취득자의 권리를 승계하기 때문에 유효하게 어음상의 권리를 취득하게 된다. 이것을 영미법에서는 엄폐물 법칙(掩蔽物 法則)이라 한다.

선의취득으로 인하여 어음의 점유를 상실한 원래의 권리자는 반사적으로 어음상의 권리를 상실하게 된다.

4. 어음의 선의취득의 적용범위

1) 숨은 추심위임배서의 경우

숨은 추심위임배서에 의한 경우에 피배서인은 악의・중과실 없어도 선의취득하지 못한다.

---

101) 정동윤, 161면

2) 기한후배서

기한후배서에 의하여 취득한 경우에는 선의취득이 인정되지 않는다.

3) 입질배서

입질배서의 경우에도 선의취득은 인정된다.

4) 백지어음

백지어음의 경우에도 선의취득이 인정된다.

5. 제권판결과의 관계

공시최고기간 중 선의취득을 하였으나 권리신고를 하지 않은 경우에 공시최고의 신청인과 선의취득자 중 누구의 권리가 우선하는가?

학설은, ① 선의취득우선설(제권판결은 그 대상이 된 증서상의 권리에 영향을 미치는 것은 아니다), ② 제권판결취득자우선설(선의취득자우선시키면 제권판결이 무의미해진다), ③ 제한적 선의취득자우선설(선의취득자가 제권판결선고전에 적법하게 권리를 행사한 경우에 한해 선의취득자가 우선한다)로 갈린다.

판례는 제권판결취득자우선설을 취하고 있다.[102] 그러나 실질적 권리를 우선시키는 것이 타당하므로 선의취득자우선설이 타당하다고 본다.

102) 대판 1994. 10. 11, 94다18614

■ 대판 1994. 10. 11, 94다18614

① 약속어음에 관한 제권판결의 효력은 그 판결 이후에 있어서 당해 어음을 무효로 하고 공시최고 신청인에게 어음을 소지함과 동일한 지위를 회복시키는 것에 그치는 것이고 공시최고 신청인이 실질상의 권리자임을 확정하는 것은 아니나, 취득자가 소지하고 있는 약속어음은 제권판결의 소극적 효과로서 약속어음으로서의 효력이 상실되는 것이므로 약속어음의 소지인은 무효로 된 어음을 유효한 어음이라고 주장하여 어음금을 청구할 수 없다.

② '가'항과 같은 이치는 공시최고의 신청인이 발행인인 경우와 발행인이 아닌 소지인(어음상의 권리자)인 경우에 따라 구별되어 해석되어야 할 만한 아무런 합리적인 근거가 없다.

③ 어음소지인이 공시최고 전에 선의 취득하였다고 하여 '가'항과 같은 이치를 달리 볼 것이 아니다.

Ⅵ. 어음보증

1. 개설

1) 의의

어음보증이란 특정한 어음채무자의 채무이행을 담보하는 부속적 어음행위를 말한다(어 30조). 즉, 발행인이나 인수인, 배서인의 신용만으로 어음금의 지급이 불확실한 경우에 다른 사람이 어음금의 지급을 담보하기 위하여 채무자와 동일한 내용의 어음채무를 부담하는 것(어 32조 1항)을 목적으로 하는 어음행위를 말한다.

어음취득자의 이익을 위하여 일부보증은 어음법에서 명문으로 허용하고 있고(어 30조), 해석상 조건부 보증도 유효한 것으로 보고 있다.

2) 방식

어음보증의 방식은 어음(보전 또는 등본)위에 어음보증문구(보증 기타 그와 동일한 뜻을 갖는

문구)와 피보증인의 명칭(이것을 기재하지 않으면 발행인이 피보증인으로 간주된다)을 기재하고 어음보증인이 서명하는 방식(정식보증)과 어음의 표면에 보증의 취지로 어음보증인이 기명날인 또는 서명만을 하는 방식(약식보증)이 있다(어 31조).

3) 구별개념

(1) 숨은 어음보증

① 의의

숨은 어음보증이란 어음보증의 목적으로 다른 형식의 어음행위, 즉 발행, 배서, 인수를 하는 것을 말한다. 어음보증은 어음채무를 담보하기 위한 것이지만 보증을 하게 되면 오히려 어음의 신용에 의심을 받게 되므로, 실무에서는 어음보증 대신에 배서, 발행, 인수의 형식으로 주로 이용한다.

■ Case

■ 숨은 어음보증(배서 형식)

원인관계 A(채무자) ⟶ (금전소비대차) ⟶ C (채권자)

어음관계 A(발행) ⟶ B(숨은 어음보증) ⟶ C

A가 발행한 어음에 B가 배서의 형식으로 숨은 어음보증을 한 경우, 어음상의 채무의 부담을 하게 된다. 뿐만 아니라 원인채무(A의 C에 대한 채무)에 관하여도 민법상의 보증을 한 것으로 볼 것인지 여부가 문제가 된다.

숨은 어음보증을 한 자는 그가 한 어음행위의 형식에 따라 각각 배서인, 인수인 또는 발행인으로서 책임을 부담한다. 그래서 보증목적이었다는 것은 인적항변사유에 지나지 않는다.

② 숨은 어음보증과 민사상 보증채무의 이행청구 허용 여부

㉮ 문제제기

숨은 어음보증인이 민사상의 보증채무도 부담하는지가 논란이 되고 있다. 이때 배서인이 원인채무에 보증의 의사를 표시하였다면 민사보증계약이 성립되므로 숨은 어음보증인으로서의 책임뿐만 아니라 민사상의 보증책임도 지게 된다. 그러나 숨은 어음보증인이 명시적인 민사보증의 의사표시를 하지 않은 경우에 논란이 발생한다.

㉯ 학설

학설에는 긍정설과 부정설이 있다. 긍정설은 거래의 실정에 비추어 볼 때 어음보증을 위해 배서한 것은 어음교부의 원인채무에 대해 민사상 보증책임을 부담한다는 의사가 있었다고 한다. 이 견해는 어음소지인이 민사상의 보증책임을 지우기 위해서는 보증인의 배서가 담보목적으로 이루어졌다는 사실만을 입증하면 된다고 한다.[103]

부정설은 숨은 어음보증은 어음채무를 담보하기 위한 것에 지나지 않으므로 민사상의 보증계약의 의사가 있다고 볼 수 없다는 것이다.[104]

㉰ 판례

판례는 종전 긍정설을 취한 경우도 있으나,[105] 최근에는 대체로 부정설의 입장을 취하고 있다.[106]

■ **대판 2005. 10. 13, 2005다33176**

신용보증기금이 기업과 신용보증계약을 체결하면서 기업이 물품대금 채무의 담보를 위하여 발행한 어음의 보전에 거래상의 채무를 적시하는 문구를 기재하였더라도 이는 그 어음의 담보 대상 거래를 특정하려는 취지로 해석될 뿐, 그 기재만으로 어음보증이 아니라 거래상의 채무에 대하여 직접 민법상의 연대보증의 의사표시를 한 것으로는 볼 수 없다.

---

103) 권재열, 311면
104) 이철송, 173면
105) 대판 1986. 7. 22, 86다카783; 대판 1986. 9. 9, 86다카1088; 대판 2004. 9. 24, 2004다29538
106) 대판 2005. 10. 13, 2005다33176; 대판 2007. 9. 7, 2006다17928

■ 대판 2004. 9. 24, 2004다29538

다른 사람이 발행 또는 배서·양도하는 약속어음에 배서한 사람은 배서행위로 인한 어음법상의 채무만을 부담하는 것이 원칙이나, 어음의 채권자에 대하여 자기가 약속어음 발행 또는 배서·양도의 원인이 된 민사상의 채무까지 보증하겠다는 뜻에서 배서한 것으로 볼 만한 특별한 사정이 있는 경우에는 발행인의 채권자에 대한 민사상 채무에 관하여도 보증 책임을 부담한다고 할 것이고(대법원 2002. 4. 12. 선고 2001다55598 판결 등 참조), 그러한 특별한 사정의 유무는 구체적인 경우에 있어서 원인채무의 발생근거가 된 법률관계로 인한 이익의 실질적 귀속, 원인채무의 채권자 및 채무자와 어음배서인의 관계, 배서에 이르게 된 경위와 배서 당시의 정황 등 관계된 제반 사정을 종합하여 판단하여야 할 것이다 .

㉱ 검토

민사상의 보증계약은 보증인과 피보증인의 의사의 합치인 계약이다. 그에 반해 숨은 어음보증은 배서 등의 어음행위는 어음행위로서의 의사를 갖고 있다. 따라서 명시적인 민사보증의 의사를 표시하지 않는 한 숨은 어음보증인에게 민사상의 보증 책임을 물을 수는 없다고 본다.

(2) 공동어음행위

담보의 목적으로 공동어음행위(공동발행, 공동배서, 공동인수)를 하는 수가 있는데, 이 경우에 여러 사람이 동일한 내용의 어음채무를 부담한다는 점에서 어음보증과 유사하나, 어음채무에 주종의 구별이 없다는 점에서 어음보증과 구별된다.

4) 법적성질

어음보증의 법적성질을 계약으로 보는 견해도 있으나, 민법상의 보증과 달리 단독행위라고 보는 것이 통설과 판례의 입장이다.

2. 민법상의 보증과의 차이

민법상의 보증은 반드시 피보증인을 특정하여야 하고 주채무자가 불명일 때에는 보증이 성립하지 않으나, 어음보증은 누구를 위한 보증인가가 분명하지 아니한 경우에도 유효하고 이때에는 발행인을 위하여 보증한 것으로 본다(어 31조 4항).

민법상의 보증은 주채무에 종되는 성질(부종성)이 완전하므로 주채무의 성립을 보증채무의 성립요건으로 하고 있지만, 어음보증은 어음행위독립의 원칙에 의하여 그 담보한 채무가 방식의 하자 이외의 사유로 무효인 경우에도 유효하게 성립할 수 있다(어 32조 2항). 예컨대 어음기재가 유효하다면 주된 채무자가 무능력자라 하더라도 어음보증은 유효하게 성립한다.

민법상의 보증에 있어서 보증인이 최고 및 검색의 항변권을 가지나(보충성), 어음보증인은 보증된 자와 동일한 책임을 지므로(어 31조 1항), 최고·검색의 항변권을 가지지 못한다. 민법상의 보증에는 방식의 제한이 없으나, 어음보증은 요식행위이다(어 31조).

민법상의 보증은 특정한 상대방에 대하여만 책임을 지나, 어음보증은 불특정한 어음소지인에 대하여도 책임을 부담한다. 민법상의 공동보증인은 분별의 이익이 있으나, 어음보증에는 분별의 이익이 없으며, 민법상의 보증채무와 어음보증인의 채무는 소멸시효기간이 다르다.

3. 어음보증의 성립요건

1) 당사자

(1) 보증인

보증인의 자격에는 제한이 없다. 그러나 환어음의 인수인이나 약속어음의 발행인은 보증인이 될 수 없다. 이들은 어차피 주채무자이기 때문이다.

(2) 피보증인

피보증인은 어음채무자(발행인, 인수인, 배서인, 참가인수인)이다. 따라서 어음채무자가 아닌 지급담당자, 인수하지 아니한 지급인, 무담보배서를 한 배서인 등을 위한 보증은 무효이다.

2) 보증의 방식

(1) 정식보증

어음의 앞면, 뒷면 또는 보충지, 등본에 하되 보증 또는 이와 동일한 의의가 있는 문언을 기재하고 보증인이 기명날인 또는 서명하여야 한다(어 31조 1항).

(2) 약식보증

피보증인의 지정 없이 보증문구기재 또는 기재 없이 기명날인 또는 서명한 경우를 말한다. 약식보증은 발행인을 위한 것으로 보며 어음의 앞면에만 할 수 있다.

3) 어음보증의 내용

어음보증은 어음금액의 일부에 대하여도 할 수 있으며(어 30조 1항), 보증인은 지급거절증서작성면제(어 46조 1항)와 예비지급인(어 55조 1항)의 기재를 할 수 있다.

일부보증도 유효하다. 조건부보증에 대한 효력에 대해서 견해의 대립이 있다. 유해적 기재사항이라는 견해는, 어음행위의 무인성, 추상성에 근거하여 어음보증에 조건을 붙이면 보증자체를 무효로 한다는 것이다. 무익적기재사항설은 배서에 조건을 붙인 경우와 마찬가지로 조건 없는 보증으로 본다는 것이다.[107] 유익적기재사항설은 보증에 붙인 조건을 유익적 기재사항으로 보아 조건이 붙은 대로 보증으로서 효력을 인정한다.[108] 다수설과 판례는 유익적 기재 사항설을 취하고 있다.[109]

---

107) 손주찬(下), 277면; 최기원, 593면

생각건대, 유익적 기재사항으로 보고, 조건부 보증이 유효하다고 본다. 그 근거는 보증에는 발행, 배서와 같이 단순성을 요하는 명문규정이 없다는 점, 보증에 조건을 붙이더라도 어음관계를 불안정하게 만들지 않는다는 점을 들 수 있다.

■ 대판 1986. 3. 11, 85다카1600

어음법상 보증의 경우에는 발행 및 배서의 경우와 같이 단순성을 요구하는 명문이 없을 뿐 아니라, 부수적 채무부담행위인 점에서 보증과 유사한 환어음 인수에 불단순인수를 인정하고 있음에 비추어 어음보증에 대하여 환어음 인수의 경우보다 더 엄격하게 단순성을 요구함은 균형을 잃은 해석이고 또 조건부 보증을 유효로 본다고 하여 어음거래의 안전성이 저해되는 것도 아니므로 조건을 붙인 불단순 보증은 그 조건부 보증문언대로 보증인의 책임이 발생한다고 보는 것이 타당하다.

4) 어음보증의 효과

(1) 어음보증인의 책임

① 보증채무의 종속성과 합동성

보증인은 피보증인과 동일한 책임을 지며(어 32조 1항), 합동하여 책임을 진다(어 47조 1항).

(2) 어음보증의 독립성

어음보증은 독립된 어음행위이다. 따라서 어음행위독립의 원칙이 적용되어, 피보증인의 채무가 실질적 사유로 무효가 되는 경우라도 형식상 하자가 없는 경우에는 보증채무는 유효하므로 보증인은 어음상의 문언대로의 책임을 진다(어 32조 2항).

---

108) 양승규, 327면; 이기수, 397면

109) 대판 1986. 3. 11, 85다카1600

■ 대판 1988.8.9, 86다카1858

가. 약속어음의 발행지는 어음요건의 하나이므로 그 기재가 없는 상태에서는 아무리 보충권이 수취인 내지 소지인에게 주어졌다 하더라도 완성된 어음으로서의 효력이 없는 것이어서 어음상의 권리자에 의한 완성행위(백지어음의 보충권행사)없이는 어음상의 권리가 적법하게 성립할 수 없고 따라서 이러한 미완성어음으로 지급을 위한 제시를 하였다하여도 적법한 지급제시가 될 수 없다.

나. 어음에 제3자방 지급문구가 기재되어 있을 때 그것이 지급담당자를 기재한 것이라면 지급을 위한 제시는 지급담당자의 영업소 또는 주소에서 지급담당자에게 하여야 한다. 다. 약속어음의 발행인은 어음금을 절대적으로 지급할 의무를 부담하는 것이므로 어음소지인이 발행인에 대하여 지급을 위한 제시를 하지 아니하였다 해도 발행인에게 어음금액을 청구할 수 있는 것이며 발행인을 위한 어음보증인은 보증된 자와 동일한 책임을 지는 것이므로 이러한 어음보증인에게도 소지인은 지급을 위한 제시 없이도 어음금청구권을 행사할 수 있다.

라. 어음발행의 원인채무가 성립하지 아니하였거나 소멸하였다는 사유는 그 어음발행인이 직접의 상대방 또는 악의의 취득자에 대하여서만 대항할 수 있는 이른바 인적항변사유로서 어음보증의 경우 어음보증인은 피보증인의 이러한 인적항변사유를 가지고 어음소지인에게 대항할 수 없다.

마. 장래의 채무를 담보하기 위하여 발행된 어음에 발행인을 위하여 어음보증이 되어 있는 약 속어음을 수취한 사람은 어음을 발행한 원인관계상의 채무가 존속하지 않기로 확정된 때에는 특별한 사정이 없는 한 그때부터는 어음발행인에 대해서 뿐만 아니라 어음보증인에 대해서도 어음상의 권리를 행사할 실질적인 이유가 없어졌다 할 것이므로 어음이 자기수중에 있음을 기화로 하여 어음보증인으로부터 어음금을 받으려고 하는 것은 신의성실의 원칙에 비추어 부당한 것으로서 권리의 남용이라 할 것이고, 어음보증인은 수취인에 대하여 어음금의 지급을 거절할 수 있다고 할 것이니, 위 수취인으로부터 배서양도를 받은 어음소지인이 어음법 제17조 단서의 요건에 해당되는 때에는 어음보증인은 그러한 악의의 소지인에 대하여서도 권리남용의 항변으로 대항할 수 있다.

바. 대표이사의 행위가 대표권한의 범위내의 행위라 하더라도 회사의 이익 때문이 아니고 자기 또는 제3자의 개인적인 이익을 도모할 목적으로 그 권한을 행사한 경우에 상대방이 대표이사의 진의를 알았거나 알 수 있었을 때에는 회사에 대하여 무효가 된다.

사. 단기금융업법 제11조의 규정은 단속규정이고 이를 위반하여 자금의 운용이 이루어졌다 하더라도 사법상의 효력에는 아무런 영향이 없다.

아. 정리회사의 관리인은 정리회사의 기관이거나 그 대표자가 아니고 정리회사와 그 채권자 및 주주로 구성되는 소위 이해관계인단체의 관리자로서 일종의 공적수탁자라고 할 것이므로 정리회사는 관리인에 의하지 아니하고는 재산의 관리처분을 할 수 없다.

자. 회사정리법은 제162조 소정의 요건이 구비되고 같은 법 제163조에 의하여 금지된 것이 아닌 한 정리채권자의 상계권을 인정하고는 있으나(이 경우에도 상계권행사는 관리인에게 해야 한다), 한편 관리인측에서의 상계는 정리채권은 정리절차에 의하지 아니하면 소멸시킬 수 없다는 같은 법 제112조의 규정에 따라 원칙적으로 허용되지 아니하고 다만 법원의 허가가 있는 경우에 그 범위내에서만 가능하다.

(3) 피보증인이 가지는 인적항변의 원용가능성

피보증인이 어음소지인에 대하여 가지고 있는 인적항변을 원용하여 보증인도 대항할 수 있느냐의 문제가 있다. 어음보증의 독립성을 근거로 원용불가설을 취하는 견해,[110] 원용불가설에 의할 때 어음소지인이 피보증인에게 지급받을 실질적인 근거가 없는데도 보증인에게 어음금을 지급받는다는 것은 불공평하므로 원용가능하다는 견해(다수설)[111]가 있다. 판례는 신의칙에 반하는 권리남용으로 원용가능하다고 한다.[112] 이는 일본의 판례의 태도이기도 하다.

■ 대판 1988. 8. 9, 86다카1858

장래의 채무를 담보하기 위하여 발행된 어음에 발행인을 위하여 어음보증이 되어 있는 약속어음을 수취한 사람은 어음을 발행한 원인관계상의 채무가 존속하지 않기로 확정된 때에는 특별한 사정이 없는 한 그때부터는 어음발행인에 대해서 뿐만아니라 어음보증인에 대해서도 어음상의 권리를 행사할 실질적인 이유가 없어졌다 할 것이므로 어음이 자기수중에 있음을 기화로 하여 어음보증인으로부터 어음금을 받으려고 하는 것은 신의성실의 원칙에 비추어 부당한 것으로서 권리의 남용이라 할 것이고, 어음보증인은 수취인에 대하여 어음금의 지급을 거절할 수 있다고 할 것이니, 위 수취인으로부터 배서양도를 받은 어음소지인이 어음법 제17조 단서의 요건에 해당되는 때에는 어음보증인은 그러한 악의의 소지인에 대하여서도 권리남용의 항변으로 대항할 수 있다.

생각건대, 어음소지인의 권리남용으로 보아 원용가능성설을 택하는 것이 타당하다.

5) 어음보증채무이행의 효과

(1) 주채무의 소멸

보증인이 그 채무를 이행하면 보증채무는 물론 피보증인의 채무도 소멸한다.

---

110) 손주찬(下), 281면; 최기원, 599면

111) 정찬형, 692면; 정동윤, 344면; 최준선, 369면

112) 창원지판 2000. 9. 29, 2000나2980

(2) 보증인의 구상권

보증인이 어음의 지급을 한 때에는 피보증인과 그 피보증인의 채무자에 대하여 어음으로부터 생기는 권리를 취득한다(어 32조 3항). 이를 보증인의 구상권이라 한다.

(3) 구상권의 행사

어음법상 구상권의 법적 성질에 대하여 어음소지인의 권리를 승계 취득하는 것이라는 견해도 있으나, 다수설은 법률의 규정에 의하여 독립적, 원시적으로 취득하는 것이라 한다.[113] 구상권을 법정취득이라 보면, 어음채무자는 어음소지인에 대하여 가지고 있던 인적항변으로서 구상권을 행사하는 어음보증인에게 대항하지 못하고, 보증인이 어음의 교부를 받지 않더라도 어음금을 지급하기만 하면 구상권은 당연히 취득한다.

동일인을 보증하는 어음보증인이 2인 이상인 경우에 보증채무를 이행한 어느 보증인과 다른 보증인간의 구상관계는 민법의 일반원칙에 의한다(민 448조 2항, 445조).

(4) 일부보증

일부보증을 하고 그 보증채무를 이행하면 그 이행한 부분에 한하여 피보증인 및 그의 전자에 대하여 구상권을 취득하며 잔액에 대한 어음상의 권리는 여전히 어음소지인에게 귀속한다.

(5) 공동보증의 보증인 상호간의 구상권

보증채무를 이행한 보증인과 다른 보증인간의 구상관계는 민법의 일반원칙에 따른다(민 448조 2항, 425조).

113) 최준선, 370면

Ⅶ. 만기 이후의 법률관계

1. 지급 및 지급제시

1) 의의

어음관계는 약속어음의 발행인, 환어음의 인수인에 의한 지급으로 완전히 소멸한다. 즉, 어음은 지급으로 사명을 다한다. 한편 넓은 의미의 지급에는 어음의 참가지급, 보증인에 의한 지급, 상환의무자에 의한 상환도 포함한다.

어음금의 지급은 민법상 채무의 변제에 해당하지만, 어음법 제38조에서 제42조에서는 어음의 특성에 따른 특칙을 두고 있다.[114] 즉, 인수를 하지 아니한 환어음의 지급인은 법률상 채무를 부담하는 자가 아니나, 지급하면 유효한 지급으로서 비채변제(민 742조)가 되는 것도 아니고, 제3자의 변제(민 469조, 480조)도 아니다. 또한 어음은 지급인이나 발행인에 대한 통지 · 승낙 없이 전전 유통되므로 일반 채무이행에서의 지참채무의 원칙(민 467조 2항)을 적용할 수 없고 채권자가 추심하여야 한다. 민법상의 변제는 채무내용에 좇아야 하므로 일부변제는 적법한 변제가 아니고 채권자가 이를 수령할 의무를 지는 것은 아니나, 어음의 일부변제는 다른 어음채무자 전원을 위하여 이익이 되기 때문에 적법한 변제로 보고 어음소지인의 거절을 허용하지 아니한다(어 39조 2항). 어음상의 권리는 어음에 표창되어 유통되므로 지급 후에도 재차 유통될 가능성이 있다. 그래서 상환증권성에 관한 규정이 있다(어 39조 1항). 민법상 변제수령권이 없는 자에게 변제한 경우 그 위험부담은 변제자, 즉 채무자에게 귀속된다. 그러나 어음은 주채무자에 대한 통지 · 승낙 없이 유통되므로 지급인은 어음금을 청구해 오는 어음소지인의 권리관계에

---

114) 이철송, 430면

관해 충분한 정보를 갖고 있지 않다. 그래서 어음법은 지급인의 조사 의무를 적절히 제한함으로써(어 40조), 무권리자에게 지급함으로 인해 생기는 위험부담을 어음당사자간에 균형 있게 배분하고 있다.[115]

2) 지급제시

(1) 의의

어음금 지급을 요구하며 어음의 존재 및 그 기재사항을 알 수 있게 하는 것을 말한다.

(2) 지급제시의 필요성

어음의 경우 주채무자의 의사와 상관없이 제3자에게 유통되므로 주채무자는 어음상의 권리자가 누구인지 알지 못한다. 따라서 어음상 권리자가 권리를 행사하고자 할 경우에는 스스로 권리를 입증해야 할 것이고, 그 입증방법으로서 어음법상 정형화해 놓은 것이 제시증권성이다.

(3) 지급제시자와 피제시자

지급제시자는 어음의 소지인(38조)이고, 피제시자는 주채무자인데, 지급담당자가 있는 경우에는 그 지급담당자에게 지급제시 하여야 한다.[116] 그러나 지급제시기간이 경과한 때에는 지급담당자에게 지급 청구하는 것이 아니라 주채무자의 주소나 영업소에서 하여야 한다.

(4) 제시기간

확정일출급 어음, 발행일자 후 정기출급 어음, 일람 후 정기출급 어음의 경우에는 지급제시는 원칙적으로 지급을 할 날 또는 그날 이후의 2거래일 내에 하여야 한다(어 38조 1항, 72조 1항).

---

115) 이철송, 431면
116) 대판 1988. 8. 9, 86다카1858

■ Case

X가 소지하고 있는 약속어음의 만기일은 2014년 12월 24일이다. 12월 24일은 일요일이라면 X가 지급 제시하여야 할 지급제시기간은 며칠부터 며칠까지인가?

위 사례에서 보면 만기일은 2014년 12월 24일이다. 그런데 12월 24일은 일요일이고, 따라서 지급해야 할 날이 되지 않는다. 즉, 만기일(공휴일)과 지급해야 할 날이 다르게 되는 Case이다. 그런데 다음날인 12월 25일은 월요일이긴 하지만, 크리스마스이므로 역시 공휴일이다. 따라서 이 날도 지급해야 할 날이 되지 않는다. 그렇다면 12월 26일 화요일이 지급해야 할 날이 된다. 여기서 지급제시기간은 지급할 날 또는 그날 이후의 2거래일 내이다. 그렇다면 지급할 날이 26일(화)이 되고, 그날 이후의 제1거래일은 27일(수), 제2거래일은 28일(목)이 된다. 따라서 지급제시기간은 12월 26일부터 12월 28일까지가 된다.

일람출급 어음의 경우에는 발행일자로부터 1년 내에 지급의 제시를 하여야 한다(어 34조 1항). 발행인은 이 기간을 단축 또는 연장할 수 있고 배서인은 이를 단축할 수 있다. 또 발행인은 일정한 기일까지 지급제시를 금지할 수 있는데, 이 경우에는 지급제시기간은 그 기일로부터 시작하게 된다(어 34조 2항, 어 77조 1항 2호).

지급제시기간은 상환청구권보전을 위한 것이고, 주채무자에 대하여는 3년의 시효소멸 때까지 언제든지 어음을 제시하고 어음금을 청구할 수 있다.

국내 수표의 지급제시기간은 발행일로부터 10일간이다.

(5) 지급제시의 장소

어음소지인이 채무자를 방문하여 지급을 청구하여야 한다. 어음교환소에서의 어음의 제시는 지급을 위한 제시의 효력이 있다(38조 2항).[117)]

---

117) 최준선, 373면; 정찬형, 528면

3) 지급시기

(1) 만기전 지급

어음소지인은 만기 전에 지급받을 의무가 없으나(어 40조 1항), 지급받을 수도 있다. 이 경우에 지급인은 자기의 위험부담으로 지급하는 것으로 의제된다(어 40조 2항). 자기의 위험부담이란 것은 비록 지급인이 선의이며 과실 없이 지급했다 하더라도 유효한 지급이 될 수 없다는 뜻이다.

(2) 만기 지급

어음금은 지급제시기간 내에 지급제시를 하여 지급받는다. 이 경우에 지급인은 배서의 연속 등 어음의 형식적 요건사항을 조사하고, 그 지급에 관하여 사기 또는 중대한 과실이 없는 경우에는 면책된다. 지급인 또는 지급인으로부터 지급을 위임받은 금융기관은 배서의 연속이 제대로 되어 있는지에 대한 조사를 제시금융기관에 위임할 수 있다(어 40조 4항).

만기의 지급에 있어서는 은혜일이 없다. 또한 지급을 유예하는 방법으로 만기를 후일로 변경하는 방법과 어음개서가 있다. 어음개서란 현재의 어음에 갈음하여 만기를 새로 정한 새 어음을 발행하는 것을 말한다.[118]

4) 지급의무의 내용

환어음의 인수인 및 약속어음의 발행인은 주채무자로서의 지급의무를 부담한다.

5) 지급의 방식

어음금 지급은 현금으로 한다. 지급인은 소지인의 비용과 위험부담으로 어음금액을 공탁소에 공탁할 수 있다(어 42조). 어음금액을 지급지의 통화가 아닌 통화로 지급할 것을 기재한 경우에 지급인은 표시된 통화로 지급할 수 있고(이 경우 만기의 날의 지급지의 외화

118) 이범찬 · 최준선(下), 310면

가격에 의하여 환산해서 지급지의 통화로 지급한다(어 41조 1항)), 지급지의 통화로 지급할 수도 있다(어 41조 1항).

어음소지인은 어음금의 일부지급을 거절하지 못한다(어 39조 2항). 이때는 어음의 상환증권성이 적용되지 않는다.

6) 지급인의 조사의무

어음소지인의 조사대상은 실질적 권리와 형식적 자격의 유무이다. 형식적으로는 어음의 기재사항과 배서의 연속의 정부, 기명날인 또는 서명의 유무(이 경우에 서명날인의 진부를 조사할 의무는 없다), 소지인의 인적동일성에 대하여 조사(통설은 제시자와 소지인의 동일성 여부는 조사대상이 아니라고 한다)를 하여야 한다.[119] 그러나 실질적 어음의 권리관계에 대해서 지급인이 조사의무를 지지는 않는다. 따라서 어음제시자의 형식적 자격만을 보고 지급한 지급인은 면책되지만, 면책되기 위해서는 지급인에게 사기 또는 중대한 과실이 없어야 한다. 여기서 사기란 무권리자임을 알고 이를 용이하게 입증할 방법이 있는데도 불구하고 지급함을 뜻하고, 중대한 과실이란 상대방이 무권리자라는 사실과 이를 증명할 용이한 입증방법이 있는데도 불구하고 중대한 과실로 알지 못한 경우를 말한다.[120]

지급인 또는 지급인으로부터 지급을 위임받은 금융기관은 배서의 연속이 제대로 되어 있는지에 대한 조사를 제시금융기관에 위임할 수 있다(어 40조 4항).

7) 어음교환과 부도

(1) 어음교환소

유통되고 있는 어음 및 수표는 일반적으로 어음교환소를 통하여 결제된다. 어음교환이란 일정한 지역 내에 있는 다수의 금융기관이 고객으로부터 수납한 어음 및 수표 중에서 금융기관이 지급해야 할 어음과 타 금융기관이 수납한 어음 중에서 자신이 지급해

---

119) 이범찬·최준선(下), 311~313면
120) 최준선, 382면

야 할 어음을 특정한 장소에서 특정한 시각에 일괄하여 서로 교환하고 이에 다른 대금을 결제하는 것을 말한다.[121]

어음교환이 이루어지는 특정한 장소를 어음교환소라고 부르고, 우리나라에서는 금융결제원이 어음교환소의 업무를 담당하고 있다.

(2) 어음교환 처리절차[122]

어음교환이란 일정한 지역 내에 있는 다수의 금융기관이 고객으로부터 수납한 어음(수표 및 제 증서 포함) 중 타 금융기간이 지급해야 할 어음과 타 금융기관이 수납한 어음 중 자신이 지급해야 할 어음을 특정한 장소에서 특정한 시각에 일괄하여 서로 교환하고 이에 따른 대금을 결제하는 것을 말한다.

【어음교환 처리절차】[123]

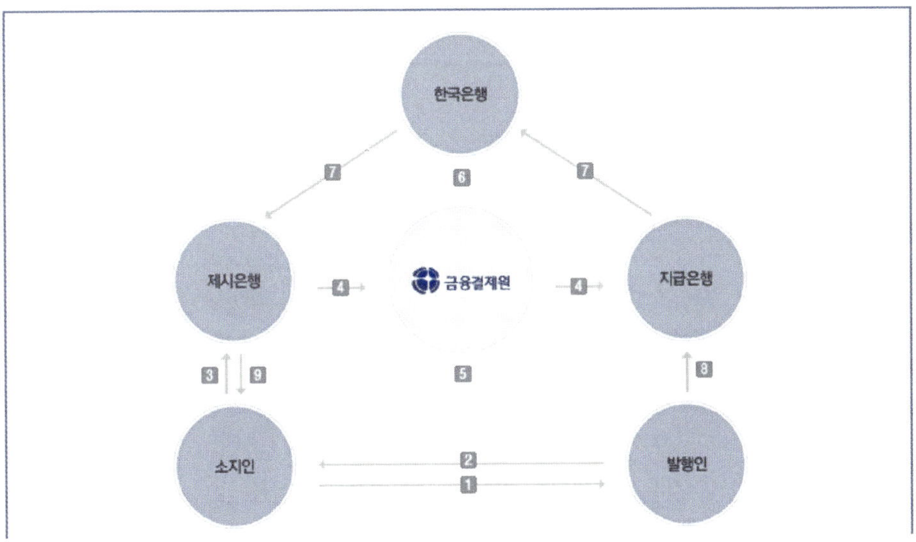

121) http://www.kftc.or.kr/business/change_01.jsp
122) http://www.kftc.or.kr/business/change_02.jsp
123) "http://www.kftc.or.kr/images/kftc/ko/content/diagram_bs003_02.gif"〉

* D일 : 어음교환일
1. 상품・용역제공 2. 어음 · 수표발행 3. 어음 · 수표입금(D-1일) 4. 어음・수표 교환일 5. 어음교환 차액산출(D일) 6. 차액결제(D일 11:00) 7. 당좌계정출금(D일 11:00) 8. 당좌계정입금(D일 11:00) 9. 어음 · 수표 대금입금(D일 16:00까지) 10.어음 · 수표대금출금(D일14:20부터, 수표는 12:20부터).

기존에는 금융기관이 어음교환원이 어음 실물을 직접 어음교환소에 가져와 교환하는 실물교환 방식이었지만 최근에는 직접 교환하지 않고 어음에 기재된 내용을 정보화하여 교환하는 정보교환 방식으로 전환되고 있다. 어음교환에 회부된 어음은 수납 익영업일 오후 2시 50분 이후에 현금으로 인출할 수 있다.

(3) 부도

어음교환업무규약 제3조 제6호에 의하면, 부도란 「지급제시된 어음의 대금을 일정한 사유로 지급할 수 없는 경우」를 말한다. 부도사유는, ① 예금부족 또는 지급자금의 부족(이하 「예금부족」이라 한다), ② 무거래, ③ 형식 불비(법정요건 누락, 인감 불선명, 정정인 누락 또는 상이, 지시금지 위배, 횡선조건 위배, 금액・발행일자 오기, 배서 불비, 인수표시 없음, 약정용지 상이), ④ 안내서 미착, ⑤ 사고 신고서 접수(분실, 도난, 피사취, 계약 불이행), ⑥ 위조, 변조, ⑦ 제시기간경과 또는 미도래(「제시기간 미도래」는 수표의 경우 제외), ⑧ 인감서명 상이(「서명상이」는 가계수표의 경우 제외) ⑨ 지급지 상위, ⑩ 법적으로 가해진 지급제한(이하 「법적제한」이라 한다), ⑪ 가계수표 장당 최고 발행한도 초과로 한정된다(어음교환업무 시행 세칙 97조). 하나의 부도어음에 적용할 부도사유가 경합할 경우에는 다음과 같이 부도사유를 적용하여야 한다(어음교환업무시행세칙 98조). ① 「형식 불비」, 「인감서명 상이」 중 하나와 「예금부족」, 「무거래」 중 하나가 경합할 경우는 「예금부족」 또는 「무거래」를 적용, ② 「사고신고서 접수」와 「예금부족」이 경합되는 경우로서 제116조에 의하여 사고신고 담보금이 지급은행에 별단예금으로 입금되지 않은 경우는 「예금부족」을 우선 적용하며, 이 때 사고신고서 접수사실을 함께 적용, ③ 어음발행인의 당좌(가계당좌)예금계좌에 가압류(압류)명령이 송달된 경우 지급자금이 지급제시된 금액보다 적은 때에는 「예금부족」, 같거나 많은 때에는

「법적제한」을 적용, ④「제시기간경과」와 「무거래」가 경합할 경우는 「제시기간경과」를, 「제시기간 미도래」와 교환소의 거래정지처분에 의한 「무거래」가 경합할 경우는 「무거래」를 적용, ⑤ 법원으로부터 재산보전처분을 받은 자가 이미 발행한 어음에 대한 부도사유는 당좌(가계당좌)예금거래의 해약여부에 관계없이 보전처분일로부터 「법적제한」을 적용, ⑥ 다른 부도사유(「위・변조」 제외)와 「한도초과」가 경합할 경우는 그 부도사유와 「한도초과」를 함께 적용한다.

(4) 거래정지처분

어음교환소는 참가은행으로부터 신고 받은 부도어음내역 중에서 거래정지처분사유에 해당하는 부도어음의 발행인에 대하여 거래정지처분을 하여야 한다(어음교환업무규약 18조 1항). 즉, ① 「예금부족」의 부도로서 참가은행으로부터 부도어음대금의 입금통보가 없을 때(다만, 「구조조정대상기업」의 등록이 있는 경우는 제외 : 부도일로부터 제3영업일), ② 「무거래」로 인한 부도가 있을 때(다만, 발행인이 가설인인 경우에는 제외하며, 타 참가은행과 거래하고 있는 사실이 판명되고 부도발생 익영업일에 그 대금을 일정한 방법에 의하여 입금하였을 때에는 1년간 1회에 한하여 거래정지처분을 면제 : 부도일로부터 제3영업일), ③ 부도어음신고시 제112조에 의한 입금사실의 등록이 없는 「사고신고서 접수」, 「법적제한」 중 지급정지가처분명령의 송달로 인한 부도로서 사고신고 담보금 또는 지급정지가처분 담보금의 입금통보가 없을 때(다만, 「은행관리기업」의 등록이 있는 경우는 제외 : 부도일로부터 제3 영업일), ④ 모든 참가은행을 통하여 1년간 4회 이상 일정한 규정에 의거하여 입금 통보된 「예금부족」, 「사고신고서접수」 또는 「법적제한」 중 지급정지가처분명령의 송달로 인한 어음의 부도가 있을 때(부도일의 다음 영업일), ⑤ 위변조 증빙자료 제출확인서를 부도일로부터 15일 이내에 교환소에 제출하지 않았을 때(제출마감일의 다음 영업일), ⑥ 모든 참가은행을 통하여 1년간 2회 이상 「한도초과」로 인한 부도가 있을 때(부도일의 다음 영업일)이다.

(5) 부도의 구제

어음교환소는 부당하게 부도처리된 자 또는 거래정지처분된 자에 대하여 참가은행의 신청이 있을 경우 부도신고, 부도통지 또는 거래정지처분내역을 정정 또는 취소하여야 한다(어음교환업무규약 19조 1항). 또한 교환소는 신용을 회복한 거래정지처분자에 대하여 참가은행의 신청이 있을 경우 거래정지처분을 해제할 수 있다(동 규약 동조 2항). 이 경우 어음교환소는 부도구제내역을 참가은행에 통지하여야 한다.

2. 상환청구권(소구권)

1) 개설

(1) 의의

상환청구라 함은 만기에 지급이 거절되거나 만기 전에도 환어음의 인수거절 또는 만기에 지급가능성이 현저히 감소된 경우에 원칙적으로 거절증서를 작성하고 소지인이 배서인 등 일정한 상환의무자에 대하여 어음금액, 만기 이후의 법정이자, 거절증서작성비용, 통지비용 등의 비용 변제를 청구하는 것을 말한다. 종래 소구권이라 하였는데, 어음법을 개정하여 상환청구권이란 용어로 변경하였다.

상환청구에 의하여 어음소지인은 만기에 어음금액의 지급을 받은 것과 동일한 경제적 효과를 얻을 수 있게 되는데, 이것은 어음유통을 보호하기 위해 둔 제도이다.[124)]

(2) 취지

어음의 유통성을 실질적으로 보장하는 제도가 상환청구제도이다.

---

124) 어음교환업무규칙 제2조에는 부도의 개념 정의를 하고 있다. 즉, 「부도」라 함은 지급제시된 어음의 대금을 일정한 사유로 지급할 수 없는 경우를 말한다. 부도난 어음의 소지인은 지급거절된 것이므로 상환청구권행사가 가능하다.

2) 상환청구 당사자

(1) 상환청구권자

최초의 상환청구권자는 어음의 최후의 소지인이다(43조, 77조). 어음소지인은 임의로 선택하여 상환청구권을 행사할 수 있다. 이 때 상환의무를 이행한 자(재 상환청구권자)는 어음을 회수하고 다시 전자에 대하여 상환청구할 수 있는데(어 47조 3항), 이를 재상환청구라 한다.

(2) 상환의무자

상환의무자는 주채무자 이외의 어음행위자이다. 그러나 어음행위자라도 배서인이 인수담보책임과 지급담보책임을 전부 배제하거나(어 15조 1항), 담보책임의 상대방을 직접 피배서인으로 제한할 수 있고(어 15조 2항), 이 경우에는 상환의무자가 되지 않는다.

3) 상환청구의 요건

(1) 상환청구요건의 엄격성

① 실질적 요건

어음소지인은 적법한 지급 제시기간 내에 지급 제시하여야 하고, 지급제시가 가능한 어음(만기도래와 백지어음의 보충)이어야 하며, 지급제시의 상대방은 지급인이지만 지급담당자가 있을 경우 지급담당자에게 제시하여야 한다.

■ 대판 1986. 9. 9, 85다카2011

약속어음의 소지인이 피소구권자에 대한 소구권을 행사하기 위하여는 어음법 제75조 소정의 법정기재사항이 기재된 약속어음에 의하여 적법한 지급제시를 한 것을 요하고 위 법정기재사항의 일부라도 기재되지 아니한 약속어음에 의하여 한 지급제시는 어음법 제76조의 규정에 의하여 구제되지 않는 한 적법한 지급제시로서의 효력이 없는 것이므로 그와 같은 경우에는 피소구권자에 대한 소구권을 상실한다.

만기전 상환청구는 원칙적으로 인정되지 않지만, 인수의 거절, 인수인·지급인의 파산, 지급정지, 강제집행의 부주효, 인수제시를 금한 발행인의 파산, 약속어음의 발행인의 파산(어 43조) 등이 있을 경우에 상환청구가 허용된다.

어음법은 약속어음에 관하여는 지급거절로 인한 상환청구만을 인정하고 만기 전의 상환청구에 관하여는 규정하고 있지 아니하나, 약속어음에 있어서도 만기 전에 발행인의 파산이나 지급정지 기타 그 자력을 불확실하게 하는 사유로 말미암아 만기에 지급거절이 될 것이 예상되는 경우에는 만기 전이라도 상환청구할 수 있다고 보아야 한다.[125]

■ 대판 1992. 5. 26, 92다6471

① 어음법은 약속어음에 관하여는 지급거절로 인한 소구만을 인정하고 만기 전의 소구에 관하여는 규정하고 있지 아니하나, 약속어음에 있어서도 만기 전에 발행인의 파산이나 지급정지 기타 그 자력을 불확실하게 하는 사유로 말미암아 만기에 지급거절이 될 것이 예상되는 경우에는 만기 전이라도 소구할 수 있다고 보아야 한다.

② 약속어음 소지인이 그 약속어음을 만기 2일 전에 지급제시를 한 것이라면 특별한 사정이 없는 한 만기 전에 소구권을 행사하기 위한 것이라고 볼 수 있는 것이므로, 원심으로서는 위 약속어음의 지급을 위한 제시가 지급기일에 된 것이 아니라는 이유만으로 막바로 배척할 것이 아니라, 이것이 만기 전의 소구로서의 요건을 충족한 것인지 여부를 심리하였어야 할 것이다.

② 형식적 요건

인수 또는 지급의 거절은 공정증서(인수거절증서, 지급거절증서)에 의하여 증명하여야 한다(어 44조 1항). 인수거절증서는 인수제시기간 내에 작성시켜야 하고(어 44조 2항 전단) 이 경우 지급을 받기 위한 지급제시와 지급거절증서의 작성이 필요하지 아니하다(어 44조 4항). 또한 지급거절증서는 확정일출급 어음·발행일자 후 정기출급어음·일람 후 정기출급 어음의 경우에는 지급을 할 날 또는 그날 이후의 2거래일 내에 작성시켜야 하며, 일람출급 어음의 지급거절증서는 지급제시기간 내에 작성시켜야 한다(어 44조 3항). 인수를 하였거나 하지 아니한 지급인이 지급을 정지한 경우 또는 그 재산에 대한 강제집행

125) 대판 1992. 5. 26, 92다6471

이 주효하지 아니한 경우에는 소지인은 지급인에 대하여 지급을 위한 제시를 하고 거절증서를 작성시킨 후가 아니면 상환청구권을 행사하지 못한다(어 44조 5항). 인수를 하였거나 하지 아니한 지급인이 파산선고를 받은 경우 또는 인수를 위한 제시를 금지한 어음의 발행인이 파산선고를 받은 경우에 소지인이 상환청구권을 행사함에는 파산결정서를 제시하면 된다(어 44조 6항).

(2) 거절의 통지

소지인은 거절증서 작성일 또는 무비용상환의 문구가 적혀 있는 경우에는 어음 제시일 이후의 4거래일 내에 자기의 배서인과 발행인에 대하여 인수거절 또는 지급거절이 있었음을 통지하여야 한다. 각 배서인은 통지를 받은 날 이후 2거래일 내에 전(前)통지자 전원의 명칭과 처소를 표시하고 자기가 받은 통지를 자기의 배서인에게 통지하여 차례로 발행인에게 미치게 하여야 한다(어 45조). 이 기간은 각 통지를 받은 때부터 진행한다. 또한 어음에 기명날인하거나 서명한 자에게 통지할 때에는 같은 기간 내에 그 보증인에게도 같은 통지를 하여야 한다(어 45조 2항). 배서인이 그 처소를 적지 아니하거나 그 기재가 분명하지 아니한 경우에는 그 배서인의 직전의 자에게 통지하면 된다(어 45조 3항). 통지는 어떠한 방법으로도 할 수 있으며, 단순히 어음을 반환하는 것으로도 통지할 수 있다(어 45조 4항). 그리고 통지를 하여야 하는 자는 적법한 기간 내에 통지를 하였음을 증명하여야 하고, 이 기간 내에 통지서를 우편으로 부친 경우에는 그 기간을 준수한 것으로 본다(어 45조 5항).

그러나 기간 내에 거절의 통지를 하지 않았다고 하여 상환청구권을 상실하는 것은 아니다(어 45조 6항 전단). 하지만 과실로 인하여 손해가 생긴 경우에는 어음 금액의 한도 내에서 배상할 책임을 진다(어 45조 6항 후단).

(3) 불가항력으로 인한 기간연장

피할 수 없는 장애가 있는 경우에는 거절증서작성의 기간이 연장된다(어 54조). 불가항력이 발생한 때에는 소지인은 자기의 배서인에 대하여 지체 없이 이를 통지하고 어음 또는 보충지에 그 통지한 뜻을 적고 날짜를 부기한 후 기명날인 또는 서명하여야 한다(어 54조 2항). 또 불가항력이 종지된 때에는 소지인은 지체없이 인수 또는 지급을 위하여 어음을 제시하여야 하며, 필요한 경우 거절증서를 작성하여야 한다. 그러나 불가항력이 만기로부터 30일이 지나도 계속되는 때에는 어음의 제시 또는 거절증서의 작성이 면제되므로 소지인은 그러한 절차를 밟을 필요 없이 상환청구권을 행사할 수 있다(어 54조 4항, 77조 1항 4호).

4) 거절증서작성의무의 면제(무비용 상환 어음)

거절증서를 작성하게 하는 이유는 인수 또는 지급거절의 사실을 명확히 하기 위함이다. 그렇지만 실제 인수 또는 지급 거절시 공증인 사무실에 찾아 가서 거절증서를 작성한다는 것은 비용이나 시간 면에서 불편하고 성가신 일이다. 그래서 실무에서 거절증서를 작성해야 하는 어음은 잘 받지 않으려고 한다. 따라서 실무 거래계에서는 거절증서 작성의무를 면제하고 어음의 유통성을 확보하고 있다.[126)]

(1) 환어음의 작성면제권자

환어음의 경우 발행인, 배서인 또는 보증인은 무비용 상환, 거절증서불요의 문자 또는 이와 동일한 의의가 있는 문언을 환어음에 적고 기명날인 또는 서명함으로써 소지인에 대하여 상환청구권을 행사하기 위한 인수거절증서 또는 지급거절증서의 작성을 면제할 수 있다(어 46조). 거절증서 작성 면제의 문구는 소지인에 대하여 법정기간내의 어음의 제시와 통지의 의무를 면제하지 아니한다. 법정기간의 미준수는 소지인에 대하여 이를 원용하는 자가 증명하여야 한다(어 46조). 발행인이 거절증서작성면제의 문언을 기재한 때에는 모든 어음채무자에 대하여 효력이 있고 배서인 또는 보증인이 이 문언을 기재한 때에는 그 배서인 또는 보증인에 대하여서만 효력이 있다.[127)] 발행인이 이 문언

126) 김문재, 499면

127) 이철송, 463면

을 기재하였음에도 불구하고 소지인이 거절증서를 작성시킨 때에는 그 비용은 소지인이 부담하고 배서인 또는 보증인이 이 문언을 기재한 경우에 거절증서를 작성시킨 때에는 모든 어음채무자에게 그 비용을 상환하게 할 수 있다(어 46조).

(2) 약속어음의 작성면제권자

약속어음의 발행인이 지급거절증서작성의무를 면제할 수 있는가에 관하여 학설의 대립이 있다. 왜냐하면 약속어음의 발행인은 주채무자이지 상환의무자가 아니기 때문이다. 이에 관해 소극설은 약속어음의 발행인은 주채무자이고 지급거절증서가 없어도 지급할 의무가 존재하므로 지급거절증서작성의 면제권자가 아니라고 한다. 그러나 적극설은 지급거절증서작성면제권자를 규정한 어음법 제46조는 약속어음에도 그대로 준용되고 있고(어 77조 1항 4호), 약속어음의 발행인이 지급거절증서작성을 면제하면 모든 상환의무자에 대하여 작성면제의 효과가 미치므로 실익도 있기 때문에 면제권자에 포함된다고 한다.

5) 상환청구금액

어음법이 정한 상환청구금액은 어음금액과 약정이자, 법정이자, 거절증서작성비용 및 기타 비용이다(어 48조 1항).

6) 상환의무자의 책임(합동책임)

합동책임은 연대채무와 흡사하지만 몇 가지 점에서 상이하다. 먼저 연대채무의 발생원인이 모든 채무자에 공통되지만, 어음채무자들의 책임은 그 발생원인을 달리한다는 점이다.[128] 소지인은 그 채무부담순서에도 불구하고 1인 또는 수인 또는 전원에 대하여 어음금청구가 가능하고, 어느 채무자가 변제하더라도 각자 자신의 채무의 소멸원인이

---

128) 최준선, 395면

있어야 소멸하며, 어음채무자 중의 1인에 대한 청구는 다른 어음채무자에 대한 청구에 영향을 미치지 아니한다. 또한 각 어음채무자는 독립된 자기의 채무를 가지므로 어음채무자간에는 부담부분이 없다는 것도 연대채무와 상이한 점이다.[129]

7) 상환청구의 방법

(1) 어음의 제시와 상환(어 50조 1항)

상환청구권행사는 어음의 제시와 상환으로 이루어진다.

(2) 역(逆)어음의 발행

소지인은 상환의무자를 지급인으로 하는 환어음을 발행하는 방법으로 상환청구권을 행사할 수도 있다(어 52조 1항). 이를 역어음이라 한다. 역어음의 발행으로 상환의무자에게 새로운 부담을 주어서는 안된다.[130] 따라서 역어음의 발행을 금하는 문언이 없을 때 한해서 역어음을 발행할 수 있다. 역어음은 즉시 지급받을 목적으로 하므로 당연히 일람출급 어음이다(어 52조 1항).

8) 재상환청구

(1) 의의

재상환청구란 상환의무를 이행한 자가 자기의 전자(직접적인 전자에 한하지 않는다)에 대하여 지급한 금액 및 그 지급일까지의 이자, 지출한 비용 등의 변제를 청구하는 것을 말한다. 상환의무의 이행 시에 상환의무자는 어음, 거절증서, 수취한 것을 증명하는 계산서의 교부를 청구할 수 있고, 어음을 회수한 상환의무자는 자기 및 후자의 배서를 말소하고 형식적 자격을 갖추어 재상환청구할 수 있다.

---

129) 丸山秀平, 136면
130) 이철송, 469면

(2) 법적성질

상환의무이행에 의하여 권리취득한 것의 법적 성질에 관해서는 견해의 대립이 있다. 즉, 재상환청구권에 대한 법적 성질로는 권리회복설과 권리재취득설이 대립하고 있다.

① 권리회복설

재상환청구권자는 상환의무의 이행을 계기로 어음을 양도하기 전에 가지고 있던 소지인으로서의 권리를 회복하는 것으로 보는 견해이다.[131)]

② 권리재취득설

상환의무의 이행으로 인한 어음회수를 어음상의 권리의 재취득으로 보는 견해이다.[132)] 다시 말해 배서에 의하여 어음상의 권리가 확정적으로 피배서인에게 이전되므로 배서인이 어음을 환수하면 법률의 규정에 의한 어음채권의 양수에 의하여 어음상의 권리를 재취득하는 것이라고 한다.[133)] 권리재취득설이 다수설이다.

한편 권리재취득설에 의하면서도 재상환의무자는 인적항변을 주장할 수 있다는 절충설을 취하는 입장도 있다.[134)]

③ 검토

권리재취득설이 타당하다. 왜냐하면 배서에 의하여 권리가 확정적으로 이전하기 때문이다. 권리재취득설에 의하여도 인적항변은 속인성이 있으므로, 이 속인성에 의하여 재상환의무자는 인적 항변을 주장할 수 있다고 본다. 요컨대, 절충설의 입장이 아니고 권리재취득설이되, 인적항변의 성질을 속인성으로 보고 인적항변을 해결한다는 뜻이다.

---

131) 서돈각 · 정완용(下), 244면
132) 정동윤, 444면; 최기원, 529면
133) 최준선, 400면
134) 최준선, 401면; 최정식, 402면

(3) 재상환청구의 요건

① 상환의무의 이행

상환의무를 이행하여야 한다.

② 상환의무 이행 사실 증명

재상환청구를 하고자 하는 자는 어음과 거절증서를 회수하여 재상환의무자에게 제시해야 한다. 그러나 환어음의 발행인이 거절증서의 작성을 면제한 경우에는 재상환청구를 함에 있어 거절증서를 작성할 필요가 없다.

그런데 특정 배서인만이 지급거절증서작성의무를 면제 한 경우에 그 특정 배서인에 대한 재상환청구시에 지급거절증서를 작성하지 않고 재상환청구권을 행사할 수 있는지에 관한 문제가 발생한다. 사례를 통해 구성해 보면 다음과 같다.[135]

■ Case

배서인 갑은 지급거절증서작성의무를 면제하고 이를 을에게 배서 양도하였는데, 을은 지급거절증서작성의무를 면제하지 않고 병에게 배서 양도하였다. 그런데 을은 병의 상환청구권행사에 대해 지급거절증서작성 유무를 확인하지 않고 그 상환청구에 응하여 상환의무를 이행하였고, 이를 다시 지급거절증서작성의무를 을에게 면제한 갑에 대해 재상환청구권행사시에 갑이 지급거절증서를 작성하지 않았다는 이유로 재상환청구를 거절할 수 있겠는가?

위 Case에 관하여 견해의 대립이 있다.

제1설은 재상환청구권의 법적 성질을 권리회복설로 보면서 상환의무를 임의로 이행한 자도 지급거절증서작성을 면제한 자에 대해서는 지급거절증서작성을 하지 않고서 재상환청구권을 행사할 수 있다는 견해이다.

제2설은 권리재취득설을 취하면서 상환의무의 임의이행에 대해 재상환청구권 행사를 긍정하는 입장이다.[136]

---

135) 김지환 감수, 「신경향사례연습 상법」, 에이치엘에스, 2007. 3, 253면

마지막으로 제3설은 권리재취득설에 의하면서 상환의무를 임의로 이행한 자는 재상환청구의 실질적 요건을 충족하고 있지 못하므로, 지급거절증서작성면제자에 대해서도 재상환청구권을 행사할 수 없다고 보는 견해이다.[137]

판례는 아래에서 보는 바와 같이 임의로 상환의무를 이행한 경우에 지급거절증서작성면제자에 대해 상환청구권을 행사할 수 있다고 판시하고 있다.

■ **대판 1990.10.26, 90다카9435**

원심판결 이유에 의하면, 원심은 약속어음의 배서인은 적법하게 자신의 소구의무를 이행하고 소지인으로부터 어음을 환수한 경우에 전 배서인에 대하여 재소구할 수 있는 것이므로 소구의무를 부담하지 않는데도 소지인의 소구요구에 응하여 어음금을 지급하고 어음을 취득한 경우에는 전 배서인에 대하여 재소구할 수 없다 할 것인바, 과연 원고가 자신의 소구의무를 이행하고 위 약속어음을 환수하였는가 하는 점에 관하여 보건대, 성립에 다툼이 없는 갑제1호증의 1,2(약속어음표면 및 이면)의 각 기재에 의하면, 위 이종재는 1987.6.22. 위 서인수에게 액면 돈 9,800,000원, 지급기일 1987.10.10. 발행지 및 지급지 서울, 지급장소 주식회사 제일은행 신림동지점으로 된 약속어음 1장을 발행하고, 서인수는 같은 달 23. 위 이종대에게, 이종대는 같은 달 24. 피고에게, 피고는 같은 달 25. 원고에게 각 지급거절증서작성을 면제하여 이를 배서양도하였는데, 원고는 같은 달 25. 위 소외 회사에게 지급거절증서작성을 면제하지 아니한 채 이를 배서양도한 사실을 인정할 수 있고 반증이 없으므로 원고는 위 어음의 최후소지인인 소외 회사가 지급기일에 위 어음을 지급제시하였다가 지급거절당하고 지급거절증서를 작성하여 그 지급거절당한 사실을 증명한 경우에만 소외 회사에 대하여 소구의무를 부담한다 할 것인데, 소외 회사가 위 어음을 지급제시하였다가 지급거절 당하자 그 지급거절증서를 작성하였음에 관하여 원고의 아무런 주장, 입증이 없는 바이니, 결국 원고는 소외 회사에게 어음금을 지급하고 위 어음을 취득하였다고 하더라도 전배서인인 피고에 대하여 재소구할 수 없다고 판시하여 제1심판결을 취소하고 원고의 청구를 기각하였다.

그러나 원심인정과 같이 피고가 원고에게 지급거절증서 작성의무를 면제하고 배서 양도한 것이라면 피고로서는 어음소지인의 소구에 대하여 거절증서작성이 없다는 이유로 청구를 거절할 수 없을 것이며 위 원심인정의 사실관계에서 원고가 어음의 최후 소지인 삼성물산(주)에 대하여 거절증서 작성유무를 확인하지 아니하고 그 소구에 응하였다고 하더라도 거절증서 작성의무를 면제하고 배서한 피고로서는 그점을 탓할 수 없을 것이다. 만일 그 어음의 최종소지인인 소외 삼성물산(주)이 거절증서를 작성함이 없이 직접 피고에게 소구하여 올 경우 피고는 거절증서 작성의무를 면제한 배서인이 므로 거절증서작성이 없다는 이유로 그 소구를 거절할 수 없다고 보아야 할 것이고 어음의 배서인은 어음소지인의

136) 최준선, 282면
137) 최기원(下), 370면

> 소구에 응하였거나 기타의 사유로 어음을 회수한 경우에 자기의 배서를 말소할 수 있고 그렇게 되면 그 배서는 배서의 연속에 관한한 없는 것으로 보게 되어 있으므로 삼성물산(주)이 적기에 거절증서를 작성하지 아니하였다 하여 피고의 원고에 대한 소구의무에 어떠한 영향이 미친다고 할 수 없다.

생각건대, 재상환청구권의 법적 성질을 권리 재취득설에 근거한다 하더라도 인적 관계는 속인성이 있다 할 것이므로, 비록 지급거절증서작성을 하지 않고 임의로 지급하고 재상환청구권 행사한다 할지라도 지급거절증서작성의무를 면제한 자에 대해서는 재상환청구권 행사가 가능하다고 풀이하는 것이 타당하다 할 것이다.

Case에 대입해 보면, 乙은 丙에게서 지급거절증서회수를 하지 않고 임의로 지급했다 하더라도, 애초부터 지급거절증서작성의무를 면제한 배서인 甲에 대해서는 재상환청구권을 행사할 수 있다고 풀이된다.

(4) 재상환청구금액

재상환청구할 수 있는 금액은 자신이 지급한 총금액과 지급한 날 이후의 이 금액에 대한 연 6푼의 이자, 기타 지출한 비용이다(어 49조).

3. 어음상의 권리의 소멸

1) 소멸시효기간

(1) 어음금액청구권

주채무자(환어음의 인수인 및 약속어음의 발행인 보증인 참가인 수인 및 무권대리인에 대한 권리도 같다)에 대한 어음금청구권은 만기일로부터 3년의 시효로 인하여 소멸한다(어 70조 1항, 어 77조 1항 8호).

(2) 상환청구권

상환의무자(배서인 및 환어음의 발행인)에 대한 상환청구권은 거절증서작성일로부터 또는 그 작성이 면제된 때에는 만기일로부터 1년의 시효로 인하여 소멸한다(어 70조 2항, 어 77조 1항 8호).

(3) 재상환청구권

재상환의무자에 대한 재상환청구권은 상환을 한 배서인(보증인 참가지급인도 같다)은 이 어음을 환수한 날로부터 또는 제소된 날로부터 6월의 시효로 인하여 소멸한다(어 70조 3항, 어 77조 1항 8호).

2) 시효기간의 계산

시효기간의 계산초일은 항상 만기일이다. 초일은 시효기간에 산입하지 않으며(어 73조), 기간의 말일은 소정기간 후의 초일의 대응일이다.

4. 이득상환청구권

1) 개설

(1) 의의

이득상환청구권이란 어음 또는 수표상의 권리가 상환청구권보전절차의 흠결이나 시효완성 등으로 소멸한 경우에 어음 또는 수표의 소지인이 그로 인해 이익을 얻은 어음 또는 수표의 채무자에게 그 이익의 반환을 청구할 수 있는 권리를 말한다(어 79, 수 63조).

■ Case

A는 B로부터 부동산을 매수하고, 부동산 매수대금 지급에 갈음하기 위하여 B를 수취인으로 하는 약속어음을 발행하고 교부하였다. 그러나 이 약속어음은 지급 제시되지 않은 채 어음의 만기일로부터 3년이 경과하였다.

위 Case (1)의 경우 기존의 원인채권이 소멸하였으나, 발행인 A에게 확정적인 이익이 생겼기 때문에 B의 A에 대한 이득상환청구권이 인정된다.

(2) 취지

이득상환청구권을 인정하는 취지는 어음관계자들의 이해를 공평하게 조정하기 위함이다. 어음은 일반적으로 어음의 원인관계상의 채무의 결제수단으로 사용하고 있다. 그럼에도 불구하고 어음, 수표상의 권리는 특별한 단기소멸시효에 의하여 소멸한다. 또한 배서의무자에 대한 상환청구권도 법정의 권리보전절차를 밟지 않는 한, 지급제시기간의 경과에 의하여 상실된다. 그 결과 어음채무자는 완전히 면책되고 어음의 수수에 의하여 얻을 수 있는 이득을 상실하게 된다. 이것은 어음이 실질관계의 결제수단이라는 점을 감안해 보면 실로 불공평하다. 그리하여 공평의 이념에서 어음법이나 수표법은 시효 또는 상환청구권보전절차의 흠결에 의하여 어음, 수표 상의 권리가 소멸한 경우, 소지인이 이익을 얻은 채무자에 대하여 그 이익의 한도 내에서 반환 청구할 수 있는 권리를 인정한 것이다.[138]

(3) 법적성질

이득상환청구권이 어음상에 존재하던 권리가 소멸된 후에 생기는 권리이므로 이 법적 성질을 어떻게 보느냐에 견해의 대립이 있다. 이득상환청구권의 법적 성질을 어떻게 파악하느냐에 따라 이득상환청구권의 행사방법과 효과, 소멸시효 등에 관한 사항이 달라진다.

① 부당이득반환청구권설

이득상환청구권을 부당이득반환청구권이라 한다. 그런데 부당이득이 되기 위해서는 어음채무자의 이득이 법률상 원인 없이 발생한 것이어야 한다. 그러나 이득상환청구권은 시효의 완성, 보전절차의 흠결 등 법률이 인정하는 원인이 있으므로, 법률상 원인 없

---

138) 최준선, 216면

이 얻은 이득이라 할 수 없다. 따라서 이 견해를 취하기는 어렵다.

② 변형물설 또는 잔존물설

이득상환청구권을 실질관계인 원인관계와 연결되어 있는 것으로 보고, 따라서 약속어음의 발행인이나 환어음의 인수인의 책임이 완전히 소멸되지 않고 이득을 본 한도 내에서 잔존하고 있다는 것을 전제로 잔존물설이 주장되기도 한다. 또한 이득상환청구권을 어음상 권리의 변형물로 보는 견해도 있다.

그러나 이득상환청구권은 어음상의 권리가 소멸한 후에 발생하기 때문에 변형물 또는 잔존물이라 할 수는 없다.

③ 지명채권설

다수설과 판례[139]는 이득상환청구권은 형평의 견지에서 법이 특별히 인정한 청구권으로서 지명채권의 일종이라고 한다. 그 이유는 어음채무자에게 채무불이행도 불법행위도 없으므로 이 권리는 손해배상청구권으로 볼 수 없다는 것, 이득상환의무자의 재산이나 노무로부터 생긴 것을 요하지 않기 때문에 부당이득반환청구권으로 볼 수 없다는 것, 어음법 제79조의 「그 받은 이익의 한도」라는 표현은 그 권리가 추상적인 증권 상의 권리에 준한 것이 아니라, 실질적 증권외의 권리인 것을 나타내고 있다는 것 등을 들고 있다.[140] 지명채권설이 타당하다.

2) 당사자

(1) 청구권자

어음상의 권리가 소멸할 당시의 어음소지인 또는 양수인이 청구권자이다. 이득상환청구권 취득에 어음의 소지를 요하는가는 법적 성질의 견해에 따라 다르다. 잔존물설이나 변형물설은 이득상환청구권의 취득은 반드시 어음의 소지를 요한다고 본다. 지명채

139) 대판 1970. 3. 10, 69다1370
140) 동지; 강위두 · 임재호, 590면

권설의 입장은 반드시 어음의 소지를 요하는 것은 아니라고 본다.[141]

권리소멸 당시의 정당한 소지인으로부터 이득상환청구권을 승계한 자도 이득상환청구권의 권리자이다. 승계는 양도의 방법이 일반적이다. 이득상환청구권의 법적 성질을 지명채권으로 보면 양도는 당사자간의 의사의 합치뿐만 아니라 채무자인 상환의무자에 대한 대항요건으로서 통지 또는 승낙을 받아야 한다(민 450조). 상속이나 합병에 의한 승계는 포괄승계이다.

(2) 의무자

어음상의 권리의 소멸로 인하여 이익을 얻은 자(어 79조)로서 발행인, 배서인 또는 인수인을 말한다.

그러나 발행인은 원인관계상 대가를 취득한다면 그것이 이득으로 되지만, 배서인의 경우에는 후자로부터 원인관계상 대가를 얻더라도 전자에 대한 대가를 제공한다면 그 것에 차액이 있다고 하더라도 이득이 있다고는 볼 수 없고, 배서인에 관하여 이득이 인정되는 것은 예외적인 경우에 한정된다고 본다.

어음보증인이나 본래 어음채무를 부담하지 않는 지급인이나 지급담당자는 이득상환청구권의 의무자가 되지 않는다.

3) 발생요건

(1) 어음상의 권리의 유효한 존재

이득상환청구권이 발생하기 위해서는 그 전에 어음상의 권리가 유효하게 존재하였어야 한다. 이렇게 유효하게 존재하던 권리가 소멸시효나 상환청구권보전절차의 흠결에 의하여 소멸하였어야 한다.[142]

그래서 어음요건을 갖추지 않은 불완전어음은 권리보전절차의 흠결이나 소멸시효가

141) 정동윤, 272면
142) 정동윤, 264면

완성되더라도 어음상의 권리가 유효하게 존재했던 것은 아니므로, 이득상환청구권이 발생하지 않는다.

(2) 어음상의 권리의 소멸

백지어음의 경우에 어음상의 권리가 발생하지 않으므로 이득상환청구권이 발생하지 않는다고 보는 통설 · 판례[143]의 견해와 형평의 견지에서 인정된 것이 이득상환청구권임을 감안하면 백지어음에도 이득상환청구권이 발생한다는 소수설이[144] 있다.

한편, 하급심에서 「백지미보충의 어음상의 권리가 절차의 흠결 또는 시효로 인하여 소멸하는 경우라도 백지미보충의 백지어음의 권리자는 이득상환청구권을 취득한다고 해석하는 것이 상당하다」고 판시한 경우도 있다.[145]

생각건대, 상관습상 백지어음은 완성된 어음과 같이 유통되고 취급되며, 백지어음에 이득상환청구권을 인정하지 않음으로써 어음채무자가 이득을 얻게 되는 것도 불공평하므로, 백지어음이라도 이득상환청구권을 인정하는 것이 옳다고 본다.[146]

(3) 어음소지의 요부

어음상의 권리가 소멸할 당시에 어음증권을 소지하여야 하는지에 관하여 변형물설 등은 이중지급의 위험을 방지하기 위하여 필요하다고 한다. 그러나 지명채권설에서는 어음의 소지를 요하지 않는다고 한다.

(4) 권리구제수단으로서의 최후성 여부

이득상환청구권을 행사하기 위해서는 어음상의 권리가 소멸하여야 한다. 즉, 어음상

143) 대판 1962. 12. 20, 62다680
144) 서헌제, 688면; 임재호, "이득상환청구권과 원인채권의 행사", 「상사판례연구」, 한국상사판례학회, 1997, 227면
145) 부산고법 1991. 3. 6, 90다8558
146) 동지; 오창석, "어음상 권리의 소멸에 따른 이득상환청구권의 성립요건", 「상사판례연구」 제22집 제2권, 한국상사판례학회, 2009. 6. 30, 221면

의 권리가 있다면 어음상의 권리를 행사할 것이지 이득상환청구권을 행사할 것은 아니다. 그런 의미에서 이득상환청구권은 어음상의 권리에 보충성이 있다고 한다. 문제는 이득상환청구권을 행사하기 위한 어음상의 권리의 소멸범위에 관한 것이다. 여기에 학설과 판례의 대립이 있다.

① 학설

㉮ 제1설(최광의설)

이득상환청구권은 상대방에 대해 어음상의 권리가 소멸하면, 이득상환청구권이 발생한다는 견해이다. 즉, 다른 어음채무자에 대한 어음상의 권리가 존재하고 있다고 하더라도, 나아가 상대방에 대한 원인관계상의 채무가 존재하고 있다 하더라도 상대방에 대한 어음상의 권리가 소멸하면 이득상환청구권이 발생한다고 한다.[147] 이 견해는 이득상환청구권의 법적 성질을 변형물로 파악하는 입장이다.

그런데 이 견해는 어음소지인이 어음채무자 소멸되지 않은 다른 어음채무자에 대해 어음상의 권리를 행사할 수 있다는 점에서 이득상환청구권의 인정범위를 지나치게 확대하였다는 비판을 받는다.[148]

㉯ 제2설(광의설)

이득상환청구권 행사의 상대방뿐만 아니라 모든 어음채무자에 대하여 어음상의 권리를 상실해야 이득상환청구권이 발생한다는 견해이다. 다시 말해 이 견해는 원인관계상의 구제방법이 있는지 여부는 상관없지만 어음법상의 모든 구제수단이 없어야 한다는 것이다. 현재 우리나라의 다수설이다.[149]

그런데 제1설(최광의설)의 입장에서 다른 어음상의 채무자가 무자력인 경우에 어음소지인의 보호가 미약하다는 비판을 가하기도 한다.[150] 또한 제3설(협의설)의 입장에서 어

---

147) 손주찬, 155면; 양승규, 108면
148) 서헌제, 690면; 정동윤, 197면; 최준선, 221면; 정찬형, 401면
149) 최준선, 222면; 정동윤, 197면; 정찬형, 401면

음상의 권리에 갈음하여 원인관계상의 일반 사법상 권리구제수단이 있는 경우에 이득상환청구권을 인정할 명분이 박약하다는 비판을 하기도 한다.[151]

㉰ **제3설**(협의설)

이 학설은 어음소지인이 모든 어음채무자에 대해 어음상의 권리를 상실해야 할 뿐만 아니라, 일반법상의 구제방법마저 잃어 버렸을 때 비로소 이득상환청구권이 발생한다는 견해이다.[152]

② **판례**

우리 판례는 1959년 판결부터[153] 제3설(협의설)과 같은 입장을 취하고 있다. 즉, 이 판결에서「약속어음상의 권리가 절차의 흠결 또는 시효에 의하여 소멸되었다 하더라도 이와 공존하는 민법상의 채권을 행사할 수 있는 이상 이득상환청구를 할 수 없다」고 밝히고 있다.

■ 대판 1970. 3.10, 69다1370

① 이득상환청구권이 발생하는 데 있어서는 모든 어음상의 또는 민법상의 채무자에 대하여 각 권리가 소멸되었음을 요한다.

② 이득상환청구권은 지명채권양도의 방법에 의하여 양도할 수 있고 약속어음상의 권리가 소멸된 이후 배서 양도만으로서는 양도의 효력이 없다.

■ 대판 1993.3.23, 92다50942

① 약속어음의 소지인이 당초 제출한 소장에 기재된 청구원인은 피고에 대하여 배서인으로서 어음금을 지급할 것을 구하는 것으로서 그 소장의 제출로써 그 후 피고에 대하여 발행인의 상속인으로서 어음금 중 상속비율에 해당하는 돈의 지급을 구하는 변경된 청구원인에 대하여는 시효중단의 효력이 생긴다고 보기 어렵다.

---

150) 손주찬, 155면
151) 이철송, 201면
152) 이철송, 201면
153) 대판 1959. 9. 10, 4291민상717 판결

② 어음법에 의한 이득상환청구권이 발생하기 위해서는 모든 어음상 또는 민법상의 채무자에 대하여 각 권리가 소멸되어야 하는 것인바, 원인관계에 있는 채권의 지급을 확보하기 위하여 발행된 약속어음이 전전양도되어 최후의 소지인이 어음상의 권리를 상실한 경우라도 원인채무는 그대로 존속하는 것이므로 발행인이 바로 어음금액 상당의 이득을 얻고 있다고는 할 수 없다.

■ **대판 2002. 5. 26, 2000다10376**

원인관계상의 채무를 담보하기 위하여 어음이 발행되거나 배서된 경우에는 어음채권이 시효로 소멸되었다고 하여도 발행인 또는 배서인에 대하여 이득상환청구권은 발생하지 않는다고 할 것인바, 이러한 이치는 그 원인관계상의 채권 또한 시효 등의 원인으로 소멸되고 그 시기가 어음채무의 소멸 시기 이전이든지 이후이든지 관계없이 마찬가지이다.

이러한 판례에 따른다면 사실상 이득상환청구권제도를 사문화시키고 만다는 비판을 가하고 있다.[154] 왜냐하면 처음부터 원인채권이 존재하지 않았던 경우에만 이득상환청구권을 인정하게 되고, 이는 현실적으로 어음이 지급에 갈음하여 발행된 경우에만 이득상환청구권이 인정된다고 해석되기 때문이다.[155] 실제로 우리나라에서 이득상환청구권이 인정되는 사례는 자기앞수표의 경우가 일반적이라 할 수 있다.[156]

③ 검토

생각건대, 제2설(광의설)이 타당하다. 왜냐하면 이득상환청구권은 단기시효소멸제도나 권리보전절차흠결에 따른 어음상의 권리상실로 인해 어음채권자의 어음상의 권리가 소멸되고, 이것이 일반 사법상의 형평의 원칙에 맞지 않음에 따라 인정된 제도이므로, 모든 어음채무자에 대한 어음상의 권리가 소멸되면 이득상환청구권을 행사할 수 있다고 해석하는 것이 제도취지에 맞기 때문이다.

요컨대, 어음법상의 제도이므로 어음법상의 모든 구제수단이 소멸되는 경우 이득상

154) 최준선, 211면
155) 최기원, "이득상환청구권의 발생요건", 「상사판례연구(III)」, 278면
156) 대판 1981.3.10, 81다220

환청구권이 발생한다고 본다.

(5) 어음채무자의 이득

원인관계에서 현실로 받은 재산상의 이익을 말한다. 이러한 이득은 단순히 어음상의 채무를 면하는 것에 의한 것이 아니라, 어음 및 수표 수수(授受)의 원인이 된 관계상의 대가나 자금관계상의 자금으로써 얻은 이득을 말한다. 판례는 자기앞수표의 발행은행은 수표금액만큼의 이득을 본 것이라고 추정된다고 한다.[157)]

원인관계에 있어서 대가로써 현실적으로 얻은 이익이 여기에 속한다. 따라서 기존채무의 이행에 갈음하여 어음을 발행한 경우에는 원인관계상의 채무는 없어지게 되므로, 어음상의 권리의 소멸에 의하여 발행인은 이득을 얻게 된다. 이것에 대하여 기존채무의 지급을 위하여 어음이 수수된 경우에는 원인채무와 어음채무가 병존하게 되므로, 원인채무가 존속하고 있는 한 이득이 있다고는 볼 수 없다.

4) 이득상환청구권의 행사

(1) 어음항변

잔존물설에 의하든 지명채권설에 의하든 이득상환의무자는 어음소지인에 대해 종래 가지고 있던 항변을 가지고 대항할 수 있다고 한다. 이득상환청구권의 양도당시에 상환의무자가 양도인에게 대항할 수 있었던 인적 항변사유로 양수인이 대항할 수 있을지가 문제된다(인적항변절단의 문제). 지명채권설에 의하면 인적항변이 절단되지 않으므로 상환의무자는 양도의 통지를 받을 때까지 양도인에게 대항할 수 있었던 사유로 양수인에게도 대항할 수 있다.

(2) 입증책임

어음소지인이 입증책임을 부담한다. 판례도 「이익이 있음과 그 한도에 관하여는 어

157) 대판 1961. 7. 31, 429민상841

음소지인인 이득상환청구권자가 이를 주장 입증하여야 한다」고 한다.[158)]

5) 이득상환청구권의 양도

(1) 양도의 요건

지명채권설에 의하면 지명채권의 양도이므로 선의취득이 허용되지 않는다. 이것은 어음법적 유통방법에 의한 것이 아닌 지명채권양도방식이므로 선의취득을 인정할 수 없다는 것이다.

(2) 양도방법

잔존물설에 의하면 이득상환청구권의 양도는 어음의 교부만으로 권리가 이전된다고 한다. 그러나 지명채권설에 의하면 지명채권의 양도방법에 의하여 양도한다. 즉, 당사자 간의 의사표시로 양도의 효력이 발생하지만 의무자에게 통지나 승낙을 받아야 지명채권양도의 대항요건(민 450조)을 갖추게 된다.

(3) 은행발행의 자기앞수표의 경우

수표의 경우에도 이득상환청구권이 인정된다. 즉 수표상의 권리가 절차의 흠결이나 시효의 완성으로 소멸한 때에 수표 소지인은 이득상환청구권을 행사할 수 있다. 수표의 지급제시기간(국내 수표의 경우 발행일로부터 10일, 수 29조 1항)이 경과하면 상환청구권보전절차를 밟아 상환청구권을 행사할 수 있다. 그러나 상환청구권보전절차를 밟지 않은 경우 수표에는 어음과 같은 주채무자가 없으므로 주채무자에 대한 소멸시효기간도 존재하지 않는다. 그러나 지급인은 임의로 수표금액을 지급할 수 있고, 소지인은 수표금을 수령할 수 있다. 이렇게 수표의 지급제시기간이 경과하고, 상환청구권보전절차를 밟지도 않은 수표를 양도하는 것은 수표상의 권리가 소멸한 후의 이득상환청구권의[159)] 양도라고 보는

158) 대판 1994. 2. 25, 93다50147

159) 수표상의 이득상환청구권의 발생 시기에 관하여 견해의 대립이 있다. 해제조건설은 지급제시기간이 경과하면 수표상의 권리가 전부 소멸하므로 그 때 이득상환청구권이 발생한다고 한다. 다만 수

것이 학설과 판례의 태도이다.[160] 문제는 이득상환청구권의 양도방법에 관한 것이다.

자기앞수표의 경우 판례는 지명채권양도설에 의하면서도 이득상환청구권의 양도방법을 달리 설명하고 있다. 즉, 판례는 수표의 교부에 의하여 이득상환청구권을 양도함과 동시에 상환의무자인 발행은행에 대해 채권양도의 통지를 할 권능을 아울러 이전하는 합의가 있는 것으로 보아야 한다는 것이다(대판 1976.1.13, 70다2462). 요컨대, 자기앞수표의 경우 양수받은 자가 은행에 지급청구를 하면 이득상환청구권의 양도의 통지를 한 것으로 되어 대항요건이 갖추어진 것으로 본다는 것이다.[161]

그러나 이러한 판례의 태도에 관하여 「일반수표와 자기앞수표의 이득상환청구권의 양도방법이 결과적으로 달라 지게 되어 이론의 일관성이 결여된다거나」[162] 「자기앞수표를 일반수표와 구별하여 특별하게 취급할 필요도 없다」고[163] 비판하는 견해가 있다.

생각건대, 판례의 태도는 현금처럼 유통되지만, 지급제시기간이 극히 짧고 일반인도 상환청구권보전절차를 갖추어야 한다는 인식도 미미한 현실에서 자기앞수표 거래자를 보호하기 위한 불가피한 해석이 아닌가 한다. 그렇다면 입법론적인 해결방안을 강구하는 것도 괜찮은 방법이다.

■ 대판 1976.1.13, 70다2462

은행 또는 기타 금융기관 발행의 자기앞수표는 제시기간 내에는 물론 제시기간 후에도 발행은행에서 또는 그 외의 금융기관에서 쉽게 지급받을 수 있다는 거래상의 확신에 의해서 현금과 같이 널리 유통되고 있고 또한 수표의 양도는 거래의 일반적인 인식으로서는 수표에 표시된 액면상당의 금원을 발행

표의 경우 지급제시기간이 경과하더라도 발행인이 지급위탁을 취소하지 않은 이상 지급인이 유효하게 수표금을 지급할 수 있는데(수 32조 2항), 이 경우 소지인은 이미 발생한 이득상환청구권을 행사할 이유가 없으므로 동 청구권은 소멸한다고 한다. 통설과 판례의 태도이다(대판 1964. 12. 15, 64다1030). 이에 대하여 정지조건설은 지급위탁이 취소되어 지급인이 임의로 지급할 가능성이 소멸되면 그 때 비로소 이득상환청구권이 발생한다고 한다.

160) 정동윤, 274면; 대판 1960. 6. 9, 4292민상758

161) 최준선, 226면

162) 정찬형(下), 416면

163) 최기원(下), 520면

> 은행으로부터 지급받을 수 있는 권리가 수표상의 권리이던 또는 이득상환권이던 간에 구별없이 또 이를 구별하려고도 않고 양도 양수한다는 거래의 실정에 비추어 볼 때 수표소지인이 수표법상의 보전절차를 취함이 없이 제시기간 도과후에 수표상의 권리가 소멸된 수표를 양도하는 행위는 수표금액의 지급수령권한과 아울러 특별한 사정이 없는한 수표상의 권리의 소멸로 인해서 소지인에게 발생한 이득상환청구권까지도 이를 양도하는 동시에 그에 수반해서 이득을 한 발행인인 은행에 대하여 소지인을 대신해서 그 양도에 관한 통지를 할 수 있는 권능을 부여하는 것이라고 하여야 할 것이고 위 양도받은 수표를 양수인이 다시 제3자에게 양도하는 행위는 이와 같이 양도받은 수표금액의 지급수령권 한 및 이득상환청구권을 위 소지인으로부터 수권된 이득을 한 채무자인 발행은행에 대한 통지의 권능이 수반된 상태로 이전하는 행위라 할 것이고 이와 같은 수표의 정당한 소지인은 발행은행에 대하여 그가 받은 이익의 한도에서 이득상환청구권을 행사할 수 있고 또 채무자인 발행은행도 동수표의 소지인에게 변제하므로서 유효가게 동 채무를 면하게 된다.

(4) 담보권의 이전여부

이득상환청구권은 어음상의 권리가 아니고, 어음법상의 권리이므로 어음상의 권리를 위하여 설정된 질권, 저당권, 보증 등의 담보권은 이득상환청구권의 양도로 당연히 이전되는 것은 아니다.

6) 소멸시효

이득상환청구권의 법적 성질을 지명채권이라 보면 10년이다. 이에 반하여 변형물설에 의하면 3년, 수표는 1년이 된다. 뿐만 아니라 상사채권으로 보는 견해에서는 5년설이 있다. 지명채권설에 의한 경우 10년설이 타당하다.[164)]

소멸시효의 기산점은 어음상의 권리가 소멸한 때이다. 즉 상환청구권보전절차의 흠결이 있는 경우에는 지급제시기간이 종료한 날의 다음날(익일)부터이고, 시효로 소멸한 경우에는 소멸시효기간이 만료한 날의 다음날(익일)부터이다.[165)]

---

164) 손주찬(下), 147면
165) 최준선, 225면

연습문제

1. 甲은 乙에게 약속어음을 발행하였는데, 丙은 단순히 담보의 목적으로 이 어음에 배서를 한 결과 배서의 연속이 단절되었다. 이 어음의 소지인인 丁이 지급 제시하여 지급이 거절될 경우, 丁은 丙에 대하여 어떠한 책임을 물을 수 있는가를 논하시오(2005년 사법시험).

2. 갑은 을로부터 여러 차례에 걸쳐 돈을 빌렸다가 갚는 거래를 하여 오던 중 1997년 3월 2일 정산한 결과 잔존채무가 2,000만원인 것으로 확정짓고 1997년 6월 1일까지 이를 갚기로 약정한 다음, 그에 관하여 1997년 3월 2일 을에게 만기를 1997년 6월 1일로 하여 액면 금 2,000만원의 약속어음을 발행하였다. 만기에 이르러 을이 갑에게 약속어음을 청구하였으나 자력이 부족한 갑은 1,000만원만 변제하였다. 그 후 갑이 알 수 없는 곳으로 피신하여 을은 갑에게 더 이상 어음금의 지급을 구할 수 없게 되었다. 그러던 중 을은 2000년 11월 11일 우연히 갑이 살고 있는 거처를 알게 되어 갑에게 나머지 약속어음금의 지급을 요구하였으나 갑은 이에 불응하였다(2002년 사법시험).
   ① 을은 잔여 약속어음금 1,000만원과 관련하여 이득상환청구권을 취득하는가?
   ② 을이 이득상환청구권을 취득한다면, 을은 어떠한 방법으로 이를 양도할 수 있는가?
   ③ 1997년 3월 2일 갑이 을에게 교부한 것이 약속어음이 아니라 당좌수표였다면, 이 수표와 관련하여 이득상환청구권이 발생하는 시기는?

3. A회사와 B회사의 대표이사를 겸임하고 있는 갑은 이사회 결의없이 A회사명의로 액면금 1억원의 약속어음을 발행하여 B회사에 교부하였고, B회사는 자신이 C회사에 종래 부담하고 있던 1억원의 채무를 변제할 목적으로 위 어음을 C회사에 배서양도하였다. C회사가 A회사에게 지급제시기간이 경과하였음에도 지급제시하지 않은 경우 C회사와 A회사 및 B회사와의 법률관계는(1977년 사법시험)?

4. 현실의 상거래에 의하지 않고 금융목적으로 발행된 어음의 효력에 관하여 설명하시오(1996년 사법시험).

5. 다음과 같은 조건을 붙인 어음행위의 효력을 논하고 그 근거를 제시하시오(1995년 사법시험).
   ① 매매목적물에 하자가 없을 것을 조건으로 약속어음을 발행한 경우
   ② 발행인의 자금공급을 조건으로 환어음을 인수한 경우
   ③ 기존채무의 유효를 조건으로 약속어음을 배서한 경우
   ④ 지급제시기간내 지급제시가 있을 것을 조건으로 약속어음의 발행인을 위하여 어음보증을 한 경우

6. 지급제시기간경과후의 어음, 수표취득자의 법적 지위는(1994년 사법시험)?

7. 어음의 인적항변에 관하여 설명하시오(1992년 사법시험).

8. 어음양도인이 자기의 책임을 면할 수 있는 방법을 설명하라(1990년 사법시험).

9. 어음배서의 자격수여적 효력에 관하여 설명하시오(1988년 사법시험).

10. 환어음에 있어서 배서에 의하여 양수받은 자가 발행인, 인수인, 배서인에게 다시 배서한 경우의 효과는(1987년 사법시험)?

11. 숨은 추심위임배서에 관하여 설명하시오(2009년 사법시험).

12. 어음보증의 독립성에 관하여 설명하시오(1980년 사법시험).

13. 어음의 발행인이 어음상에 다음과 같은 기재사항을 기재한 때, 법률상 어떠한 효과가 발생하는가(1965년 일본 사법시험)?
   ① 위약금의 약속
   ② 어음과 상환으로 지급한다는 뜻
   ③ 매매의 목적물과 상환으로 지급한다는 뜻
   ④ 어음요건을 결한 경우에도 지급한다는 뜻

14. 갑은 을에게 금융거래처를 알아보도록 하기 위해, 약속어음용지에 수취인 및 만기를 제외한 어음요건을 기입한 후, 날인을 한 채로 이것을 을에게 교부하고, 그 사

이 백지부분의 기입과 기명은 금융거래처가 결정된 시점에서 갑 자신이 행한다는 것을 을에게 주지시켰고, 을도 이에 동의하였다. 그런데 위 어음용지는 을로부터 제3자에게 양도되고, 사정을 모르는 병이 취득하게 되었다. 병은 백지를 보충하고, 갑의 명의를 기명한 후 갑에 대하여 어음금의 청구를 한 경우에, 갑은 그 청구에 응하여야 하는가(1981년 일본 사법시험)?

15. 약속어음의 발행인 A가, 배서인 B의 피배서인 C에게 대한 인적항변을 주장하여, 어음금의 지급을 거절할 수 있는 경우가 있는가(1991년 일본 사법시험).

16. 매수인 A는 매매대금지급을 위하여 매도인 B를 수취인으로 하여 약속어음을 발행하고, C가 B로부터 이 어음의 배서양도를 받았다. 다음의 각 경우에, A는 C의 어음금청구를 거절하기 위해서는 C가 어음 취득시에 어떠한 사유에 관하여 악의가 있었다는 것을 입증하여야 하는가(1989년 일본 사법시험)?

① B가 매매의 목적물을 교부하지 않는 것을 이유로, A가 C의 어음 취득후에 매매계약을 해제하였다.

② A가 C의 어음 취득후에 B에 대한 채권을 자동채권으로 하여 본건 어음금채권을 상계하였다.

17. 갑은 을로부터 구입한 상품의 매매대금의 지급을 위하여 을에 대하여 약속어음을 발행하였으나, 이 매매계약은 을의 사기에 의한 것이었다. 병은 그 사정을 알면서, 을로부터 어음의 배서 양수받았다. 그 후 갑은 을의 사기를 이유로 만기전에 매매계약을 취소하였다(2000년 일본 사법시험).

① 병이 만기에 갑에 대하여 어음금의 지급청구를 한 경우, 이 청구는 인정되는가.

② 갑의 취소전에 병이 사정을 알지 못하는 정에게 이 어음을 배성양도하고, 그 후 취소전에 병이 정으로부터 배서양도를 받은 경우에 있어서, 병이 만기에 갑에 대하여 어음금의 지급청구를 한 경우는 어떠한가.

18. 갑 주식회사로부터 동회사 ○○지점의 영업을 양수한 A는 그 영업을 갑주식회사 ○○지점에서 행하고 있다. A는 B에게 갑 주식회사 ○○지점장 A명의로 약속어음을 발행하고, 이 어음은 B로부터 C에게 배서 양도되었다. C는 이 어음을 만기에 지급장소에 지급 제시하였으나, 지급을 거절당하였다(1983년 일본 사법시험). 이 경우,

① C는 갑 회사 및 A에 대하여 어음금을 청구할 수 있는가.

② 이 어음을 상환청구에 의하여 수취한 B는 갑 회사 및 A에 대하여 어음금을 청구할 수 있는가.

19. 상인 X는 상인 A에 대하여 A가 영업상 사용하는 기계를 대금의 변제기를 납품의 6개월 후로 하는 약정으로 매각하고 인도하였다. 그 사이에, A는 매매대금채무를 담보하기 위하여 A를 발행인, A의 거래처 Y를 수취인, 대금채무의 변제기를 만기로 하고, Y의 배서가 있는 약속어음을 X에게 교부하였다. 그런데 이 기계에는 하자가 있었기 때문에 A는 X에 대하여 만기의 수일전에 매매계약을 해제한다는 뜻의 의사표시를 하였다(1998년 일본 사법시험).

① A의 계약해제는 유효한가.

② 이 해제가 유효한 때, X가 상환청구권을 보전한 후, Y에 대하여 어음금을 청구한 경우, Y는 이것에 응하여야 하는가. Y가 배서만을 한 때와, 매매대금채무의 보증계약도 한 때와가 서로 다른가.

20. 약속어음의 발행인이 만기일가지 지급자금을 조달하는 것이 곤란하였기 때문에, 지급의 연기를 요구하고 있다. 어떠한 방법이 가능한가. 또한 각각의 방법에는 어떠한 문제가 있는가(1996년 일본 사법시험)?

21. 갑은 을로부터 금전을 차용하고, 그 차용금의 변제 기일를 만기로 하며, 차용금액을 어음금액으로 하는 약속어음을 발행하고, 수취인 을에게 교부하였다. 이 경우에 관하여 다음 각 문제에 답하시오(1984년 일본 사법시험).

① 을은 이 어음을 지급제시 기간내에 제시하지 않는 채, 그 기간 경과후에 갑에 대하여 그 대금 및 변제기일후의 지연손해금의 지급을 청구하였다. 이 경우, 어떠한 점이 문제가 되는가.

② 을은 이 어음을 할인을 위하여 병에게 배서 양도하였다. 이 어음상의 권리가 시효에 의하여 소멸한 후, 병은 누구에 대하여 어떠한 청구를 할 수 있겠는가.

22. 갑은 을에게 자금의 융통을 받을 목적으로 을을 수취인으로 하여 2009년 9월 10일을 만기로 하는 약속어음을 발행하였다. 그 사이에 을은 갑에게 동연 9월 5일까지 지급자금을 제공한다는 뜻을 약속하였다. 그 후 을은 이 어음을 금융목적을 위하

여 발행한 것을 알고 있는 병에게 동년 9월 3일에 할인받았다.
병이 만기에 갑에 대하여 어음금을 청구한 때, 아직 을로부터 자금제공을 받지 못한 갑은 청구를 거절할 수 있는가.

23. B는 A로부터 발행받은 약속어음을 C에게 보관해 놓았는데, C는 이 어음을 멋대로 B명의로 D에게 배서양도하고, D는 이것을 E에게 배서양도 하였다. E의 A, B, C, D에 대한 어음상의 관계를 논하시오(1980년 일본 사법시험).

24. 어음과 수표의 소지인이 지급제시 기간 내에 지급제시를 하지 않은 경우에 어떠한 법적 지위를 가지는지 설명하시오.

답안해설(연습문제 24)

Ⅰ. 문제의 소재(5점)

① 환어음의 인수인이나 약속어음의 발행인과 같이 어음에는 주채무자가 존재하나 수표에는 주채무자가 존재하지 않기 때문에 어음소지인의 권리와 수표소지인의 권리가 다르다.

② 어음과 수표는 소정의 기간내에 소지인이 지급 제시하여 지급이 될 것을 예정하고 있으므로, 어음과 수표의 소지인의 지급제시기간경과전의 권리와 지급제시기간경과후의 권리가 다르다.

Ⅱ. 지급제시기간(25점)

1. 어음의 지급제시기간

① 일람출급어음의 경우

일람출급어음의 지급제시기간은 발행일자로부터 1년이다. 다만 발행인은 지급제시기간의 연장, 단축문구 또는 지급제시의 일시금지문구를 기재하여 이 기간을 연장 또는 단축하거나 일정한 기일까지 지급제시를 금지할 수 있고 또 배서인은 지급제시기간의 단축문구를 기재하여 이 기간을 단축할 수 있다.

② 비 일람출급 어음의 경우

확정일출급 어음, 발행일자 후 정기출급 어음, 일람 후 정기출급 어음 등의 지급제시기간은 '지급을 할 날 또는 그 날 이후의 2거래일'이다. 지급을 할 날은 원칙적으로 만기일이지만, 만기일이 휴일인 경우에는 이에 이은 제1거래일이다.

2. 수표의 지급제시기간

수표의 만기는 일람출급이나 수표는 지급증권이므로 수표의 지급제시기간은 일람출급어음의 지급제시기간보다 훨씬 단기이다. 수표의 지급제시기간은 국내에서 발행하고 국내에서 지급할 수표의 경우에는 발행일자로부터 10일이고, 발행지와 지급지가 다른 국 또는 다른 법역인 수표의 경우에는 그 거리에 따라 발행일자로부터 20일 또는 70일이다.

Ⅲ. 제시기간경과후의 어음소지인의 지위

1. 상환청구권의 상실

어음의 지급제시기간을 경과한 때에는 어음소지인은 배서인등의 상환의무자에 대한 상환청구권을 상실한다. 다만 배서인이 어음소지인에 대하여 지급제시면제의 특약을 한 경우에 이는 당사자 간에서만 유효하다.

2. 이행지체

지급제시기간경과 후에 어음소지인이 지급제시를 한 때에는, 주된 어음채무자는 그 때로부터 이행지체로 되어 연 6푼의 지연이자를 지급하여야 할 의무가 있다. 재판외의 청구의 경우에는 당연히 현실의 어음제시가 있어야 하나, 재판상의 청구의 경우에는 소장 또는 지급명령이 송달된 때로부터 이행지체로 된다.

3. 시효중단

지급제시기간경과 후에 어음소지인이 지급제시를 한 때에는 그 때로부터 어음채무자에 대한 어음상의 권리의 시효중단의 효력이 생긴다.

4. 일부지급의 거절

어음의 지급의 경우에는 상환의무자의 이익을 위하여 지급제시 기간 경과 전에는 어음소지인은 어음채무자의 일부지급을 거절할 수 없다. 그러나 지급제시기간경과 후에는 상환의무가 소멸하여 그 보호의 필요가 없으므로, 어음소지인은 어음채무자의 일부지급을 거절할 수 있다.

5. 어음금액의 공탁

지급제시기간경과 후에는 주된 어음채무자는 어음소지인의 비용과 위험부담으로 어음금액을 공탁하여 그 어음채무를 면할 수 있다. 그러나 수표는 주채무자가 없기 때문에 수표금액의 공탁에 관한 규정이 없다.

6. 기한후배서

지급제시기간과 지급거절증서작성기간은 일치하므로 지급제시기간경과후의 배서는 기한후배서로 된다. 기한후배서는 지명채권양도의 효력만 가지고 권리 이전적 효력과 자격 수여적 효력이 있으나 담보적 효력은 없으며, 또 인적항변의 절단과 선의취득이 인정되지 아니한다. 기한후배서의 경우에는 지명채권양도의 대항요건을 갖추어야 하는 것은 아니다.

7. 미인수환어음의 이득상환청구권

인수되지 아니한 환어음의 소지인은 지급제시기간경과 후에는 확정적으로 어음상의 권리를 상실하여 이득상환청구권을 취득하게 된다.

Ⅳ. 제시기간경과후의 수표소지인의 지위(20점)

1. 상환청구권의 상실

수표의 지급제시기간을 경과한 때에는 수표소지인은 배서인등의 상환의무자에 대한 상환청구권을 상실한다.

2. 지급제시기간경과후의 지급

수표의 지급인은 발행인의 지급위탁의 취소가 없는 한 지급제시기간경과 후에도 지급할 수 있다. 지급인은 지급제시기간경과 후에도 수표금을 지급할 수 있으나, 그 지급을 거절할 수도 있으므로, 지급제시기간경과후의 수표소지인은 단지 지급인이 수표금을 지급하면 이를 수령할 수 있는 수표금 수령권한만 가진다.

3. 지급제시기간경과 후의 수표상의 권리

수표소지인은 지급제시기간경과 후에도 발행인의 지급위탁의 취소가 없는 한 지급인으로부터 수표금을 지급받을 수 있는 수표금 수령권한이 있으므로, 이러한 수표소지인의 수표금 수령권한이 수표상의 권리에 포함되는가에 대하여 상환청구권한정설과 수표금수령권한포함설이 대립해 있다.

지급인은 지급위탁의 취소가 없는 한 지급제시기간경과 후에도 지급할 수도 있고, 거절할 수도 있는 지급인의 임의의 권한이므로 지급제시기간경과 후의 수표금 수령권한이 수표소지인의 수표상의 권리라 할 수 없다고 본다.

4. 이득상환청구권

수표상의 권리가 상환청구권보전절차의 흠결 또는 소멸시효의 완성으로 소멸되고 수표채무자가 실질관계에서 이득을 한 때에는 수표소지인은 이득상환청구권을 취득한다.

5. 기한후배서

수표의 경우에도 지급제시기간경과후의 배서는 기한후배서로 되고, 그 효력은 어음의 기한후배서의 효력과 같다.

제 5 장
환 어 음

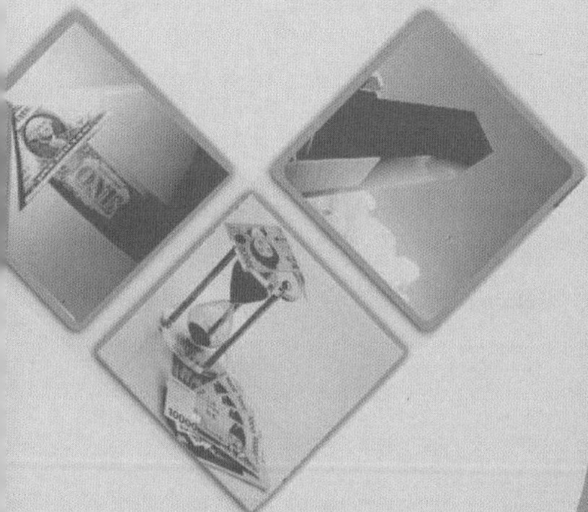

Ⅰ. 환어음과 약속어음의 비교
Ⅱ. 환어음의 경제적 기능과 하환어음 및 상업신용장거래
Ⅲ. 환어음의 발행
Ⅳ. 환어음의 인수
Ⅴ. 참가제도
Ⅵ. 환어음의 배서
Ⅶ. 환어음의 지급
Ⅷ. 환어음의 보증
Ⅸ. 복본과 등본
• 연습문제

제5장 환어음

I. 환어음과 약속어음의 비교

약속어음은 만기에 발행인이 지급할 것을 약속하는 증권이지만, 환어음은 만기에 지급을 할 사람은 제1차적으로 인수인이고, 발행인은 인수인이 인수거절 또는 지급거절한 때 상환의무를 부담하는 제2차적 채무자인 점에서 기본적으로 차이가 있다. 즉, 환어음의 발행인은 지급인 앞으로 사전승낙도 받지 않은 채 만기에 지급위탁을 하고, 지급인은 이 위탁을 승낙(인수)할 것인가의 자유를 갖지만 인수의 기명날인 또는 서명을 한다면 지급인은 주채무자인 인수인이 된다. 지급인은 인수의 기명날인 또는 서명을 하지 않은 한 어음상의 어떠한 책임도 부담하지 않는다. 인수제도는 환어음 특유의 제도이고, 그 때문에 환어음의 어음요건 중에는 지급인의 기재, 지급위탁의 문구가 포함되고 있다. 하지만 어음의 배서, 보증, 어음의 유통 등에 관한 제도는 모두 약속어음과 동일하다.

그럼에도 불구하고 우리 어음법은 환어음 중심으로 규정하고 있고, 약속어음은 환어음 규정을 대부분 준용하도록 하고 있다. 그렇지만 어음법을 이해함에는 약속어음 사례 중심으로 풀이함이 보다 낫기 때문에, 앞서 약속어음 사례 중심으로 설명하고, 환어음 특유의 문제는 간략히 다음에서 설명한다. 또한 수표법은 단행법으로 어음법과 별개로 제정되어져 있지만, 그 법률관계는 환어음과 유사하다. 따라서 수표의 법률관계도 약속어음, 환어음과 특이한 내용만 공부하면 족하다.

Ⅱ. 환어음의 경제적 기능과 하환어음 및 상업신용장거래

환어음은 주로 국제거래의 결제를 위하여 송금 또는 추심수단으로 이용되고 있다. 예를 들면 우리 수입기업 A가 미국 수출기업 B로부터 수입하기 위하여 수입대금을 송금하는 경우, 환어음은 다음과 같이 이용된다. 먼저 A가 가까운 외국환취급은행을 방문하고, 수입대금상당액과 수수료를 은행에 지급한다면 당해 은행이 발행인으로 되고 B의 주소지에 있는 자기의 미국 지점 또는 계약 체결한 미국의 다른 은행을 지급인으로 하는 환어음을 교부받는다. A는 이것을 B에게 송부하고 B는 지급인으로 지정된 은행으로부터 지급을 받아 송금의 목적을 달성한다.

그러나 실무적으로는 송금수단보다도 추심수단이 일반적으로 활용되고 있다. 즉, 우리나라 수출기업 A가 미국 수입기업 B로부터 수출대금을 추심하는 경우, A가 수출대금상당액을 환어음 금액으로 하고, B를 지급인으로 하는 환어음을 작성하고, 우리나라 은행에 양도 또는 추심을 위하여 교부한다. 이때 수출기업 A는 수출품 운송증권(선하증권) 및 이에 부수하는 보험서류를 은행에 함께 교부하는 것이 일반적인데, 이를 하환어음(화환어음) 거래라고 한다. 어쨌든, 우리나라 은행은 이것을 미국에 있는 자기의 지점 또는 미국의 거래은행에 추심을 위하여 위 하환어음을 송부한다. 송부를 받은 은행은 B에게 인수제시하고, B가 인수한다면 기재된 만기에 지급제시하여 지급을 받는다.

위와 같은 하환어음의 신용을 높이기 위하여 상업신용장을 첨부하는 거래가 있다. 이 경우에는 수입업자가 자신의 거래은행으로부터 상업신용장(상업신용장 발행은행이 그 기재된 자 앞이나 어음의 수취인이 되는 할인은행에 대하여 신용장에 기재된 일정의 조건을 충족시키면 환어음의 지급 또는 인수를 한다는 것을 약속한 증권을 말한다)을 받아, 수출업자에게 송부하고, 수출업자는 신용장발행은행을 지급인으로 하는 환어음을 발행하게 되는 것이다.[1)]

---

1) 弥永眞生, 271면

Ⅲ. 환어음의 발행

환어음의 발행은 약속어음과 동일하게 환어음의 기재요건의 기재를 요한다. 환어음의 기재요건에는 약속어음과 동일한 어음금액, 만기, 지급지, 수취인, 발행일, 발행지, 발행인의 기명날인 또는 서명이 있고, 환어음 특유한 기재사항으로 환어음문구, 지급위탁문구, 지급인이 있다.

한편 통설은 발행인, 수취인, 지급인의 자격을 겸병하는 것도 인정하고 있다. 환어음의 발행인은 약속어음처럼 주채무자가 아니고, 어디까지나 어음의 인수 및 지급을 담보하는 의무를 부담함에 그친다(상환의무자가 된다는 뜻이다). 발행인은 인수무담보로서 발행하는 것은 허용되지만, 지급무담보로서 발행하는 것은 허용되지 않는다. 그렇지 않으면 인수되지 않은 환어음은 누구도 책임을 부담하는 자가 없게 되고, 이것은 어음의 신용을 현저히 해하게 되는 결과를 초래하기 때문에 어음법에서 이를 허용하지 않는 것이다(어 9조 2항).

Ⅳ. 환어음의 인수

1. 의의

인수란 환어음의 지급인이 어음금액의 지급채무를 부담하는 것을 목적으로 하는 어음행위를 말한다. 어음소지인이 인수제시를 하면 지급인이 만기에 지급하겠다는 의사표시를 하는 것이 인수이다. 인수를 하면 지급인은 그 때부터 주채무자가 된다. 만약 인수거절하면 어음소지인은 만기 전에 상환청구권행사가 가능하다. 인수제시는 어음의 소지인뿐만 아니라 단순한 점유자도 가능하다.

수표는 일람출급 증권이므로 인수제도가 필요 없다. 또한 정책적으로도 신용증권화를 방지하기 위해 인수를 금지하고 있다.

2. 인수제시

1) 의의

인수제시란 어음의 점유자나 소지인이 지급인에게 인수여부를 최고하는 것을 말한다. 또한 인수제시를 할 수 있는 기간을 인수제시기간이라 하는데, 그 기간은 원칙적으로 만기의 전일까지이다(어 21조).

2) 인수제시의 자유와 예외

인수가 있어야만 환어음의 효력이 발생하는 것은 아니며, 인수제시는 소지인의 자유이다. 그렇지만 일람 후 정기출급 어음은 만기를 정하기 위하여 반드시 인수제시해야 한다. 일람 후 정기출급의 환어음의 인수제시기간은 발행일로부터 1년 내이다(어 23조 1항).

3) 인수제시의 명령과 금지

인수제시는 자유이나 명령과 금지도 가능하다. 발행인(인수거절하면 자금관계에 기한 권리행사)·배서인(상환의무를 부담하므로)은 수취인 또는 소지인에게 인수를 명령할 수 있다.

그러나 인수제시의 금지는 발행인만이 할 수 있다.[2] 그것은 자금공급이 불가능할 때 인수제시하면 거절되는 것이 분명하기 때문에 인수제시를 금지할 수 있도록 한 것이다.

그래도 기간을 정하지 않고 절대적으로 인수제시를 금지하는 제3자방지급 어음, 일람 후 정기출급 어음은 허용되지 않는다.

4) 인수제시의 당사자

인수제시인은 어음소지인 또는 점유자이다.

5) 제시기간

인수제시는 만기 전에 어느 때나 제시할 수 있다. 그러나 일람 후 정기출급은 1년 내에 인수를 위하여 이를 제시하여야 한다(23조). 이때 발행인은 1년의 기간을 단축하거나 연장할 수 있고, 배서인은 이를 단축할 수 있다(어 23조 2항, 3항).

6) 제시장소

인수제시의 장소는 지급인의 주소지이다.

7) 유예기간

지급인은 첫 번째 제시일의 다음날에 두 번째 제시를 할 것을 청구할 수 있다(어 24조 1항). 이를 숙려기간 또는 고려기간이라 한다. 다시 말해 인수를 할 것인지를 판단해 보는 시간을 갖는다는 것이다.

---

2) 정동윤, 424면

3. 인수의 방법

1) 지급인과 인수인의 동일성

지급인과 인수인의 동일성에 대해 실질적으로 동일하다면 족하다는 실질적 동일설과 어음에 기재된 명칭으로 판단하여야 한다는 형식적 동일설이 있으나, 형식적 동일설을 취하는 편이 그 불일치할 경우에 상환청구권 등에 유리하므로 더욱 타당하다 할 것이다.

2) 지급인의 기명날인 또는 서명

지급인은 인수 또는 그 밖에 이와 같은 뜻이 있는 글자로 표시하고 지급인이 기명날인하거나 서명하여 인수한다(어 25조 1항 전단). 어음의 앞면에 지급인의 단순한 기명날인 또는 서명이 있으면 인수로 본다(어 25조 1항 후단).

3) 인수일자

인수일자는 요건이 아니다. 그러나 일람 후 정기출급의 어음 또는 특별한 기재에 의하여 일정한 기간 내에 인수를 위한 제시를 하여야 하는 어음의 경우에는 소지인이 제시한 날짜를 기재할 것을 청구한 경우가 아니면 인수에는 인수한 날짜를 적어야 한다. 날짜가 적혀 있지 아니한 경우 소지인은 배서인과 발행인에 대한 상환청구권을 보전하기 위하여는 적법한 시기에 작성시킨 거절증서로써 그 기재가 없었음을 증명하여야 한다(어 25조 2항).

4) 조건부인수

인수는 조건없이 하여야 한다(어 26조 1항). 그러나 어음금액의 일부인수는 어음채권자(소지인)에게 유리하기 때문에 유효하다(어 26조 1항). 환어음의 다른 기재사항을 변경하여 인수하였을 때에는 인수를 거절한 것으로 본다. 그러나 인수인은 그 인수문구에 따라 책임을 진다(어 26조).

4. 인수 또는 거절의 효력

지급인이 인수하면 약속어음의 발행인처럼 주채무자가 되어 어음상 제1차적이고 무조건적이고 절대적이고 최종적 의무자가 된다. 여러 사람이 인수하면 합동책임을 부담한다. 따라서 그 가운데 1인에 대한 지급제시는 다른 인수인에 대하여도 그 효력이 생기지 않는다.

인수가 거절되면 만기까지 어음금의 지급을 기다린다는 것이 무의미하므로 소지인은 바로 전자들을 상대로 상환청구권을 행사할 수 있다(어 43조 1호).

5. 인수의 말소

어음에 인수의 문언을 기재한 지급인이 그 어음을 제시자에게 반환하기 전에 인수의 기재를 말소한 때에는 인수를 거절한 것으로 본다.

V. 참가제도

1. 서설

1) 참가의 의의

참가(參加)란 어음소지인이 상환청구권을 행사할 수 있는 모든 경우에, 제3자가 어음관계에 개입하여 인수 또는 지급을 함으로써 상환청구권의 행사를 저지하는 것을 말한

다. 참가에는 참가인수와 참가지급이 있으며, 참가지급은 어음행위가 아니다.[3)]

2) 참가의 당사자

(1) 피참가인

피참가인이란 참가에 의하여 직접 이익을 받을 특정 상환의무자를 말한다. 따라서 피참가인이 될 수 있는 자는 모든 상환의무자와 그 보증인이다(인수인이나 무담보배서인을 제외).

(2) 참가인

참가인이란 참가를 하는 사람을 말하며, 그 자격에 제한이 없다.

(3) 참가의 통지

참가인은 피참가인에 대하여 2거래일 내에 그 참가의 통지를 하여야 하고, 이 통지기간을 준수하지 아니한 경우에 과실로 인하여 손해가 생긴 때에는 참가인은 어음금액의 한도 내에서 그 배상책임을 진다(어 55조 4항).

2. 참가인수(영예인수)

1) 의의

참가인수(參加引受)란 만기 전의 상환청구를 저지하기 위하여 지급인 이외의 자가 어음금액을 지급할 것을 약속하는 어음행위를 말한다.[4)]

---

3) 이범찬·김지환, 「상법요해」, 삼영사, 2003, 751~754면; 최준선, 405면
4) 이범찬·김지환, 「상법요해」, 삼영사, 2003, 752면

2) 법적 성질

상환의무의 인수라고 보는 것이 통설이다.

3) 인수와 참가인수의 비교

참가인수인은 피참가인과 동일한 의무를 부담하고(어 58조), 피참가인은 상환의무자에 한정되므로(어 55조) 참가인수인의 의무는 상환의무임에 반하여, 인수인은 어음상의 주된 의무를 부담한다. 참가인수인의 의무는 조건부이므로 지급인이 지급하지 않은 경우에만 참가인수인은 지급의무를 부담하나, 인수인의 지급의무는 무조건, 최종적이다. 참가인수인은 피참가인의 후자에 대하여만 지급의무를 지나, 인수인은 모든 어음상의 권리자에게 지급의무를 부담한다. 참가인수인은 상환청구권보전절차의 흠결로 인하여 면책되나 인수인은 이에 불구하고 지급의무를 진다.

4) 참가인수의 요건

참가인수를 함에는 만기 전에 상환청구의 원인이 발생하고, 그 사실이 인수거절증서에 의하여 확정되어 있어야 한다(어 56조 1항). 그러나 인수제시금지어음(어 22조 2항)에 대하여는 참가인수를 하지 못한다(어 56조 1항).

5) 참가인수의 방식

참가인수는 어음 자체에(배서인 또는 보증인을 위하여서도 할 수 있으므로 등본 또는 보충지에 하여도 무방하다.) 기재하고, 참가인수인이 기명날인 또는 서명을 함으로써 한다(어 57조 1문: 예컨대 갑을 위하여 참가인수함 을印). 참가인수인인 피참가인이 누구인지를 표시하여야 하나, 그 표시가 없으면 발행인을 위하여 한 것으로 본다(어 57조 2문, 3문).

6) 참가인수인의 선택

어음소지인은 원칙적으로 참가인수를 거절할 수 있다(어 56조 3항). 이것은 소지인이 자기가 신뢰할 수 없는 제3자의 참가로 인하여 상환청구권을 상실하는 것이 부당하기 때문이다. 그러나 지급지에 주소를 가지는 예비지급인의 기재가 있는 경우에는 그 참가를 거절할 수 없으며(왜냐하면 어음취득 시 참가가 예정되어 있으므로), 소지인은 우선 그에게 제시하여 그 사실을 증명하지 않으면, 그 기재를 한 자 및 그 후자에 대하여 만기 전의 상환청구권을 상실한다(어 56조 2항).

7) 참가인수의 효력

(1) 참가인수인의 의무

참가인수인은 어음소지인과 피참가인의 후자에 대하여 피참가인과 동일한 의무를 부담한다(어 58조 1항).

(2) 피참가인과 그 후자의 면책

참가인수가 있은 때에는 소지인은 피참가인과 그 후 자에 대하여 만기전의 상환청구권을 잃는다(어 56조 3항 2문). 그러나 피참가인의 전자에 대하여는 만기 전이라도 상환청구권을 행사할 수 있다.

(3) 피참가인과 그 전자의 상환권

피참가인이나 그 전자는 참가인수가 있더라도 자진하여 소지인에 대하여 상환청구금액(어 48조)의 지급과 상환으로 어음을 환수할 수 있으며, 이때 거절증서와 수령을 증명하는 계산서가 있으면 그 교부도 청구할 수 있다(어 58조 2항).

3. 참가지급(영예지급)

1) 의의

참가지급(參加支給)이란 만기 또는 만기 전의 상환청구권행사의 요건이 구비되었을 경우에 그 상환청구를 저지하기 위하여, 지급인 이외의 자가 하는 지급을 말한다.[5)]

2) 참가지급의 요건

참가지급은 소지인이 만기 또는 만기 전에 상환청구권을 행사할 수 있는 모든 경우에 할 수 있다(어 59조 1항). 그리고 참가지급을 하기 위해서는 상환청구의 실질적 요건과 형식적 요건을 갖추어야 한다.

3) 참가지급의 제시 및 거절

참가지급인이 될 수 있는 자는 참가인수인, 예비지급인, 기타의 제3자(협의의 참가지급인)이며, 인수인은 참가지급인이 되지 못한다(어 55조 3항). 지급지에 주소를 가진 참가인수인(동지참가지급인) 또는 예비지급인(동지예비지급인)의 기재가 있는 경우에, 소지인은 그 전원에 대하여 어음을 제시하여야 한다(어 60조). 소지인은 참가인수(어 56조 3항 1문)의 경우와 달라서 참가지급을 거절하지 못한다.

4) 참가지급의 효력

(1) 소지인의 권리의 소멸

참가지급으로 인하여 소지인의 어음상의 권리는 모든 어음채무자에 대한 관계에서 소멸한다(본질적 효력).

---

5) 이범찬・김지환, 「상법요해」, 삼영사, 2003, 753면

(2) 피참가인의 후자의 면책

참가지급으로 인하여 피참가인의 후자(피참가인은 제외)는 상환의무를 면한다(어 63조 2항, 면책적 효력).

(3) 참가지급인의 권리취득

참가지급인은 피참가인과 그 전자 및 인수인에 대하여 어음상의 권리를 취득한다(어 63조 1항 본문). 또한 일반 사법상의 관계에서 보상청구권을 가진다.

Ⅵ. 환어음의 배서

환어음의 배서는 약속어음과 동일하다. 다만 배서에 인수만을 담보하지 않는다는 뜻, 또는 지급 및 인수를 모두 담보하지 않는다는 뜻을 기재할 수 있다.

Ⅶ. 환어음의 지급

환어음 소지인은 지급제시기간 내에 인수를 한 지급인에게 어음금의 지급을 청구할 수 있음은 약속어음과 동일하다. 인수를 하지 않은 지급인에 대하여도 사실상 지급을 청구할 수 있고, 인수를 하지 않은 지급인도 지급할 수 있다.

지급거절이 있는 경우에는 상환청구할 수 있다는 점도 약속어음과 동일하다. 상환의무자에게 발행인이 포함되고, 발행인은 적법한 지급제시에 대한 지급거절의 경우에는 무담보문구를 기재하여도 상환의무를 부담한다.[6]

---

6) 弥永眞生, 276면

Ⅷ. 환어음의 보증

피보증인을 기재하지 않고 환어음의 표면에 단순히 기명날인 또는 서명을 한 경우에는 발행인을 위해서 한 어음보증으로 간주된다(어 31조). 다른 사항은 약속어음과 대체로 같다.

Ⅸ. 복본과 등본

1. 복본

1) 복본의 의의

복본이라 함은 하나의 환어음상의 권리를 표창하는 2통 이상의 어음증권을 말한다. 이러한 복본은 평등한 지위를 가지는 완전한 어음증권정본이다. 그렇지만 복본이 표창하는 어음상의 권리는 하나이므로 그 중 1통으로 권리를 행사하면 다른 복본도 효력을 상실하게 된다.

복본은 환어음에서 인정된다. 그 이유는 첫째 원격지에 어음을 송부하는 경우에 어음의 분실을 대비하기 위한 것이고, 둘째 환어음 인수를 위하여 1통의 복본을 원격지에 송부하는 동안에도 다른 1통의 어음을 유통시키기 위함이다.

복본은 환어음과 수표에 인정되고 약속어음에는 인정되지 않는다.

2) 복본의 발행

복본은 발행인만이 발행할 수 있고, 복본의 내용은 동일하여야 하며(어 64조 1항), 각 복본에는 그 증권의 본문 중에 번호를 붙여야 한다. 이렇게 번호를 붙이지 않은 때에는 그 여러 통의 복본은 별개의 환어음으로 본다(어 64조 2항).

발행인이 복본을 교부하지 않는다는 뜻을 어음상에 적지 않는 한 소지인은 자기의 비용으로 복본의 교부를 청구할 수 있다(어 64조 3항 1문). 복본의 수에는 제한이 없다. 또한 복본청구시기에도 제한이 없으므로 만기 후라도 청구할 수 있다.

3) 복본의 효력

2통 이상의 복본은 동일한 어음상의 권리를 표창하고 있으므로 지급제시나 인수제시 또는 상환청구는 1통으로 하면 족하고, 1통에 대한 인수나 지급으로 다른 각 통의 청구권은 소멸한다(복본일체의 원칙).

지급인은 복본의 1통으로 인수하면 되고 각 복본 모두 인수할 필요는 없다. 그렇지만 지급인이 여러 통의 복본을 인수하였다면, 그 중 1통에 관하여 지급하여도 반환받지 않은 다른 복본에 대하여 책임을 면하지 못한다(어 65조 1항 2문). 이것은 회수되지 않는 다른 복본의 선의의 소지인을 보호하기 위한 것이다.

복본은 본래 동일인에게 발행한 복본 모두를 양도하여야 한다. 그러나 각 통을 별개로 여러 사람에게 배서양도한 때에는 각 통은 독립된 어음이 되며, 따라서 각기 양도한 배서인과 그 후의 배서인은 그 기명날인한 각 통의 복본으로서 반환받지 아니한 것에 대하여 책임을 진다(어 65조 2항).

2. 등본

1) 등본의 의의

등본이라 함은 어음의 원본을 등사한 것을 말한다. 이러한 등본은 환어음이나 약속어음에는 인정되지만(어 67조, 68조, 77조 1항 6호), 수표에는 허용되지 않는다.

등본은 복본과 달리 어음으로서의 효력을 갖는 것이 아니고, 단지 그 위에 배서 또는 보증을 할 수 있을 뿐이다. 실무상은 복본이나 등본은 거의 잘 이용되지 않는다.

2) 등본의 방식

등본은 어음소지인이 임의로 작성할 수 있다(어 67조 1항, 77조 1항 6호). 등본에는 배서 기타 원본에 기재한 모든 사항을 정확히 다시 적고, 그 끝부분임을 표시하는 기재를 하여야 한다(어 67조 2항, 77조 1항 6호). 「끝부분을 표시하는 기재」라 함은 「이상 등사」와 같은 문구를 말한다.

3) 등본의 효력

등본에 대하여는 원본과 같은 방법에 의하여 같은 효력으로 배서 또는 보증을 할 수 있다(어 67조 3항, 77조 1항 6호). 그러나 인수 또는 지급의 청구를 등본으로 할 수는 없다.

등본작성 전에 한 최후의 배서의 뒤에 「이후의 배서는 등본에 한 것만이 효력이 있다」는 문언 또는 이와 동일한 의미가 있는 문언을 원본에 기재한 때에 그 후에는 등본에만 배서를 할 수 있고, 원본에 기재한 그 후의 배서는 무효가 된다(어 68조 3항, 77조 1항 6호).

연습문제

1. 환어음 인수의 책임과 상환의무자의 책임과의 차이를 설명하라(1968년 사법시험).
2. 화환신용장에 관하여 설명하시오.

제 6 장
수 표 법

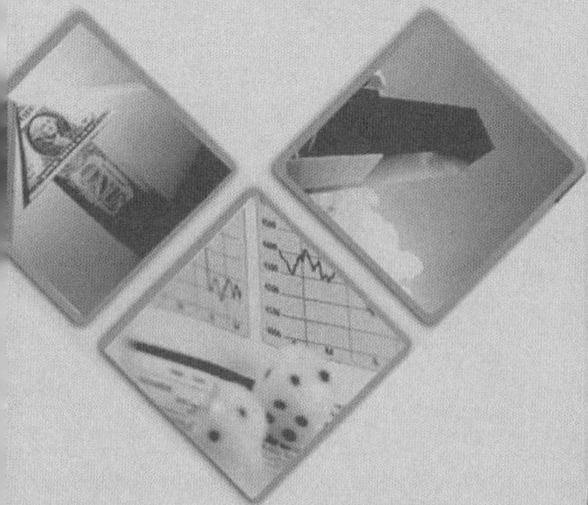

Ⅰ. 수표법 일반
Ⅱ. 어음과 수표의 비교
Ⅲ. 수표의 발행
Ⅳ. 지급위탁의 취소
Ⅴ. 지급보증
Ⅵ. 수표의 유통
Ⅶ. 수표의 지급
Ⅷ. 횡선수표
Ⅸ. 선일자수표
Ⅹ. 자기앞수표
Ⅺ. 부정수표단속법상의 벌칙
• 연습문제

제6장 수표법

I. 수표법 일반

지급결제수단으로 어음과 수표가 있는데, 수표는 환어음과 유사한 구조를 가지고 있다. 그럼에도 불구하고 어음법과 수표법으로 구분되어 따로 제정되었다. 그 이유는 어음이 신용수단으로 이용됨에 비하여 수표는 신용수단으로 이용하지 못하며, 만일 이용한다면 「부정수표단속법」에 의하여 처벌하고 있다. 뿐만 아니라 수표가 신용수단으로 이용되는 것을 막기 위하여, 발행인과 지급인 간에 사전에 수표계약을 체결하고 발행한다든가, 만기는 일람출급성만 인정되고, 인수제도가 없으며 주채무자도 존재하지 않게 된다는 점의 특이성을 가지고 있기 때문이다. 또한 지급제시기간도 짧고, 이자문구의 기재를 하지도 못하며 지급인의 배서나 입질배서도 인정되지 않는다.

그러나 기타 수표에 관한 법리는 환어음에 준하는 것이 대부분이라, 수표에 특이한 점만 공부하면 된다. 이하에서는 먼저 어음과 수표의 비교에 관하여 설명하기로 한다.

Ⅱ. 어음과 수표의 비교

환어음과 약속어음 그리고 수표의 공통점과 차이점에 관하여 설명하면 다음과 같다. 먼저 표로 요약정리하고, 설명하기로 한다.

【환어음, 약속어음, 수표의 비교】[1)]

<table>
<tr><td rowspan="2">구 분</td><td>약속어음</td><td>환어음</td><td>수표</td></tr>
<tr><td>지급약속증권</td><td colspan="2">지급위탁증권</td></tr>
<tr><td>주된 채무자</td><td>발행인</td><td>인수를 한 지급인(인수인)</td><td>주된 채무자 존재하지 않음</td></tr>
<tr><td>소구의무자</td><td>배서인</td><td colspan="2">배서인, 발행인</td></tr>
<tr><td>소구원인</td><td>지급거절</td><td colspan="2">인수거절, 지급거절</td></tr>
<tr><td>만 기</td><td colspan="2">일람출급, 일람후정기출급, 확정일출급, 발행일자후정기출급</td><td>일람출급</td></tr>
<tr><td>지급 제시 기간</td><td colspan="2">- 일람출급; 발행일부터 1년
- 그 외 : 지급할 날 및 이에 이은 2거래일</td><td>발행일후 10일</td></tr>
<tr><td>시 효</td><td colspan="2">- 주된 채무자 : 만기일로부터 3년
- 소지인의 전자에 대한 상환청구권(거절증서작성일부터 1년
- 재상환청구권; 환수일 또는 그 후자로부터 상환의 소를 제기받은 날부터 6개월</td><td>- 주된 채무자 ; 없음
- 상환청구권 ; 6개월
- 재상환청구권 ; 6개월
- 지급보증인 ; 제시기간 경과 후 1년</td></tr>
<tr><td>수취인의 표시</td><td colspan="2">지시식, 기명식</td><td>지시식, 기명식, 무기명식, 지참인출급식</td></tr>
<tr><td>자 금 관 계</td><td>없음(단 제3자방지급문구가 있을 경우 준자금관계)</td><td>자금관계, 준자금관계</td><td>자금관계</td></tr>
</table>

1) 弥永眞生, 270면

1. 공통점

1) 증권의 성질

수표나 환어음이나 「금전채권증권」 이란 점에서 같고, 증권의 여러 가지 법적 성질(완전유가증권성, 설권증권성, 무인증권성, 문언증권성, 요식증권성, 법률상 당연한 지시증권성, 제시증권성, 상환증권성)도 같다.[2)]

2) 증권의 형식

수표나 환어음이나 금전의 「지급위탁증권」 이다.[3)]

(1) 3당사자

지급위탁증권이므로 발행인 · 지급인 · 수취인의 3당사자가 있다(어 1조, 수 1조, 수 5조).

(2) 주채무자의 불확정

수표는 주채무자가 없고, 환어음은 지급인이 인수를 하여야 확정되므로(어 28조), 양자가 모두 발행 당시에는 주채무자가 확정되지 않는다.

(3) 발행인의 지위

발행인은 상환의무자임에 불과하다.

(4) 소지인의 지위

수표나 환어음이 발행됨과 동시에 당연히 지급인이 금전지급채무를 부담하는 것은 아니다.

---

2) 이범찬 · 김지환, 「상법요해」, 삼영사, 2003, 823면 이하
3) 최준선, 428~433면

3) 적용법조

우리나라는 분리주의원칙에 따라 어음법과 수표법을 따로 제정하였으나, 대부분의 법조문이 같은 내용의 것이다.

2. 차이점

1) 경제적 기능상의 차이

수표의 주된 경제적 기능은 「지급의 용구」로서의 작용인데 대하여, 환어음의 주된 경제적 기능은 「신용의 용구」로서의 작용이다.[4]

2) 법률상의 차이

수표가 지급증권이기 때문에, 수표법은 「지급의 신속 간이화의 요청」과 「지급의 확실 안전화의 요청」에 따라, 특수한 규정을 두어 신용증권화 하는 것을 적극 방지하고 있다.

(1) 지급의 신속 간이화조치

① 일람출급성

수표는 당연히 일람출급(一覽出給)이고, 이에 위반되는 기재는 기재하지 아니한 것으로 본다(수 28조 1항). 따라서 선일자수표는 기재된 발행일자 도래 전이라도, 제시하면 지급하여야 한다(수 28조 2항).

환어음은 신용증권이므로 확정일출급, 발행일자 후 정기출급, 일람 후 정기출급으로 만기를 기재할 수 있으며, 또 일람출급으로도 기재할 수 있으나, 수표의 경우는 다르다.

---

4) 이범찬·김지환, 「상법요해」, 삼영사, 2003, 823~826면

② **제시기간**

수표의 지급제시기간(支給提示期間)은 짧고, 이를 임의로 단축할 수 없다. 즉, 국내에서 발행하고 지급할 수표는 발행일자로부터 10일이고(수 29조 1항, 4항), 발행지와 지급지가 나라나 법역을 달리하는 수표는 그 거리에 따라서 제시기간이 연장된다(20일 또는 70일, 수 29조 2항 내지 4항).

환어음의 경우에는 일람출급 어음은 원칙적으로 발행일자로부터 1년이고(어 34조 1항), 확정일출급 어음, 발행일자 후 정기출급 어음, 일람 후 정기출급 어음은「지급을 할 날」또는 그날 이후의 2거래일인데(어 38조 1항), 수표의 경우보다 제시기간이 긴 것이 보통이고, 또 기간을 단축할 수 있는 여지가 있다.

③ **시효기간**

수표는 시효기간(時效期間)도 단축되어서, 제시기간경과 후 수표를 환수한 날, 또는 제소된 날로부터 6월간 상환청구권을 행사하지 않으면 소멸시효가 완성한다(수 51조).

환어음의 경우에는 인수인에 대한 지급청구권은 만기일로부터 3년(어 70조 1항), 소지인의 전자(배서인, 발행인)에 대한 상환청구권은 거절증서의 일자 또는 만기일(거절증서작성의무가 면제된 경우)로부터 1년(어 70조 2항), 상환한 배서인의 전자에 대한 상환청구권은 어음을 환수한 날 또는 그 자가 제소된 날로부터 6월(어 70조 3항)이 지나면 소멸시효가 완성한다.

④ **약정이자문구기재의 불허**

수표는 속히 현금화할 것을 전제로 하므로, 이자의 약정을 기재하더라도 이를 인정하지 않는다(수 7조).

환어음에 있어서는 일람출급, 일람 후 정기출급의 경우에 한하여, 이자의 약정을 기재할 수 있다(어 5조).

⑤ **인수의 금지**

수표는 장기간 유통시킬 필요가 없으므로 인수를 하지 못한다(수 4조). 따라서 지급보증의 경우를 제외하고는, 수표금액을 지급할 주채무자가 없다.

그러나 환어음의 경우에는 인수를 하면 그때에 인수인이 주채무자로 확정되고(어 28조), 따라서 그 환어음은 어음금지급청구권을 나타내는 유가증권이 된다.

⑥ 참가인수의 금지

수표는 인수를 금지하므로 참가인수(어 56조 이하)를 할 여지가 없다.

⑦ 지급인의 배서의 금지

수표의 지급인에 대한 배서는 영수증의 효력만이 있다(수 15조 5항 본문). 따라서 수표의 지급인이 한 배서도 무효로 한다(수 15조 3항). 지급인에게 담보책임을 지우면 수표의 인수를 금지하는 취지에 어긋나기 때문이다(환어음의 지급인은 피배서인이 될 수도 있고, 다시 이를 배서할 수도 있다)(어 11조 3항).

⑧ 지급인의 수표보증의 금지

수표지급인의 배서금지와 같은 취지에서, 지급인은 수표의 보증을 할 수 없다(수 25조 2항, 어 30조 2항 참조).

⑨ 입질배서

수표에서 입질배서를 인정하지 않는 것은 그 제시기간이 지극히 짧기 때문이며 인수제도가 없으므로 인수를 전제로 한 인수무담보란 것도 있을 수 없다.

⑩ 등본 · 복본제도의 제한

수표에서는 주로 인수를 위해 필요한 등본제도는 없고, 복본도 분실의 염려가 있는 국제간 또는 원격지에 송부하는 경우에 한하여 인정한다(수 48조).

⑪ 소지인의 불특정 허용

수표에서는 지급기능을 강화하기 위하여 소지인출급식 수표가 허용되며(수 5조), 실제로 가장 많이 이용되는 것이나, 환어음에서는 소지인이 특정되어야 한다(어 1조 6호).

⑫ 상환청구방법의 제한

수표에서는 만기 전의 상환청구제도와 역어음에 의한 상환청구방법이 없다. 왜냐하면 전자는 인수제도가 없기 때문이며, 후자는 상환청구방법의 복잡화를 피하기 위한 때문이다.

⑬ 지급거절증명의 간이화

수표에서는 지급거절증명의 방법으로 공정증서뿐만 아니라(수 39조 1호, 어 44조 1항 참조), 지급인의 선언(수 39조 2호), 어음교환소의 선언(수 39조 3호)에 의한 간편한 방법을 인정하고 있다.

⑭ 참가지급의 금지

수표에서는 지급기능의 강화를 위해서 참가인수와 더불어 참가지급도 인정하지 않는다.

(2) 지급의 확실 · 안전화조치[5)]

① 지급인의 자격규정

수표에서는 지급의 확실화를 기하기 위하여, 지급인의 자격을 은행 또는 법령에 의하여 은행과 같이 취급되는 사람 또는 시설에 한정하고 있으나(수 3조, 수 8조, 수 59조), 환어음에서는 신용 있는 자인 한 아무라도 상관이 없다.

② 수표자금 · 수표계약의 필요성

수표의 경우에는 지급의 확실 안전화를 위해서, 수표는 제시한 때에 발행인이 처분할 수 있는 자금이 있는 은행을 지급인으로 하고, 발행인이 그 자금을 수표에 의하여 처분할 수 있는 명시적 또는 묵시적 계약에 따라서만 발행하도록 하고 있다(수 3조 전단). 다만 이것을 위반하더라도 수표로서의 효력에 영향을 미치지 아니한다(수 3조 후단).

그러나 어음의 경우에는 발행인과 지급인 사이에 미리 자금관계가 있어야 하는 것도

---

5) 이범찬 · 김지환, 「상법요해」, 삼영사, 2003, 825면

아니고, 지급인이 반드시 지급하여야 할 의무를 지는 것도 아니다.

③ 발행인에 대한 제재

수표의 경우에는 수표계약이나 수표자금이 없이 수표를 발행한 자에게는, 부정수표 단속법에 의한 형사책임을 지운다(수단 2조, 수단 3조).

④ 지급보증

수표는 인수를 할 수 없고, 따라서 주채무자도 없다. 그러므로 수표지급의 불확실성에 대한 보완책으로서(지급인에게 수표상의 의무를 부담시킬 필요가 생기는 경우를 고려하여) 수표의 지급보증제도가 있다(수 53조 1항). 그리고 신용증권화를 방지하기 위하여 제시기간 내에서만 지급의무를 부담하도록 그 효력을 제한하고 있다(수 55조 1항).

⑤ 횡선제도

수표는 지급용구로서 현금같이 사용되므로, 도난 또는 분실로 인하여 소지인이 입을 손해를 피하기 위해서 횡선수표제도가 고안되었으나(수 37조, 수 38조), 어음에는 횡선제도가 없다.

⑥ 지급위탁취소의 제한

수표에는 제시기간경과 후에만 상실 또는 도난에 대비해서 지급위탁의 취소가 인정된다(수 32조). 즉, 지급위탁취소제도는 수표의 발행인을 보호하기 위한 것이나, 제시기간 내에는 지급위탁의 취소를 하지 못하게 함으로써 지급의 확실성을 보장하고 있다.

Ⅲ. 수표의 발행

수표는 발행인이 지급인에게 지급 위탁한다는 점에서 환어음과 같으나, 수표의 경우 인수제도가 없기 때문에 주채무자가 없다.[6] 그러나 지급의 확실화를 위하여 환어음과 달리 지급인의 자격은 은행에 한정하고(수 3조), 지급보증이란 제도를 두고 있다는 점이 특색이다.

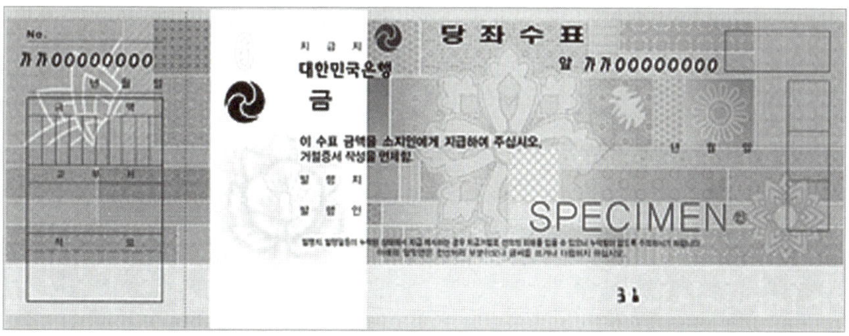

---

6) 이철송, 492면

수표는 필요적 기재사항을 적은 후 발행하여야 한다. 이에는 수표문구, 지급위탁문구, 지급인의 명칭, 지급지, 발행일, 발행지, 발행인의 기명날인 또는 서명 7가지이다. 수표의 만기를 모두 일람출급이므로 필요적 기재사항이 아니고, 수취인도 소지인 출급식이므로 반드시 기재할 필요는 없다.

수표요건 외에도 제3자방지급문구(수 8조), 지시금지문언(수 14조) 등의 유익적 기재사항이 있고, 인수문구(수 4조), 이자문구(수 7조) 등은 기재하더라도 효력이 없는 무익적 기재사항이며, 조건부로 지급 위탁하는 등의 유해적 기재사항도 있다.[7)]

수표는 법률상 수표가 지급 제시되면 발행인이 처분할 수 있는 자금을 지급은행에 맡겨 두어야 하는데, 지급은행과 발행인간에는 발행인이 그 자금을 수표에 의하여 처분할 수 있다는 계약을 체결할 필요가 있는데, 이 계약을 수표계약이라 한다. 그렇지만 실무에서의 수표는 발행인이 지급은행에 그 지급자금으로서 당좌예금계좌를 개설하고, 여기에 자금을 맡겨 두고, 수표의 지급제시가 있을 때마다 인감조회를 한 후에 지급을 행하고 있다(어음도 이와 같이 하고 있다). 당좌예금은 수표의 지급제시가 있었던 경우만 지급에 응한다는 점에서 보통의 예금과 다르고, 이와 같은 은행을 지급담당자로서 당좌예금으로부터 지급받기 위하여 사전에 기본계약인 「당좌대월거래계약」을 체결하고 있다. 이 계약 중에는 위 수표계약도 포함하고 있다.

■ 대판 1970. 11. 24, 70다2046

수표발행인이 은행을 지급인으로 하는 것은 발행인과 은행과의 사이에 당좌예금계약에 따라 예금자의 예금이 있는 한도 또는 대월계약을 하였을 때에는 그 대월의 한도에 있어서 은행은 예금자를 위하여 수표의 지급보증을 하고 또는 그 지급을 할 것을 약정하는 것으로서 당사자간에 있어서만이 효력을 발생함을 원칙으로 하고 특별한 약정이 없는 한 제3자인 수표의 소지인을 위한 취지는 포함되지 아니한다고 보아야 할 것이므로 은행이 지급보증을 하였다든가 제3자인 수표소지인을 위하여 발행인과 은행간에 특약을 하였다는 것이 보이지 아니하는 본건에 있어서 소론이 부정수표단속법의 특수성에 비추어 지급인인 은행은 원고인 수표소지인에 대하여 지급할 의무를 가지는 제3자를 위한 계약이 성립되는 것이라는 논지는 독자적인 견해에 불과하고 원심이 앞에서 설시한바와 같은 취지하에서 판단한 원판결은 정당하고 논지는 채용할 수 없다.

---

7) 최준선, 435면

Ⅳ. 지급위탁의 취소

1. 지급위탁취소의 의의

지급위탁의 취소란 수표를 발행함으로써 지급인에게 부여한 지급권한을 철회하는 것을 말하며, 수표계약의 취소와는 다르다.

2. 지급위탁취소의 방법

지급위탁의 취소의 방법에는 서면이든 구두이든 제한이 없으며, 그 통지가 도달한 때에 효력이 발생한다.

3. 지급위탁취소의 제한

지급위탁의 취소를 무제한으로 허용하면 수표소지인의 기대이익을 해치고, 나아가 수표의 유통성을 저해하게 되므로, 수표법은 지급제시기간경과 후에만 지급위탁을 취소할 수 있게 하였으며(수 32조 1항), 지급제시기간경과 후에도 지급위탁의 취소가 없는 한 유효하게 지급할 수 있도록 규정하였다(수 32조 2항).

V. 지급보증

1. 지급보증의 의의

1) 수표의 지급보증

수표의 지급보증(支給保證)이란 지급제시기간 내에 수표가 지급제시된 경우, 지급인이 그 수표금액의 지급채무를 부담하기로 하는 지급인의 수표행위를 말한다. 수표는 일람출급성이고(수 28조), 지급제시기간이 짧으며(수 29조), 인수가 금지되므로(수 4조), 그 대신 지급보증에 의하여 지급의 확실성을 보장하고 있다.8)

2) 수표보증과의 차이

수표보증은 수표상의 채무(상환의무)를 담보하기 위한 종된 수표행위이나, 지급보증은 수표상의 주채무를 부담하기 위한 독립된 수표행위란 점에서 서로 다를 뿐만 아니라, 그 방식·주체·채무의 범위·효력·소멸시효기간 등 많은 차이점을 찾아볼 수 있다.9)

■ 대판 2007. 9. 7, 2006다17928

수표의 발행인에게 어느 특정인의 채무를 담보하기 위한 것이라는 수표의 사용 목적에 대한 인식이 있었다거나 수표의 발행인이 채권자의 요구에 따라 그 앞에서 직접 수표를 발행·교부하였다는 사정이 있었다 하더라도, 그러한 사실이 수표의 발행인에게 민사상의 보증채무까지 부담할 의사가 있었다고 인정하는 데 있어 적극적인 요소 중의 하나가 될 수 있음은 별론으로 하고, 그러한 사실로부터 바로 수표의 발행인과 채권자 사이에 민사상 보증계약이 성립한다고 추단할 수는 없다. 그보다 더 나아가 채권자의 입장에서 수표 발행시에 원인이 되는 채무에 대한 민사상의 보증채무를 부담할 것

8) 이범찬·김지환, 「상법요해」, 삼영사, 2003, 831면 이하

9) 이범찬·김지환, 「상법요해」, 삼영사, 2003, 831면

까지도 수표의 발행인에게 요구하는 의사가 있었고 수표의 발행인도 채권자의 그러한 의사 및 채무의 내용을 인식하면서 그에 응하여 수표를 발행하였다는 사실, 즉 수표의 발행인이 단순히 수표법상의 상환의무를 부담한다는 형태로 채권자에게 신용을 공여한 것이 아니라 민사상의 보증의 형태로도 신용을 공여한 것이라는 점이 채권자 및 채무자와 수표의 발행인 사이의 관계, 수표의 발행에 이르게 된 동기, 수표의 발행인과 채권자 사이의 교섭 과정 및 방법, 수표의 발행으로 인한 실질적 이익의 귀속 등 수표의 발행을 전후한 제반 사정과 거래계의 실정에 비추어 인정될 수 있을 정도에 이르러야만 수표의 발행인과 채권자 사이의 민사상 보증계약의 성립을 인정할 수 있고, 그에 미치지 못하는 경우에는 수표의 발행인은 원칙적으로 수표의 채무자로서 수표가 지급거절된 경우 그 소지인에 대하여 상환청구에 응하지 않으면 안 되는 수표법상의 채무만을 부담할 뿐이다.

3) 인수와의 차이

환어음의 인수와 수표의 지급보증은 지급인이 일정금액의 지급채무를 (주채무자로서) 확정적으로 부담하는 행위란 점에서는 같으나, 다음과 같은 많은 차이점을 찾아볼 수 있다.

(1) 지급인의 의무

인수인의 의무는 절대적인 의무이나, 지급보증인은 상대적 의무이다.

(2) 거절의 효과

환어음의 소지인에게는 인수제시의 권리가 있어서 인수가 거절되면 상환청구권을 행사할 수 있으나, 수표의 소지인에게는 지급보증의 청구권은 없고, 따라서 이를 거절당해도 상환청구권을 행사할 수 없다.

(3) 채무의 범위

인수는 일부인수가 인정되나, 수표금액의 일부만에 대한 지급보증은 인정되지 아니한다(수 54조 2항).

(4) 소멸시효기간

인수인의 의무는 3년(어 70조 1항), 지급보증인의 의무는 1년(수 5 8조)의 시효에 의하여 소멸한다.

(5) 유예기간

인수에는 유예기간(猶豫期間)이 인정되나(어 24조 1항), 지급보증에는 이를 인정할 여지가 없다.

2. 지급보증의 방식

지급보증은 수표의 표면에 「지급보증」 그 밖에 지급을 하겠다는 뜻을 적고, 날짜를 부기하여 지급인이 기명날인하거나 서명하여야 한다(수 53조 2항).

3. 지급보증의 효력

1) 지급보증인의 의무

(1) 제1차적 지급의무

지급보증을 한 지급인은 제시기간경과 전에 수표를 제시한 경우에 한하여 (제1차적) 지급의무를 부담한다(수 55조 1항, 상대적 의무). 따라서 소지인은 지급거절증서 또는 이와 동일한 효력을 가지는 지급인 또는 어음교환소의 선언에 의하여, 적법한 제시를 하였으나 거절당하였다는 사실을 증명하지 아니하면, 전자에 대한 상환청구권뿐만 아니라 지급 보증인에 대한 권리도 잃는다(수 55조 2항).

(2) 지급액

지급보증인이 지급할 금액은 원래는 수표금액이나, 상환청구권 요건을 갖춘 경우 상환청구금액을 지급하여야 한다(수 44조, 수 45조).

(3) 소멸시효

지급보증인에 대한 수표상의 청구권은 제시기간경과 후 1년간 행사하지 아니하면 소멸시효가 완성한다(수 58조).

2) 발행인 등의 의무

발행인 기타 수표상의 채무자는 지급보증으로 인하여 그 책임을 면하지 못한다(수 5, 6조). 따라서 지급보증인과 발행인 등 수표상의 채무자는 소지인에 대한 합동책임을 지게 된다(수 43조 1항).

Ⅵ. 수표의 유통

수표는 법률상 당연한 지시증권이므로 배서에 의하여 양도할 수 있다. 이 때 소지인출급식, 무기명식 수표는 단순히 교부에 의하여 양도할 수 있다. 배서로 양도한다면 배서의 효력은 어음법과 동일하며, 어떠한 방식이든 선의취득, 인적항변의 절단 등이 인정된다.

Ⅶ. 수표의 지급

수표의 지급제시기간은 발행일로부터 기재된 날을 기산일로 하여 10일간이다. 지급이 거절된다면 상환청구할 수 있으며(수 39조), 또한 지급인이 지급보증을 한 경우에는 지급인에 대하여도 청구할 수 있다.

상환청구의 형식적 요건으로서 거절증서의 작성 외에 지급인의 거절선언이나 어음교환소의 거절선언에 의한 것도 인정된다(수 39조).

Ⅷ. 횡선수표

1. 횡선수표의 의의

횡선수표(橫線手票)란 수표의 앞면에 두 줄의 평행선을 그은 수표를 말한다(수 37조 2항).[10)]

2. 횡선수표의 필요성

도난과 분실에 대비하기 위함이다.

3. 횡선의 종류 및 기재

1) 횡선의 종류

(1) 일반횡선수표

일반횡선수표(一般橫線手票)란 수표의 앞면에 그은 두 줄의 평행선내에 아무런 지정을 하지 아니하거나 "은행" 또는 이와 같은 뜻이 있는 문구를 적은 것을 말한다(수 37조 3항 전단).

(2) 특정횡선수표

특정횡선수표(特定橫線手票)란 두 줄의 횡선 내에 은행의 명칭을 적은 수표를 말한다(수 37조 3항 후단부).

10) 이범찬·김지환, 「상법요해」, 삼영사, 2003, 834면

2) 횡선의 기재

(1) 횡선의 기재자

횡선을 그을 수 있는 사람은 그 수표의 발행인 또는 소지인이다(수 37조 1항 1문).

(2) 횡선의 변경

일반횡선수표를 특정횡선수표로 변경할 수는 있으나, 특정횡선수표를 일반횡선수표로, 또는 나아가서 일반횡선수표를 보통의 수표로 변경할 수는 없다(수 37조 4항).

(3) 횡선의 말소

일반횡선의 말소 또는 특정횡선에 있어서의 피지정 은행명의 말소는 이를 하지 아니한 것으로 본다(수 37조 5항). 왜냐하면 횡선의 말소는 한편으로는 수령자격의 완화를 의미하고, 다른 한편으로는 그 말소가 정당한 권한있는 사람에 의해서 이루어진 것인지 아닌지를 확인하기가 어렵기 때문이다.

4. 횡선의 효력

1) 지급의 제한

(1) 일반횡선수표의 지급제한

일반횡선수표의 경우 지급인이 지급할 수 있는 상대방은 은행 또는 지급인의 거래처뿐이다. 여기서 문제가 되는 것은 `거래처의 개념이다. 횡선제도의 취지로 보아서 현재 그 지급은행과 거래관계가 있고, 그 거래관계를 통해서 그 신원을 파악할 수 있는 거래자를 의미한다고 본다. 그 거래관계의 범위는 당좌거래뿐만 아니라 어음거래(대부나 할인)나 정기예금 보통예금의 거래라도 상관없다.[11)]

11) 이범찬 · 김지환, 「상법요해」, 삼영사, 2003, 835～836면

(2) 특정횡선수표의 지급제한

특정횡선수표의 지급인은 피지정 은행에 대해서만 지급할 수 있으며, 피지정 은행이 지급인인 경우에는 자기의 거래처에 대해서만 지급할 수 있다(수 38조 2항).

그리고 피지정 은행은 자기가 현실로 지급을 받을 수도 있으나, 추심위임배서를 하거나(지시식수표의 경우), 혹은 수표의 앞면에 추심위임의 기재를 하여(소지인출급식의 경우), 다른 은행으로 하여금 수표금액을 추심하게 할 수 있다(수 38조 2항 단서).

여러 개의 특정횡선이 있는 수표의 지급인은 이를 지급하지 못한다. 그러나 2개의 횡선이 있는 경우에 그 하나가 어음교환소에 제시하여 추심하게 하기 위한 것일 때에는 그러하지 아니하다(수 38조 4항).

2) 취득의 제한

은행은 자기의 거래처 또는 다른 은행으로부터만 횡선수표를 취득할 수 있고, 또한 이러한 자 이외의 자를 위하여 횡선수표의 추심을 하지도 못한다(수 38조 3항).

3) 제한위반과 손해배상책임

횡선수표의 취득 지급의 제한 규정을 위반한 지급은행은 이로 인하여 생긴 손해에 대하여 수표금액의 한도 내에서 무과실의 손해배상책임을 진다(수 38조 5항). 이 배상책임은 수표법상의 특별책임이므로 민법상의 배상책임을 배제하는 것은 아니다. 따라서 손해액이 수표금액을 초과한 때에는 불법행위로 인한 손해배상청구를 할 수도 있다.

5. 횡선효력의 배제

횡선의 말소는 할 수 없으나, 발행인과 지급인 사이에 수표소지인에게 지급해도 좋다는 특약이 있는 경우에는, 횡선의 효력은 배제된다고 본다.

IX. 선일자수표

1. 의의

발행일을 실제의 발행일의 후일로 기재한 수표를 말한다(수 28조 2항). 선일자수표를 연수표라고 부르기도 한다. 선일자수표도 유효한 것으로 취급하고 있다.[12)]

2. 효력

실제 발행일로부터 제시할 수 있고, 그 제시된 날에 이를 지급하여야 한다(수 28조 2항).

3. 선일자수표의 법률관계

1) 수표소지인과 지급인간의 관계

수표는 일람출급성이기 때문에 선일자수표의 발행일자의 도래전에 지급제시를 하여도 그 지급제시는 유효하고 지급인이 이에 대하여 지급을 하면 그 경제적 효과를 발행인에게 돌릴 수 있다(수 28조 2항).

2) 발행인과 수취인간의 관계

발행인과 수취인간에 수표에 기재된 발행일자전에 지급제시 않기로 하는 특약에 관하여, 유효설은 그러한 특약이 선량한 풍속에 어긋나지 않고 현실에서 상당히 널리 사용되고 있다는 이유를 든다. 이에 대해 무효설은 수표법 제28조 제2항은 수표의 일람출

---

12) 최준선, 450면

급성을 철저하게 하려는데 그 취지가 있으므로 그러한 특약은 무효라고 한다. 현재 다수설과 판례는 유효설을 취하고 있고 유효설이 타당하다.

4. 선일자의 제도적 의의

선일자인 발행일자는 무익적 기재사항이나, 제시기간을 계산할 때에는 기재된 발행일자를 기산일로 하므로 제시기간을 늘이는 역할을 한다(수 29조 4항). 또한 시효를 계산할 때에도 이 기재된 발행일을 기산점으로 한다(대판 1963. 7. 25. 63다305).

X. 자기앞수표

1. 의의 및 효용

발행인 자신을 지급인으로 하여 발행한 수표를 말한다(수 6조 2항). 지급보증의 대용으로 널리 사용된다.[13]

2. 자기앞수표의 법률관계

1) 발행의뢰인과 은행과의 관계

의뢰인은 수표상의 당사자는 아니므로 은행과의 사이에서 수표상의 관계는 없다. 양 당사자간의 법률관계에 관하여는 위임계약이라는 견해, 대물변제라는 견해, 유가물 매매(타당함)라는 견해가 있다.

---

13) 이철송, 500면

2) 소지인과 은행과의 관계

은행은 지급인으로서의 지위와 발행인으로서의 지위를 가진다.

3. 자기앞수표의 이득상환청구권

1) 의의

이득상환청구권은 어음이나 수표상의 권리가 권리보전절차의 흠결이나 소멸시효의 완성으로 소멸한 경우에 인정된다. 우리 판례는 실질적으로 수표에 한하여 이득상환청구권을 인정하고 있다.[14] 특히 일반적으로 통용되는 자기앞수표의 경우에 이득상환청구권의 인정은 단기소멸시효나 권리보전절차흠결제도를 보완하고 채권자를 보호할 수 있는 유용한 제도이다.

2) 자기앞수표의 이득상환청구권의 발생시기

(1) 해제조건설

해제조건설은 자기앞수표의 지급제시기간 내에 소지인이 지급을 제시하지 않는다면 수표상의 권리는 소멸하므로 이득상환청구권이 발생하지만, 유효한 지급을 한다면 이득상환청구권이 소멸하는 권리라고 보는 견해이다.

(2) 정지조건설

지급제시기간이 경과해도 수표상의 권리는 당연히 소멸하는 것은 아니고 수표소지인이 지급제시했는데 지급거절당하거나 제시기간이 경과된 후에 발행인이 지급위탁을 취소한 때에 수표상의 권리가 소멸하고, 그러면서 이득상환청구권이 발생한다고 보는 견해이다. 즉, 자기앞수표의 이득상환청구권은 지급거절이나 지급위탁의 취소를 정지

---

14) 대판 1974. 7. 26. 73다1922

조건으로 하여 발생하는 권리로 보는 견해이다.

(3) 판례

판례는 해제조건설을 취하고 있다.[15] 즉, 「이득상환청구권이 있는 수표소지인은 그 수표상의 권리가 소멸할 당시의 소지인으로서 그 수표상의 권리를 행사할 수 있었던 자를 가리킨다」는 것이다.

(4) 검토

수표법 제32조 제2항에서 「지급제시기간경과 후에도 지급위탁의 취소가 있을 때까지는 지급인이 유효한 지급을 할 수 있다」고 규정하고 있다고 하여, 이를 정지조건설의 근거라고 볼 수는 없다. 따라서 해제조건설이 타당하다.

3) 이득상환청구권의 양도방법

어음의 이득상환청구권에서 설명한 바와 같이 이득상환청구권의 법적 성질에 관해 잔존물설, 지명채권설 등이 있었고, 통설과 판례는 지명채권설을 취하고 있다고 설명하였다. 그럼에도 불구하고 판례는 자기앞수표에 한해서는 예외적인 해석을 하고 있다. 즉, 「수표상의 권리가 소멸된 수표를 양도하는 행위는 수표금액의 지급수령권한과 아울러 특별한 사정이 없는 한 수표상의 권리의 소멸로 인해서 소지인에게 발생한 이득상환청구권까지도 이를 양도하는 동시에 그에 수반해서 이득을 한 발행인인 은행에 대하여 소지인을 대신해서 그 양도에 관한 통지를 할 수 있는 권능을 부여하는 것이라고 하여야 할 것이고」라고 하여, 지명채권양도 통지를 민법의 규정과 달리 해석하고 있다.[16]

---

15) 대판 1964. 7. 13, 64다63
16) 대판 1976.1.13. 70다2462

■ 대판 1976.1.13. 70다2462

은행 또는 기타 금융기관 발행의 자기앞수표는 제시 기간내는 물론 제시기간 후에도 발행은행에서 또는 그 외의 금융기관에서 쉽게 지급받을 수 있다는 거래상의 확신에 의해서 현금과 같이 널리 유통되고 있고 또한 수표의 양도는 거래의 일반적인 인식으로서는 수표에 표시된 액면상당의 금원을 발행은행으로부터 지급받을 수 있는 권리가 수표상의 권리이던 또는 이득상환권이던 간에 구별 없이 또 이를 구별하려고도 않고 양도 양수한다는 거래의 실정에 비추어 볼 때 수표소지인이 수표법상의 보전절차를 취함이 없이 제시기간 도과후에 수표상의 권리가 소멸된 수표를 양도하는 행위는 수표금액의 지급수령권한과 아울러 특별한 사정이 없는한 수표상의 권리의 소멸로 인해서 소지인에게 발생한 이득상환청구권까지도 이를 양도하는 동시에 그에 수반해서 이득을 한 발행인인 은행에 대하여 소지인을 대신해서 그 양도에 관한 통지를 할 수 있는 권능을 부여하는 것이라고 하여야 할 것이고 위 양도받은 수표를 양수인이 다시 제3자에게 양도하는 행위는 이와 같이 양도받은 수표금액의 지급수령권 한 및 이득상환청구권을 위 소지인으로부터 수권된 이득을 한 채무자인 발행은행에 대한 통지의 권능이 수반된 상태로 이전하는 행위라 할 것이고 이와 같은 수표의 정당한 소지인은 발행은행에 대하여 그가 받은 이익의 한도에서 이득상환청구권을 행사할 수 있고 또 채무자인 발행은행도 동수표의 소지인에게 변제하므로서 유효가게 동 채무를 면하게 된다(출처 : 대법원 1976.1.13. 선고 70다2462 전원합의체 판결).

4) 자기앞수표의 사고계 제출

자기앞수표를 금융기관에 발행 의뢰하여 발행받은 자가 도난, 분실 등의 사유로 사고계(사고신고서)를 제출하는 경우가 있다. 수표 발행인은 언제든지 자금관계에서 지급위탁을 취소할 수 있다. 그런데 자기앞수표의 발행의뢰인은 발행인이 아니므로 이와 같은 지급위탁을 취소할 권한이 없다. 더욱이 수표법은 수표소지인을 보호위하여 지급제시 경과전에는 수표의 발행인이 지급위탁을 취소하더라도 지급제시기간이 경과한 후에만 효력이 있도록 하고 있다(수 32조 1항). 따라서 발행인은 사고계가 제출되었음에도 불구하고 지급제시기간 내에는 정당한 수표의 소지인에 대하여 수표금을 지급할 수 있다. 또한 지급제시기간이후에는 이득상환의무로서 발행인이 지급할 수 있다. 그러나 일반적으로 사고계가 접수된 경우에 발행인인 금융기관은 그 지급을 거절할 것이다.

XI. 부정수표단속법상의 벌칙

수표는 원칙적으로 지급수단으로 사용하게 하고 신용수단으로 사용하지 못하게 하며, 또한 국민의 경제생활의 안전과 수표의 유통성 보장을 위하여 「부정수표단속법」을 두고 있다. 부정수표단속법은 수표요건을 완전히 구비한 완전한 수표가 대상이 되며, 백지수표는 부정수표단속법의 대상이 되지 않는다.[17)]

가공인물의 명의로 발행한 수표(부수 2조 1항 1호), 금융기관과의 수표 계약 없이 발행하거나 금융기관으로부터 거래정지처분을 받은 후에 발행한 수표, 금융기관에 등록한 것과 다른 서명 또는 기명날인으로 발행한 수표 등을 발행하거나 작성한 자(이를 금융기관에 종사하는 자가 직무상 발견하면 48시간내에 수사기관에 고발하여야 함(부수 7조)), 또한 예금부족, 거래정지처분이나 수표계약의 해제 또는 해지로 인하여 제시기일에 수표가 지급되지 아니하게 한 자(부수 2조)는 5년 이하의 징역 또는 수표금액 10배 이하의 벌금에 처하고, 과실로 인하여 상기한 죄를 범한 자도 3년 이하의 금고 또는 수표금액의 5배 이하의 벌금에 처한다(부수 2조 3항). 이러한 죄는 수표를 발행하거나 작성한 자가 그 수표를 회수하거나, 회수하지 못하였을 때라도 수표소지인이 명시한 의사에 반하여 각 공소를 제기할 수 없다(부수 2조 4항).

수표금액의 지급 또는 거래정지처분을 면할 목적으로 금융기관에 거짓신고를 한 자는 10년 이하의 징역 또는 20만원 이하의 벌금에 처하며(부수 4조), 수표를 위조 또는 변조한 자는 1년 이상의 유기징역과 수표금액 10배 이하의 벌금에 처한다(부수 5조).

부정수표단속법에 따라 벌금을 선고하는 경우 「형사소송법」 제334조 제1항에 따른 가납판결을 하여야 하며, 구속된 피고인에 대하여는 같은 법 제331조에도 불구하고 벌금을 가납할 때까지 계속 구속한다(부수 6조).

---

17) 대판 1983. 5. 10, 83도340; 2004. 2. 13, 2002도4464

연습문제

1. 약속어음, 환어음, 수표의 이동(1974년 사법시험; 1971년 일본 사법시험).
2. 소지인출급식수표를 인도에 의하여 양도하는 경우와 배서에 의하여 양도하는 경우에는 어떠한 차이가 있는가? 배서양도 후에도 인도에 의하여 양도할 수 있는가(1979년 사법시험)?
3. 수표의 일람출급성(1983년 사법시험).
4. 횡선수표(1984년 사법시험).
5. 수표의 지급보증(1985년 사법시험).
6. 수표에 있어서 정적안전의 보호를 위하여 둔 제도를 논하시오(1972년 일본 사법시험).
7. 수표에 관하여 다음 문제에 답하시오(1970년 일본 사법시험).
   (1) 지급위탁의 취소가 있었던 경우의 법률관계는 어떻게 되는가.
   (2) 이득상환청구권의 성립, 행사에 수표가 필요한가.

제 7 장

전자 어음법

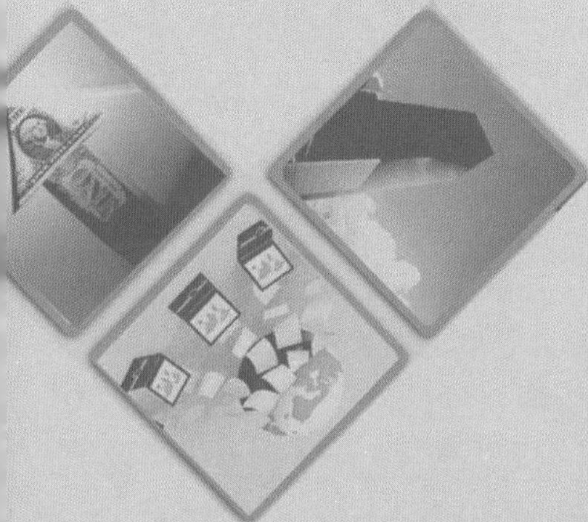

Ⅰ. 전자어음법
Ⅱ. 국제 어음 · 수표법

제7장 전자 어음법

I. 전자어음법

1. 전자어음법의 제정과 개정

정보통신기술의 발달에 따라 유가증권도 전자적 방법에 의하여 광범위하게 사용되기 시작하였다. 이에 2004년 3월 22일에 법률 제7197호로 「전자어음의 발행 및 유통에 관한 법률(이하 전자어음법이라 한다)」을 제정하여 공포하고, 2005년 1월 1일부터 시행되었다. 이후 전자어음법은 수차의 개정을 거쳤다. 2009년 1월 30일에 개정된 제3차 개정은 「법 문장을 원칙적으로 한글로 적고, 어려운 용어를 쉬운 용어로 바꾸며, 길고 복잡한 문장은 체계 등을 정비하여 간결」하게 하는 등 국민이 법 문장을 이해하기 쉽게 정비하려는 한편, 질서위반행위의 성립요건과 과태료의 부과・징수 및 재판 등에 관한 사항을 규정한 「질서위반행위규제법」이 제정(법률 제8725호, 2007. 12. 21. 공포, 2008. 6. 22. 시행)됨에 따라 관련 규정을 정비하려는 것이었다.[1] 또한 2009년 개정 전자어음법은 2009년 11월 9일부터 「주식회사의 외부감사에 관한 법률」 제2조에 따른 외부감사대상 주식회사 및 직전 사업연도발의 자산총액 등이 대통령령으로 정하는 기준에 해당하는 법인사업자가 약속어음을 발행하려면 반드시 전자어음으로 발행하도록 의무화하였고 그 범

1) http://www.law.go.kr/LSW/RvsDocNRsnP.do?lsiSeq=91470&languageType=KO

위를 확대해 나가고 있다(동법 6조의2).[2] 그리고 2014년 개정법에서는 기업결제의 편리성과 금융비용의 절감을 위하여 어음금액을 일부 금액으로 나누어서 배서할 수 있는 분할배서제도를 도입하였다(동법 7조의 2).

2. 전자어음법의 개관

1) 전자어음법의 대상

전자어음은 약속어음에 한하여 발행, 유통할 수 있고 환어음에는 활용할 수 없다(전자어음법 1조).

2) 전자어음의 용어정의

전자어음이란 전자문서로 작성되고 전자어음을 발행하고자 하는 자가 당해 전자어음을 전자어음관리기관에 등록한 약속어음을 말한다(전자어음법 2조 2호). 전자어음의 발행인은 전자어음관리기관에 전자어음을 등록하고 난 후 발행한다(전자어음법 5조 1항). 전자어음관리기관에 등록하지 아니하고 전자어음을 발행한 자는 징역 또는 벌금에 처해진다(전자어음법 22조 2항 1호). 전자어음관리기관에 등록하지 아니하고 발행한 전자어음은 무효라고 볼 수 있다.

전자어음의 전자문서란 「전자거래기본법」 제2조 제1호에 따라 정보처리시스템에 의하여 전자적 형태로 작성, 송신, 수신 또는 저장된 정보를 말한다(전자어음법 2조 1항). 또한 전자어음관리기관이란 법무부장관의 지정을 받은 기관을 말한다(전자어음법 2조 3호). 현재는 금융결제원에서 이를 수행하고 있다.

---

2) 우리의 전자어음 및 전자채권제도를 일본과 비교한 자료에는, 김지환, "전자채권제도에 관한 비교법적 고찰", 「상사판례연구」 제24집 제2권, 2011. 373~410면 참조

3) 전자어음의 발행

전자어음을 발행하려는 자는 그 전자어음을 전자어음관리기관에 등록하여야 한다(전자어음법 5조 1항). 전자어음관리기관은 해당 전자어음의 지급을 청구할 금융기관이나 신용조사기관 등의 의견을 참고하여 전자어음의 등록을 거부하거나 전자어음의 연간 총 발행 금액 등을 제한할 수 있다(전자어음법 5조 2항). 그런데 주식회사 외부감사에 관한 법률 제2조에 따른 외부감사대상 주식회사 및 직전 사업연도말의 자산총액이 대통령령으로 정하는 기준에 해당하는 법인사업자는 약속어음을 발행할 경우 전자어음으로 발행하여야 한다(전자어음법 6조의2). 여기서 직전 사업연도말의 자산총액이 대통령령으로 정하는 기준에 해당하는 법인사업자란 자산총액이 10억원 이상인 법인사업자를 말한다(전자어음법 시행령 8조의2).

전자어음에는, 약속어음을 표시하는 문자, 일정한 금액을 지급할 뜻의 무조건의 약속, 만기의 표시, 지급을 받을 자 또는 지급을 받을 자를 지시할 자의 명칭, 발행일과 발행지, 전자어음의 지급을 청구할 금융기관, 전자어음의 동일성을 표시하는 정보, 사업자고유정보를 기재하여야 한다(전자어음법 6조). 전자어음의 만기는 발행일로부터 1년을 초과할 수 없다(전자어음법 6조 5항). 또한 백지어음은 전자어음으로 발행할 수 없다(전자어음법 6조 6항). 따라서 수취인은 반드시 기재되어야 한다. 이 때 수취인이 되려는 자는 전자어음관리기관에 등록하여야 하며, 등록사항은 전자어음을 수령할 자의 명칭, 사업자등록번호 또는 주민등록번호 및 주소이다(전자어음법 시행령 6조 2항).

4) 전자어음의 배서 양도

전자어음은 당연한 지시증권으로 배서로 양도할 수 있다. 전자어음의 배서는 이 법에 따른 전자문서로만 할 수 있다.

전자어음법상 전자어음관리기관은 전자어음의 발행과 결제절차에만 개입하고 배서와 보증 등의 유통과정에는 개입하지 않고 있다. 따라서 배서의 진정성 확보는 공인전자서명에 의해서만 가능하다.[3] 공인전자서명이란 전자서명법 제2조 제3호에 따른 정보를 말한다.

전자어음에 배서를 하는 경우에는 전자어음에 배서의 뜻을 기재한 전자문서(이하 배서전자문서라 한다)를 첨부하여야 한다(전자어음법 7조 1항). 배서전자문서에는 전자어음의 동일성을 표시하는 정보를 기재하여야 한다(전자어음법 7조 2항). 배서인이 타인에게 전자어음과 배서전자문서를 송신하고 그 타인이 이를 수신한 때에는 어음법상의 배서 및 교부를 한 것으로 본다(전자어음법 7조 3항). 또한 피배서인이 다시 배서를 하는 경우에는 이전에 작성된 배서전자문서를 전자어음에 전부 첨부하고 배서를 하여야 한다(전자어음법 7조 4항). 이러한 전자어음의 배서는 총 20회를 초과할 수 없다(전자어음법 7조 5항).

전자어음을 발행받아 최초로 배서하는 자에 한하여 총 5회 미만으로 어음금을 분할하여 그 일부에 관하여 각각 배서할 수 있다(전자어음법 7조의2 1항). 그러나 전자어음의 발행인이 전자어음면에 분할금지 또는 이와 동일한 뜻의 기재를 한 때에는 분할배서를 하지 못한다(전자어음법 7조의2 5항). 분할배서하는 자는 배서하는 전자어음이 분할 전의 전자어음으로부터 분할된 것임을 표시하여야 한다(전자어음법 7조의2 2항). 분할 후의 전자어음은 그 기재된 금액의 범위에서 분할 전의 전자어음과 동일한 전자어음으로 본다(전자어음법 7조의2 3항). 분할된 전자어음에 대한 법률행위의 효과는 분할된 다른 전자어음의 법률관계에 영향을 미치지 아니하며, 배서인은 분할 후의 수개의 전자어음이 구별되도록 다른 번호를 붙여야 한다(전자어음법 7조의2 4항). 분할 후의 어느 전자어음상의 권리가 소멸한 때에는 분할 전의 전자어음은 그 잔액에 관하여 존속하는 것으로 본다(전자어음법 7조의2 5항).

전자어음의 배서에 권리이전적 효력, 담보적 효력은 인정되지만 자격수여적 효력의 인정 여부를 두고 견해의 대립이 있다. 긍정설은 전자어음법에는 동법의 규정이 있는 경우를 제외하고는 어음법에 의한다고 규정되어 있으므로 당연히 동 효력을 인정한다거나, 전자어음법상 전자어음 자체가 송 · 수신에 의하여 발행 · 이전되므로 어음의 정

3) 김문재, 567면

본성이 전제되고 있다고 보아 자격수여적 효력을 인정한다.[4] 이에 대하여 부정설은 전자어음은 이중양도의 가능성이 항상 존재하므로 전자어음과 이에 첨부된 배서전자어음의 연속만으로는 권리의 적법한 취득을 인정할 수 없기 때문에 동 효력을 인정할 수 없다고 한다.[5]

생각건대, 전자어음은 원칙적으로 어음법의 적용을 받으므로 배서에는 자격수여적 효력이 있다고 해석하는 것이 타당하다고 본다.

전자어음에도 특수한 배서인 배서금지배서, 무담보배서, 기한후 배서, 환배서, 추심위임배서, 입질배서(전자어음법 4조)가 가능하나 숨은 추심위임배서나 숨은 입질배서는 등록을 요한다는 점에서 전자어음의 성질과 부합하는지는 의문이다.

전자어음의 양도시 인적항변의 절단이 인정된다(전자어음법 4조, 어음법 17조). 인적항변사유나 항변의 유형 등은 기존의 종이 어음의 규정과 그 해석에 맡겨 놓고 있다.

5) 전자어음의 보증

전자어음을 보증하는 자는 보증의 뜻을 기재한 전자문서를 그 전자어음에 첨부하여야 한다(전자어음법 8조 1항). 전자어음의 보증은 그 금액의 일부의 지급을 담보할 수 없다(전자어음법 4조 3항).

6) 지급제시 및 지급

전자어음의 소지인이 전자어음 및 전자어음의 배서에 관한 전자문서를 첨부하여 지급청구의 뜻이 기재된 전자문서를 지급을 청구할 금융기관에 송신하고 그 금융기관이 수신한 때에는 어음법상 지급제시한 것으로 본다(전자어음법 9조 1항). 지급제시를 한 소지인은 지급청구의 전자문서에 어음금을 수령할 금융기관의 계좌를 기재하여야 한다(전자어음법 9조 3항).

---

4) 이철송, 518면; 최준선, 483면; 김문재, 569면

5) 정경영, "전자어음제도의 법률적 문제점", 「인터넷 법률」 제24호, 2004. 7, 72면

지급제시를 받은 금융기관이 지급 거절할 때에는 전자문서(지급거절 전자문서라 한다)로 하여야 한다(전자어음법 12조 1항).

전자어음은 변제, 공탁, 상계, 면제 등에 의하여 소멸한다. 다만 전자어음상의 권리는 민법상 혼동(민 507조)에 의하여 소멸하지 않는다. 전자어음은 금융결제원을 통하여 결제되고 지급된다.

전자어음의 주채무자에 대한 소멸시효기간은 만기의 날로부터 3년이 경과한 때이다(어 77조 1항 8호, 78조 1항, 70조).

7) 상환청구권(소구권)

전자어음의 소지인이 상환청구를 할 때에는 전자어음, 배서전자문서, 지급거절 전자문서를 첨부하여 상환청구의 뜻을 기재한 전자문서를 상환의무자에게 송신하여야 한다(전자어음법 13조).

8) 전자어음관리기관

전자어음의 관리기관은 법무부장관이 지정하는데(전자어음법 3조 1항), ① 민법 제32조에 따라 설립된 법인 또는 상법에 따라 설립된 주식회사일 것, ② 대통령령으로 정하는 기술능력, 재정능력, 시설 및 장비 등의 요건을 갖추어야 한다(전자어음법 3조 2항).

전자어음관리기관은 전자어음 거래의 안전을 확보하고 지급의 확실성을 보장할 수 있도록 전자어음거래의 전자적 전송, 처리를 위한 인력, 시설, 전자적 장치 등에 관하여 대통령령으로 정하는 기준을 준수하여야 한다(전자어음법 15조). 또한 전자어음의 발행, 배서, 보증 및 권리행사 등을 할 때에 그 기관의 전자정보처리조직을 통하여 이루어지도록 하는 조치, 전자어음별로 발행인과 배서인에 관한 기록, 전자어음 소지인의 변동사항 및 그 전자어음의 권리행사에 관한 기록의 보존, 전자어음거래를 추적, 검색하고 오류가 발생한 경우 그 오류를 확인, 정정할 수 있는 기록의 생성 및 보존에 관한 업무를 수행하여야 한다(전자어음법 16조 1항). 또한 전자어음관리기관은 이용자가 신청한 경우에 대통령령으로 정하는 바에 따라 해당 전자어음관련 발행 상황 및 잔액 등의 결제정보를 제공하여야 한다(전자어음법 17조).

한편 법무부장관은 전자어음관리기관에 대하여 법규준수여부를 감독한다(전자어음법 20조). 현재 전자어음관리기관은 금융결제원의 업무로 되어 있다.

Ⅱ. 국제 어음 · 수표법

어음 및 수표는 국제간의 결제수단으로서 빈번히 사용된다. 그리하여 국가마다 상이한 어음수표법의 전 세계적 통일을 위해 여러 국제적 협약체결을 시도하였다. 그 중에서도 UN산하 국제상거래법위원회(UNCITRAL)는 1987년 「국제환어음 · 약속어음협약(U.N. Convention on International Bills of Exchange and International Promissory Notes)을 채택하였다. 그러나 이 협약은 아직 발효되고 있지 못하다.[6] 하지만 국제어음법은 대체로 우리 어음 · 수표법과 유사하다. 다만 분할출급만기를 인정하고 있는 등의 약간의 차이가 있다.[7]

---

6) 최준선, 「국제거래법」, 삼영사, 2008. 213면

7) 상세한 내용은, 최준선, 「국제거래법」, 삼영사, 2008. 214면 참조

❑ 정액자기앞수표 ❑

❑ 가계수표 ❑

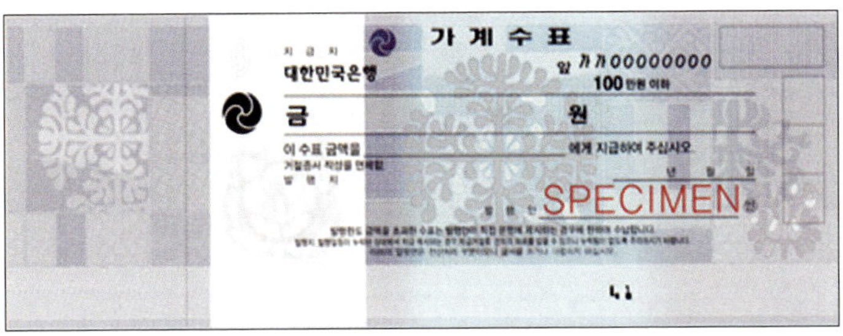

❏ 당좌수표 ❏

No.
가가00000000
당 좌 수 표
대한민국은행
금
가가00000000
이 수표 금액을 소지인에게 지급하여 주십시오.
거절증서 작성을 면제함
SPECIMEN

SPECIMEN

❏ 약속어음 ❏

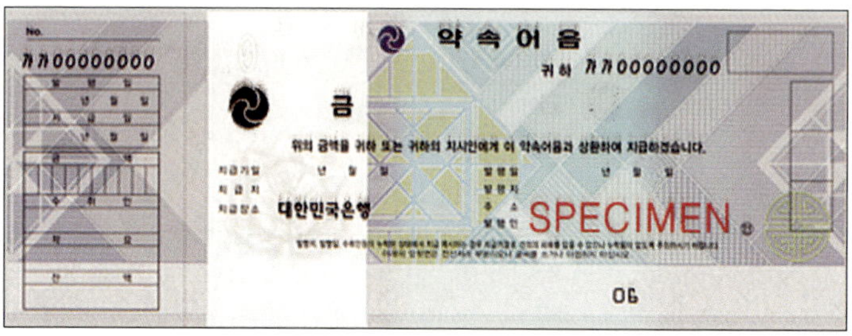
No.
가가00000000
약 속 어 음
귀하 가가00000000
금
위의 금액을 귀하 또는 귀하의 지시인에게 이 약속어음과 상환하여 지급하겠습니다.
대한민국은행
SPECIMEN
06

SPECIMEN

❏ 환어음 ❏

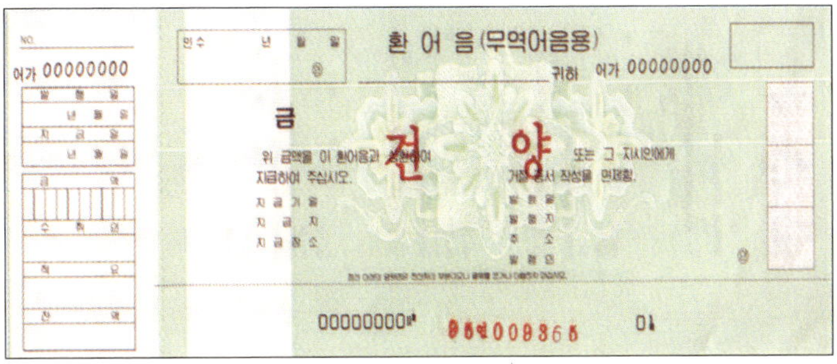

❏ 양도성예금증서 ❏

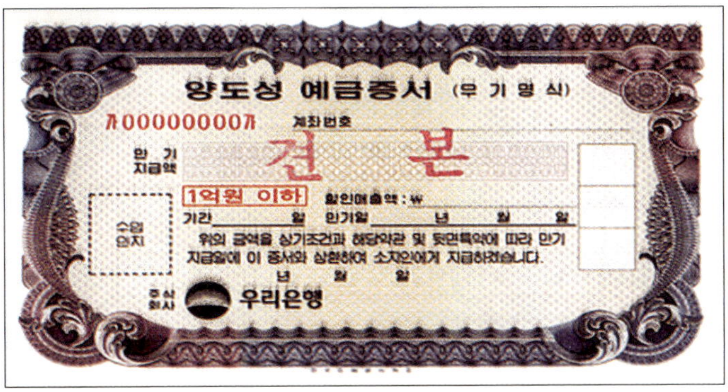

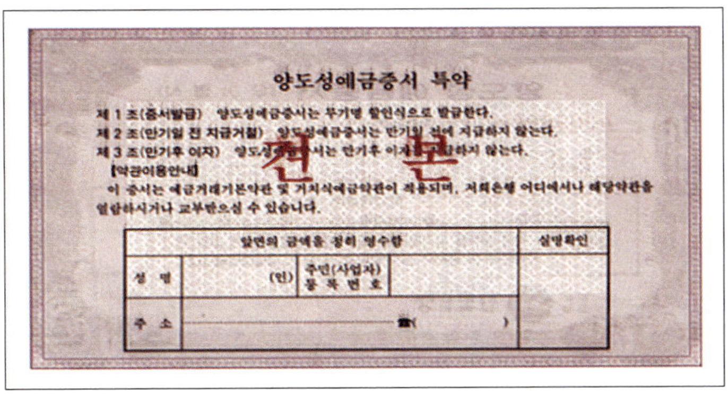

양도성예금증서 특약

제 1 조(증서발급) 양도성예금증서는 무기명 할인식으로 발급한다.
제 2 조(만기일 전 지급거절) 양도성예금증서는 만기일 전에 지급하지 않는다.
제 3 조(만기후 이자) 양도성예금증서는 만기후 이자를 지급하지 않는다.
【약관이용안내】
이 증서는 예금거래기본약관 및 거치식예금약관이 적용되며, 저희은행 어디에서나 해당약관을 열람하시거나 교부받으실 수 있습니다.

앞면의 금액을 정히 영수함				설명확인
성 명	(인)	주민(사업자) 등 록 번 호		
주 소	☎( )			

참고문헌

1. 국내서적

이범찬 · 김지환, 상법요해, 2003년

이범찬 · 임충희 · 이영종 · 김지환, 회사법, 2012년

姜渭斗, 어음 · 수표법, 1996년

강위두 · 임재효, 상법판례연습, 2008년

강위두 · 임재효, 상법강의(하), 2004년

金正晧, 상법강의(하), 2000년

徐憲濟, 사례중심체계 어음 · 수표법, 1999년

李範燦 · 崔埈璿, 상법(하), 2004년

梁承圭, 어음법 · 수표법, 2001년

李基秀, 어음법 · 수표법, 1998년

鄭東潤, 어음 · 수표법, 2004년

鄭燦亨, 어음 · 수표법강의, 2004년

鄭燦亨, 상법강의(하), 2008년

蔡利植, 상법강의(하), 2003년

崔埈璿, 어음 · 수표법, 2013년

김지환 감수, 상법, 2007년

권재열, 상법사례연습, 2008년

손주찬, 상법(하), 2001년

이철송, 어음 수표법, 2004년

최기원, 어음 수표법, 2001년

김문재, 어음 · 수표법, 2013년

최정식, 어음 · 수표법, 2013년

2. 외국서적

宮島 司, 手形法・小切手法, 2007년

弥永眞生, 手形法・小切手法, 2007년

丸山秀平, 手形法・小切手法, 2007년

田中誠二, 手形・小切手法, 1990년

服部榮三, 手形・小切手法概要, 1980년

後藤紀一, 要論手形小切手法, 1992년

長谷川雄, 手形抗辯の研究, 1984년

David A. L. Smout, Bills of Exchange, 1964년

찾아보기

ㄱ

가계수표 48
가교이론 209
강한 연쇄성 633
거래정지처분 233
거절의 통지 237
거절증서작성면제 238
거절증서작성의무 238
견질용(담보용) 158
공동어음행위 219
공시최고 215
공연한 입질배서 183
공연한 추심위임배서 178
공인전자서명 131
구어음 114
국제 어음 319
국제상거래법위원회(UNCITRAL) 319
권리구제수단으로서의 최후성 249
권리능력 없는 사단 70
권리이전적 효력 163
권리재취득설 176
권리회복설 176
귀책가능성의 항변 191
금(액)권 21
금융결제원 231, 314, 319
금전채권증권 287
기명날인 또는 서명 55
기명날인의 대행 57
기업어음 · 중개어음 45
기업어음(CP) 204
기존채무 108
기한후 배서 169

ㄷ

단명어음 119, 132
담보를 위하여 111
담보적 효력 164
당좌대월거래계약 294
당좌수표 48
당좌예금 294
대가문구 140
대리적 대행 57
대부어음 · 할인어음 · 담보어음 45
도난계 171
동명이가 137
동시이행항변권 109
동적 안전 69
등본 281

ㅁ

만기 226
만기전 지급 229
만기지급 229
만기후배서 169
말소전의 양도 188
말소후의 양도 187
면책증권 20
명의대여와 어음행위 89
명의대여자 90
————의 책임 90
명의차용자 91
무권대리인의 책임 85
무담보배서 168

무비용상환어음 238
무익적 기재사항 140
무인 56
무인증권성 22
무인증권성(추상증권성) 23
문언증권성 21, 23
물적항변 192
미완성 어음 143
민법상의 보증 220

ㅂ

반대급여문구 141
반사회질서의 법률행위 76
발행일자후정기출급 133
발행일자후정기출급어음 227
발행지의 세력 137
배면 158
배서 157
——의 말소 187
——의 연속 165
——의 효력 163
배서금지배서 167
배서금지어음 158
배서전자문서 316
배제불요의 항변 191
백지배서 144
백지보증 144
백지보충권 145
백지수표 308
백지식 배서 162
백지어음 143
————과 항변의 절단 151
————의 보충권 151
————의 상실 150
————의 양도 150
————의 요건 144
————의 효력 148
벌칙 308
법정만기 141
변조의 효과 101
변조자의 책임 101
보관용 158
보전지 158
보증인 220
보충권의 남용 154
복본 279
——과 등본 279
복본일체의 원칙 280
부당보충 154
부당보충자 156
부도 232
——의 구제 233
부정수표단속법 285
분할배서 46, 316
분할출급만기 319
분할출급문구 141
불완전어음 143
비설권증권성 22
비증권적 항변 191
비현명주의 78

ㅅ

사고계 307
사기, 강박의 의사표시 75
사실적 대행 57
사취계 171
사칭 94
상계필어음유치특약 118
상업신용장 268
상업어음 · 융통어음 44
상환증권성 22, 24
상환청구권 32, 36, 41, 63, 107, 175, 176, 234, 244
서명 58, 59, 79, 80
——의 대행 59
선의지급 179
선일자수표 303
선하증권 268
설권증권성 22, 23

소구권(상환청구) 318
소구금액 239
소구의 방법 240
소구의무자 235
소멸시효기간 244
소지인 출급식 배서 163
속인성 244
송금수단과 추심수단 43
수취인의 명칭 135
수표계약의 취소 295
수표법 일반 285
수표보증 296
수표의 발행 292
수표의 법률관계의 흐름도 36
수표의 유통 299
수표의 지급 299
수표자금 · 수표계약 291
숙려기간 271
숨은 어음보증 217
숨은 입질배서 185
숨은 추심위임배서 180
시효기간 289
———의 계산 245
신어음채권 115
신용수단 43
신용의 용구 288
쌍방대리 80

ㅇ

악의의 어음취득자 64
악의의 항변 195
악의의 항변의 요건 196
약속어음 267
약식보증 217, 221
약정이자문구 289
어음교환과 부도 230
어음교환소 230
어음능력 70
어음대부 119
어음보증 216
어음보증의 독립성 222
어음상의 의사표시 74
어음수수 106
어음예약 113
어음요건의 부기재 145
어음의 개서 113
——의 선의취득 208
——의 실질관계 103
——의 예약 105
——의 위조 92
——의 유통성 64
어음이론 66
어음채권 110
어음채무 108
어음채무독립의 원칙 59
어음 할인 116
어음항변 188
———의 제한 190
어음행위 52
———의 대리 77
———의 무권대리 84
———의 무인성 105
———의 종류 53
어음행위능력 73
어음행위독립의 원칙 59
어음효력에 관한 항변 191
엄폐물 법칙 214
엄폐물의 법칙 198
역(逆)어음 240
연기어음 47
연수표 303
요식증권성 21, 23
원인관계 104, 106
월권대리 85
위조의 추인 95
위조자의 책임 98
유가증권 17
유익적 기재사항 138
유인증권성 22

유통증권 19
유해적 기재사항 141
융통어음의 항변 203
은행도어음 47
은혜일 229
의사표시의 하자 74
이득상환청구권 245, 305
————의 양도 254
————의 행사 253
이자문구 139
이중무권의 항변 199, 201
인수 269
—의 말소 273
인수무담보문구 139
인수일자 272
인수제시 270
———의 명령과 금지 271
인장 55
인적항변 193
———의 제한(절단) 193
일람출급 133, 288
일람출급어음 228
일람후정기출급 133
일람후정기출급어음 227
일반적인 양도배서 159
일반횡선수표 300
일부보증 221, 225
일정금액의 지급약속 132
입질배서 183, 290

ㅈ

자격수여적 효력 165
자금관계 104, 112
자기거래 82
자기계약 80
자기앞수표 48, 254, 304
자기지시어음 132
재소구 240
재소구권자 235
재소구금액 244
전자약속어음 131
전자어음 314
———의 등록 315
———의 발행 315
———의 배서 315
———의 보증 317
전자어음관리기관 318
전자어음법 313
전자정보처리조직 318
전전유통 93
정식배서(기명식배서) 162
정식보증 217, 221
정적안전 69
정형적 대리권 82
제3자방 139
제3자방출급문구 141
제3자방출급어음 139
제3자의 항변원용 199
제권판결 215
제시기간 227, 289
제시증권성 22, 24
조건부인수 272
조건부지급위탁 141
조합 71
주채무자 227, 287
준거법 136
준백지어음 144
준자금관계 112
증거증권 20
증권상의 항변 191
증권적 항변 191
증서대부 119
지급 226
—의 방식 229
—의 용구 288
지급거절 전자문서 318
지급거절증명의 간이화 291
지급담당자 138, 227
지급보증 296

———의 방식 298
———증의 효력 298
지급수단 42
지급시기 229
지급약속문구 131
지급위탁 132
———의 취소 295
지급위탁문구 131
지급위탁증권 287
지급위탁취소의 제한 292, 295
지급인의 명칭 132
지급인의 조사의무 230
지급장소 138
지급제시 227, 317
———의 장소 228
지급제시기간 236
지명채권 169
지명채권양도 172
지시금지어음 158
지시증권성 22, 24
진의 아닌 의사표시 74

ㅊ

착오의 의사표시 75
참가인수(영예인수) 274
참가제도 273
참가지급(영예지급) 277
처분증권성 24
추심위임배서 177

ㅌ

타인에 의한 어음행위 77
특수한 배서 167
특정횡선수표 300

ㅍ

파훼문구 140
표창 18
표현대리 87
표현대리 성립의 제3자의 범위 87
표현대행 95
피보증인 221
피위조자의 책임 95
필요적 기재사항 131

ㅎ

하환어음 268
할인의뢰인 116
할인인 116
합동책임 239
해의 189
허위의 의사표시 75
현명주의 78
호의적인 융통어음 204
화환어음 47
확정일출급 133
확정일출급어음 227
환매청구권 117
환배서(역배서) 173
환어음 267
———의 배서 278
———의 보증 279
———의 인수 269
———의 지급 278
횡선수표 300
횡선제도 292

/ 저자소개 /

● **고평석**(高平錫)

[약력]
경남대학교 법학과 졸업(학사, 석사)
성균관대학 대학원 수료(법학박사)
일본 법정대학 초빙연구교수
동경대학 법학부 객원연구원
현재) 경남대학교 법학과 교수

[저서 및 논문]
책임보험계약법론, 삼지원
시민생활과 법(공저), 박영사
책임보험계약의 법적구조에 관한 연구(박사학위 논문)
백지어음보충권의 성립과 그 남용에 관한 시론, 법조

● **김지환**(金知煥)

[약력]
성균관대학교 법과대학 졸업
성균관대학교 대학원 수료(석사, 박사)
일본 동경대학 법학부 객원연구원
서울사이버대학교 교수
현재) 경남대학교 법학과 교수

[저서 및 논문]
회사법(4인 공저)
주식회사의 지배구조에 관한 연구(박사학위)
韓國の株式會社における經營監督機構につして
공정성 확보를 위한 소수파 주주 보호제도
실적배당형퇴직연금보험의 자산운용법규 고찰

쉽게 배우는
어음 · 수표법

2014년 9월 20일 1판 1쇄 인쇄
2014년 9월 25일 1판 1쇄 발행

저 자 **고 평 석 · 김 지 환**
발행인 김 광 식
조 판 아 람 기 획

121-856
발행처 서울특별시 마포구 토정로 222 B동 208호
도서출판 **탑 북 스**
등 록 2009.12.21 제 2013-000101 호
전 화 02)365-2223 팩스 02)365-2224

정가 18,000 원

ISBN 979-11-85647-26-5-93360